ALBANISCH

WORTSCHATZ

DEUTSCH
ALBANISCH

Die nützlichsten Wörter
Zur Erweiterung Ihres Wortschatzes und
Verbesserung der Sprachfertigkeit

9000 Wörter

Wortschatz Deutsch-Albanisch für das Selbststudium - 9000 Wörter
Von Andrey Taranov

T&P Books Vokabelbücher sind dafür vorgesehen, beim Lernen einer Fremdsprache zu helfen, Wörter zu memorieren und zu wiederholen. Das Wörterbuch ist nach Themen aufgeteilt und deckt alle wichtigen Bereiche des täglichen Lebens, Berufs, Wissenschaft, Kultur etc. ab.

Durch das Benutzen der themenbezogenen T&P Books ergeben sich folgende Vorteile für den Lernprozess:

- Sachgemäß geordnete Informationen bestimmen den späteren Erfolg auf den darauffolgenden Stufen der Memorisierung
- Die Verfügbarkeit von Wörtern, die sich aus der gleichen Wurzel ableiten lassen, erlaubt die Memorisierung von Worteinheiten (mehr als bei einzeln stehenden Wörtern)
- Kleine Worteinheiten unterstützen den Aufbauprozess von assoziativen Verbindungen für die Festigung des Wortschatzes
- Die Kenntnis der Sprache kann aufgrund der Anzahl der gelernten Wörter eingeschätzt werden

T&P Books Publishing
www.tpbooks.com

ISBN: 978-1-78767-037-2

Dieses Buch ist auch im E-Book Format erhältlich.
Besuchen Sie uns auch auf www.tpbooks.com oder auf einer der bedeutenden Buchhandlungen online.

WORTSCHATZ DEUTSCH-ALBANISCH
für das Selbststudium

Die Vokabelbücher von T&P Books sind dafür vorgesehen, Ihnen beim Lernen einer Fremdsprache zu helfen, Wörter zu memorieren und zu wiederholen. Der Wortschatz enthält über 9000 häufig gebrauchte, thematisch geordnete Wörter.

- Der Wortschatz enthält die am häufigsten benutzten Wörter
- Eignet sich als Ergänzung zu jedem Sprachkurs
- Erfüllt die Bedürfnisse von Anfängern und fortgeschrittenen Lernenden von Fremdsprachen
- Praktisch für den täglichen Gebrauch, zur Wiederholung und um sich selbst zu testen
- Ermöglicht es, Ihren Wortschatz einzuschätzen

Besondere Merkmale des Wortschatzes:

- Wörter sind entsprechend ihrer Bedeutung und nicht alphabetisch organisiert
- Wörter werden in drei Spalten präsentiert, um das Wiederholen und den Selbstüberprüfungsprozess zu erleichtern
- Wortgruppen werden in kleinere Einheiten aufgespalten, um den Lernprozess zu fördern
- Der Wortschatz bietet eine praktische und einfache Lautschrift jedes Wortes der Fremdsprache

Der Wortschatz hat 256 Themen, einschließlich:

Grundbegriffe, Zahlen, Farben, Monate, Jahreszeiten, Maßeinheiten, Kleidung und Accessoires, Essen und Ernährung, Restaurant, Familienangehörige, Verwandte, Charaktereigenschaften, Empfindungen, Gefühle, Krankheiten, Großstadt, Kleinstadt, Sehenswürdigkeiten, Einkaufen, Geld, Haus, Zuhause, Büro, Import & Export, Marketing, Arbeitssuche, Sport, Ausbildung, Computer, Internet, Werkzeug, Natur, Länder, Nationalitäten und vieles mehr...

INHALT

LEITFADEN FÜR DIE AUSSPRACHE

T&P phonetisches Alphabet	Albanisch Beispiel	Deutsch Beispiel
[a]	flas [flas]	schwarz
[e], [ɛ]	melodi [mɛlodí]	hängen
[ə]	kërkoj [kərkój]	halte
[i]	pikë [píkə]	ihr, finden
[o]	motor [motór]	orange
[u]	fuqi [fucí]	kurz
[y]	myshk [myʃk]	über, dünn
[b]	brakë [brákə]	Brille
[c]	oqean [ocɛánj]	Chile
[d]	adoptoj [adoptój]	Detektiv
[dz]	lexoj [lɛdzój]	Nordsee
[dʒ]	xham [dʒam]	Kambodscha
[ð]	dhomë [ðómə]	Motherboard
[f]	i fortë [i fórtə]	fünf
[g]	bullgari [buɫgarí]	gelb
[h]	jaht [jáht]	brauchbar
[j]	hyrje [hýrjɛ]	Jacke
[ʝ]	zgjedh [zjɛð]	Studium
[k]	korik [korík]	Kalender
[l]	lëviz [ləvíz]	Juli
[ɫ]	shkallë [ʃkáɫə]	lampe
[m]	medalje [mɛdáljɛ]	Mitte
[n]	klan [klan]	nicht
[ɲ]	spanjoll [spaɲóɫ]	Champagner
[ŋ]	trung [truŋ]	lang
[p]	polici [politsí]	Polizei
[r]	i erët [i érət]	richtig
[r]	groshë [gróʃə]	Spanisch - pero
[s]	spital [spitál]	sein
[ʃ]	shes [ʃɛs]	Chance
[t]	tapet [tapét]	still
[ts]	batica [batítsa]	Gesetz
[tʃ]	kaçube [katʃúbɛ]	Matsch
[v]	javor [javór]	November
[z]	horizont [horizónt]	sein
[ʒ]	kuzhinë [kuʒínə]	Regisseur
[θ]	përkthej [pərkθéj]	stimmloser th-Laut

11

ABKÜRZUNGEN
die im Vokabular verwendet werden

Deutsch. Abkürzungen

Adj	-	Adjektiv
Adv	-	Adverb
Amtsspr.	-	Amtssprache
f	-	Femininum
f, n	-	Femininum, Neutrum
Fem.	-	Femininum
m	-	Maskulinum
m, f	-	Maskulinum, Femininum
m, n	-	Maskulinum, Neutrum
Mask.	-	Maskulinum
n	-	Neutrum
pl	-	Plural
Sg.	-	Singular
ugs.	-	umgangssprachlich
unzähl.	-	unzählbar
usw.	-	und so weiter
v mod	-	Modalverb
vi	-	intransitives Verb
vi, vt	-	intransitives, transitives Verb
vt	-	transitives Verb
zähl.	-	zählbar
z.B.	-	zum Beispiel

Albanisch. Abkürzungen

f	-	Femininum
m	-	Maskulinum
pl	-	Plural

GRUNDBEGRIFFE

Grundbegriffe. Teil 1

1. Pronomen

| ich | Unë, mua | [unə], [múa] |
| du | ti, ty | [ti], [ty] |

er	ai	[aí]
sie	ajo	[ajó]
es	ai	[aí]

| wir | ne | [nɛ] |
| ihr | ju | [ju] |

| sie (Mask.) | ata | [atá] |
| sie (Fem.) | ato | [ató] |

2. Grüße. Begrüßungen. Verabschiedungen

Hallo! (ugs.)	Përshëndetje!	[pərʃəndétjɛ!]
Hallo! (Amtsspr.)	Përshëndetje!	[pərʃəndétjɛ!]
Guten Morgen!	Mirëmëngjes!	[mirəmənɟés!]
Guten Tag!	Mirëdita!	[mirədíta!]
Guten Abend!	Mirëmbrëma!	[mirəmbréma!]

grüßen (vi, vt)	përshëndes	[pərʃəndés]
Hallo! (ugs.)	Ç'kemi!	[tʃ'kémi!]
Gruß (m)	përshëndetje (f)	[pərʃəndétjɛ]
begrüßen (vt)	përshëndes	[pərʃəndés]
Wie geht es Ihnen?	Si jeni?	[si jéni?]
Wie geht's dir?	Si je?	[si jɛ?]
Was gibt es Neues?	Çfarë ka të re?	[tʃfárə ká tə ré?]

Auf Wiedersehen!	Mirupafshim!	[mirupáfʃim!]
Wiedersehen! Tschüs!	U pafshim!	[u páfʃim!]
Bis bald!	Shihemi së shpejti!	[ʃíhɛmi sə ʃpéjti!]
Lebe wohl! Leben Sie wohl!	Lamtumirë!	[lamtumírə!]
sich verabschieden	përshëndetem	[pərʃəndétɛm]
Tschüs!	Tungjatjeta!	[tunɟatjéta!]

Danke!	Faleminderit!	[falɛmindérit!]
Dankeschön!	Faleminderit shumë!	[falɛmindérit ʃúmə!]
Bitte (Antwort)	Të lutem	[tə lútɛm]
Keine Ursache.	Asgjë!	[asɟé!]
Nichts zu danken.	Asgjë	[asɟé]

Entschuldige!	Më fal!	[mə fal!]
Entschuldigung!	Më falni!	[mə fálni!]
entschuldigen (vt)	fal	[fal]

sich entschuldigen	kërkoj falje	[kərkój fáljɛ]
Verzeihung!	Kërkoj ndjesë	[kərkój ndjésə]
Es tut mir leid!	Më vjen keq!	[mə vjɛn kɛc!]
verzeihen (vt)	fal	[fal]
Das macht nichts!	S'ka gjë!	[s'ka ɟə!]
bitte (Die Rechnung, ~!)	të lutem	[tə lútɛm]

Nicht vergessen!	Mos harro!	[mos haró!]
Natürlich!	Sigurisht!	[siguríʃt!]
Natürlich nicht!	Sigurisht që jo!	[siguríʃt cə jo!]
Gut! Okay!	Në rregull!	[nə réguɫ!]
Es ist genug!	Mjafton!	[mjaftón!]

3. Jemanden ansprechen

Entschuldigen Sie!	Më falni, ...	[mə fálni, ...]
Herr	zotëri	[zotərí]
Frau	zonjë	[zóɲə]
Frau (Fräulein)	zonjushë	[zoɲúʃə]
Junger Mann	djalë i ri	[djálə i rí]
Junge	djalosh	[djalóʃ]
Mädchen	vajzë	[vájzə]

4. Grundzahlen. Teil 1

null	zero	[zéro]
eins	një	[ɲə]
zwei	dy	[dy]
drei	tre	[trɛ]
vier	katër	[kátər]

fünf	pesë	[pésə]
sechs	gjashtë	[ɟáʃtə]
sieben	shtatë	[ʃtátə]
acht	tetë	[tétə]
neun	nëntë	[nəntə]

zehn	dhjetë	[ðjétə]
elf	njëmbëdhjetë	[ɲəmbəðjétə]
zwölf	dymbëdhjetë	[dymbəðjétə]
dreizehn	trembëdhjetë	[trɛmbəðjétə]
vierzehn	katërmbëdhjetë	[katərmbəðjétə]

fünfzehn	pesëmbëdhjetë	[pɛsəmbəðjétə]
sechzehn	gjashtëmbëdhjetë	[ɟaʃtəmbəðjétə]
siebzehn	shtatëmbëdhjetë	[ʃtatəmbəðjétə]
achtzehn	tetëmbëdhjetë	[tɛtəmbəðjétə]
neunzehn	nëntëmbëdhjetë	[nəntəmbəðjétə]

zwanzig	njëzet	[nəzét]
einundzwanzig	njëzet e një	[nəzét ɛ nə]
zweiundzwanzig	njëzet e dy	[nəzét ɛ dy]
dreiundzwanzig	njëzet e tre	[nəzét ɛ trɛ]

dreißig	tridhjetë	[triðjétə]
einunddreißig	tridhjetë e një	[triðjétə ɛ nə]
zweiunddreißig	tridhjetë e dy	[triðjétə ɛ dy]
dreiunddreißig	tridhjetë e tre	[triðjétə ɛ trɛ]

vierzig	dyzet	[dyzét]
einundvierzig	dyzet e një	[dyzét ɛ nə]
zweiundvierzig	dyzet e dy	[dyzét ɛ dy]
dreiundvierzig	dyzet e tre	[dyzét ɛ trɛ]

fünfzig	pesëdhjetë	[pɛsəðjétə]
einundfünfzig	pesëdhjetë e një	[pɛsəðjétə ɛ nə]
zweiundfünfzig	pesëdhjetë e dy	[pɛsəðjétə ɛ dy]
dreiundfünfzig	pesëdhjetë e tre	[pɛsəðjétə ɛ trɛ]

sechzig	gjashtëdhjetë	[ɟaʃtəðjétə]
einundsechzig	gjashtëdhjetë e një	[ɟaʃtəðjétə ɛ nə]
zweiundsechzig	gjashtëdhjetë e dy	[ɟaʃtəðjétə ɛ dý]
dreiundsechzig	gjashtëdhjetë e tre	[ɟaʃtəðjétə ɛ tré]

siebzig	shtatëdhjetë	[ʃtatəðjétə]
einundsiebzig	shtatëdhjetë e një	[ʃtatəðjétə ɛ nə]
zweiundsiebzig	shtatëdhjetë e dy	[ʃtatəðjétə ɛ dy]
dreiundsiebzig	shtatëdhjetë e tre	[ʃtatəðjétə ɛ trɛ]

achtzig	tetëdhjetë	[tɛtəðjétə]
einundachtzig	tetëdhjetë e një	[tɛtəðjétə ɛ nə]
zweiundachtzig	tetëdhjetë e dy	[tɛtəðjétə ɛ dy]
dreiundachtzig	tetëdhjetë e tre	[tɛtəðjétə ɛ trɛ]

neunzig	nëntëdhjetë	[nəntəðjétə]
einundneunzig	nëntëdhjetë e një	[nəntəðjétə ɛ nə]
zweiundneunzig	nëntëdhjetë e dy	[nəntəðjétə ɛ dy]
dreiundneunzig	nëntëdhjetë e tre	[nəntəðjétə ɛ trɛ]

5. Grundzahlen. Teil 2

einhundert	njëqind	[nəcínd]
zweihundert	dyqind	[dycínd]
dreihundert	treqind	[trɛcínd]
vierhundert	katërqind	[katərcínd]
fünfhundert	pesëqind	[pɛsəcínd]

sechshundert	gjashtëqind	[ɟaʃtəcínd]
siebenhundert	shtatëqind	[ʃtatəcínd]
achthundert	tetëqind	[tɛtəcínd]
neunhundert	nëntëqind	[nəntəcínd]
eintausend	një mijë	[nə míjə]
zweitausend	dy mijë	[dy míjə]

dreitausend	tre mijë	[trɛ míjə]
zehntausend	dhjetë mijë	[ðjétə míjə]
hunderttausend	njëqind mijë	[nəcínd míjə]
Million (f)	milion (m)	[milión]
Milliarde (f)	miliardë (f)	[miliárdə]

6. Ordnungszahlen

der erste	i pari	[i pári]
der zweite	i dyti	[i dýti]
der dritte	i treti	[i tréti]
der vierte	i katërti	[i kátərti]
der fünfte	i pesti	[i pésti]

der sechste	i gjashti	[i ɟáʃti]
der siebte	i shtati	[i ʃtáti]
der achte	i teti	[i téti]
der neunte	i nënti	[i nénti]
der zehnte	i dhjeti	[i ðjéti]

7. Zahlen. Brüche

Bruch (m)	thyesë (f)	[θýɛsə]
Hälfte (f)	gjysma	[ɟýsma]
Drittel (n)	një e treta	[nə ɛ tréta]
Viertel (n)	një e katërta	[nə ɛ kátərta]

Achtel (m, n)	një e teta	[nə ɛ téta]
Zehntel (n)	një e dhjeta	[nə ɛ ðjéta]
zwei Drittel	dy të tretat	[dy tə trétat]
drei Viertel	tre të katërtat	[trɛ tə kátərtat]

8. Zahlen. Grundrechenarten

Subtraktion (f)	zbritje (f)	[zbrítjɛ]
subtrahieren (vt)	zbres	[zbrɛs]
Division (f)	pjesëtim (m)	[pjɛsətím]
dividieren (vt)	pjesëtoj	[pjɛsətój]
Addition (f)	mbledhje (f)	[mbléðjɛ]
addieren (vt)	shtoj	[ʃtoj]
hinzufügen (vt)	mbledh	[mbléð]
Multiplikation (f)	shumëzim (m)	[ʃuməzím]
multiplizieren (vt)	shumëzoj	[ʃuməzój]

9. Zahlen. Verschiedenes

| Ziffer (f) | shifër (f) | [ʃífər] |
| Zahl (f) | numër (m) | [númər] |

Zahlwort (n)	numerik (m)	[numɛrík]
Minus (n)	minus (m)	[minús]
Plus (n)	plus (m)	[plus]
Formel (f)	formulë (f)	[formúlə]

Berechnung (f)	llogaritje (f)	[ɫogarítjɛ]
zählen (vt)	numëroj	[numərój]
berechnen (vt)	llogaris	[ɫogarís]
vergleichen (vt)	krahasoj	[krahasój]

Wie viel, -e?	Sa?	[sa?]
Summe (f)	shuma (f)	[ʃúma]
Ergebnis (n)	rezultat (m)	[rɛzultát]
Rest (m)	mbetje (f)	[mbétjɛ]

einige (~ Tage)	disa	[disá]
wenig (Adv)	pak	[pak]
einige, ein paar	disa	[disá]
wenig (es kostet ~)	pak	[pak]
Übrige (n)	mbetje (f)	[mbétjɛ]
anderthalb	një e gjysmë (f)	[ɲə ɛ ɟýsmə]
Dutzend (n)	dyzinë (f)	[dyzínə]

entzwei (Adv)	përgjysmë	[pərɟýsmə]
zu gleichen Teilen	gjysmë për gjysmë	[ɟýsmə pər ɟýsmə]
Hälfte (f)	gjysmë (f)	[ɟýsmə]
Mal (n)	herë (f)	[hérə]

10. Die wichtigsten Verben. Teil 1

abbiegen (nach links ~)	kthej	[kθɛj]
abschicken (vt)	dërgoj	[dərgój]
ändern (vt)	ndryshoj	[ndryʃój]
andeuten (vt)	aludoj	[aludój]
Angst haben	kam frikë	[kam fríkə]

ankommen (vi)	arrij	[aríj]
antworten (vi)	përgjigjem	[pərɟíɟɛm]
arbeiten (vi)	punoj	[punój]
auf ... zählen	mbështetem ...	[mbəʃtétɛm ...]
aufbewahren (vt)	mbaj	[mbáj]

aufschreiben (vt)	mbaj shënim	[mbáj ʃəním]
ausgehen (vi)	dal	[dal]
aussprechen (vt)	shqiptoj	[ʃciptój]
bedauern (vt)	pendohem	[pɛndóhɛm]
bedeuten (vt)	nënkuptoj	[nənkuptój]
beenden (vt)	përfundoj	[pərfundój]

befehlen (Milit.)	urdhëroj	[urðərój]
befreien (Stadt usw.)	çliroj	[tʃlirój]
beginnen (vt)	filloj	[fiɫój]
bemerken (vt)	vërej	[vəréj]
beobachten (vt)	vëzhgoj	[vəʒgój]

berühren (vt)	prek	[prɛk]
besitzen (vt)	zotëroj	[zotərój]
besprechen (vt)	diskutoj	[diskutój]
bestehen auf	këmbëngul	[kəmbəŋúl]
bestellen (im Restaurant)	porosis	[porosís]

bestrafen (vt)	ndëshkoj	[ndəʃkój]
beten (vi)	lutem	[lútɛm]
bitten (vt)	pyes	[pýɛs]
brechen (vt)	ndahem	[ndáhɛm]
denken (vi, vt)	mendoj	[mɛndój]

drohen (vi)	kërcënoj	[kərtsənój]
Durst haben	kam etje	[kam étjɛ]
einladen (vt)	ftoj	[ftoj]
einstellen (vt)	ndaloj	[ndalój]
einwenden (vt)	kundërshtoj	[kundərʃtój]
empfehlen (vt)	rekomandoj	[rɛkomandój]

erklären (vt)	shpjegoj	[ʃpjɛgój]
erlauben (vt)	lejoj	[lɛjój]
ermorden (vt)	vras	[vras]
erwähnen (vt)	përmend	[pərménd]
existieren (vi)	ekzistoj	[ɛkzistój]

11. Die wichtigsten Verben. Teil 2

fallen (vi)	bie	[bíɛ]
fallen lassen	lëshoj	[ləʃój]
fangen (vt)	kap	[kap]
finden (vt)	gjej	[ɟéj]
fliegen (vi)	fluturoj	[fluturój]

folgen (Folge mir!)	ndjek …	[ndjék …]
fortsetzen (vt)	vazhdoj	[vaʒdój]
fragen (vt)	pyes	[pýɛs]
frühstücken (vi)	ha mëngjes	[ha məŋés]
geben (vt)	jap	[jap]

gefallen (vi)	pëlqej	[pəlcéj]
gehen (zu Fuß gehen)	ec në këmbë	[ɛts nə kémbə]
gehören (vi)	përkas …	[pərkás …]
graben (vt)	gërmoj	[gərmój]

haben (vt)	kam	[kam]
helfen (vi)	ndihmoj	[ndihmój]
herabsteigen (vi)	zbres	[zbrɛs]
hereinkommen (vi)	hyj	[hyj]

hoffen (vi)	shpresoj	[ʃprɛsój]
hören (vt)	dëgjoj	[dəɟój]
hungrig sein	kam uri	[kam urí]
informieren (vt)	informoj	[informój]
jagen (vi)	dal për gjah	[dál pər ɟáh]

kennen (vt)	njoh	[ɲóh]
klagen (vi)	ankohem	[ankóhɛm]
können (v mod)	mund	[mund]
kontrollieren (vt)	kontrolloj	[kontroɫój]
kosten (vt)	kushton	[kuʃtón]

kränken (vt)	fyej	[fýɛj]
lächeln (vi)	buzëqesh	[buzəcéʃ]
lachen (vi)	qesh	[cɛʃ]
laufen (vi)	vrapoj	[vrapój]
leiten (Betrieb usw.)	drejtoj	[drɛjtój]

lernen (vt)	studioj	[studiój]
lesen (vi, vt)	lexoj	[lɛdzój]
lieben (vt)	dashuroj	[daʃurój]
machen (vt)	bëj	[bəj]

mieten (Haus usw.)	marr me qira	[mar mɛ cirá]
nehmen (vt)	marr	[mar]
noch einmal sagen	përsëris	[pərsərís]
nötig sein	nevojitet	[nɛvojítɛt]
öffnen (vt)	hap	[hap]

12. Die wichtigsten Verben. Teil 3

planen (vt)	planifikoj	[planifikój]
prahlen (vi)	mburrem	[mbúrɛm]
raten (vt)	këshilloj	[kəʃiɫój]
rechnen (vt)	numëroj	[numərój]
reservieren (vt)	rezervoj	[rɛzɛrvój]

retten (vt)	shpëtoj	[ʃpətój]
richtig raten (vt)	hamendësoj	[hamɛndəsój]
rufen (um Hilfe ~)	thërras	[θərás]
sagen (vt)	them	[θɛm]
schaffen (Etwas Neues zu ~)	krijoj	[krijój]

schelten (vt)	qortoj	[cortój]
schießen (vi)	qëlloj	[cəɫój]
schmücken (vt)	zbukuroj	[zbukurój]
schreiben (vi, vt)	shkruaj	[ʃkrúaj]
schreien (vi)	bërtas	[bərtás]

schweigen (vi)	hesht	[hɛʃt]
schwimmen (vi)	notoj	[notój]
schwimmen gehen	notoj	[notój]
sehen (vi, vt)	shikoj	[ʃikój]

sein (vi)	jam	[jam]
sich beeilen	nxitoj	[ndzitój]
sich entschuldigen	kërkoj falje	[kərkój fáljɛ]

sich interessieren	interesohem ...	[intɛrɛsóhɛm ...]
sich irren	gaboj	[gabój]

sich setzen	ulem	[úlɛm]
sich weigern	refuzoj	[rɛfuzój]
spielen (vi, vt)	luaj	[lúaj]

sprechen (vi)	flas	[flas]
staunen (vi)	çuditem	[tʃudítɛm]
stehlen (vt)	vjedh	[vjɛð]
stoppen (vt)	ndaloj	[ndalój]
suchen (vt)	kërkoj ...	[kərkój ...]

13. Die wichtigsten Verben. Teil 4

täuschen (vt)	mashtroj	[maʃtrój]
teilnehmen (vi)	marr pjesë	[mar pjésə]
übersetzen (Buch usw.)	përkthej	[pərkθéj]
unterschätzen (vt)	nënvlerësoj	[nənvlɛrəsój]
unterschreiben (vt)	nënshkruaj	[nənʃkrúaj]

vereinigen (vt)	bashkoj	[baʃkój]
vergessen (vt)	harroj	[harój]
vergleichen (vt)	krahasoj	[krahasój]
verkaufen (vt)	shes	[ʃɛs]
verlangen (vt)	kërkoj	[kərkój]

versäumen (vt)	humbas	[humbás]
versprechen (vt)	premtoj	[prɛmtój]
verstecken (vt)	fsheh	[fʃéh]
verstehen (vt)	kuptoj	[kuptój]
versuchen (vt)	përpiqem	[pərpícɛm]
verteidigen (vt)	mbroj	[mbrój]
vertrauen (vi)	besoj	[bɛsój]
verwechseln (vt)	ngatërroj	[ŋatərój]
verzeihen (vi, vt)	fal	[fal]
verzeihen (vt)	fal	[fal]
voraussehen (vt)	parashikoj	[paraʃikój]

vorschlagen (vt)	propozoj	[propozój]
vorziehen (vt)	preferoj	[prɛfɛrój]
wählen (vt)	zgjedh	[zɟɛð]
warnen (vt)	paralajmëroj	[paralajmərój]
warten (vi)	pres	[prɛs]
weinen (vi)	qaj	[caj]

wissen (vt)	di	[di]
Witz machen	bëj shaka	[bəj ʃaká]
wollen (vt)	dëshiroj	[dəʃirój]
zahlen (vt)	paguaj	[pagúaj]
zeigen (jemandem etwas)	tregoj	[trɛgój]

zu Abend essen	ha darkë	[ha dárkə]
zu Mittag essen	ha drekë	[ha drékə]
zubereiten (vt)	gatuaj	[gatúaj]
zustimmen (vi)	bie dakord	[bíɛ dakórd]
zweifeln (vi)	dyshoj	[dyʃój]

14. Farben

Farbe (f)	ngjyrë (f)	[nɟýrə]
Schattierung (f)	nuancë (f)	[nuántsə]
Farbton (m)	tonalitet (m)	[tonalitét]
Regenbogen (m)	ylber (m)	[ylbér]
weiß	e bardhë	[ɛ bárðə]
schwarz	e zezë	[ɛ zézə]
grau	gri	[gri]
grün	jeshile	[jɛʃílɛ]
gelb	e verdhë	[ɛ vérðə]
rot	e kuqe	[ɛ kúcɛ]
blau	blu	[blu]
hellblau	bojëqielli	[bojəciéti]
rosa	rozë	[rózə]
orange	portokalli	[portokáti]
violett	bojëvjollcë	[bojəvjóttsə]
braun	kafe	[káfɛ]
golden	e artë	[ɛ ártə]
silbrig	e argjendtë	[ɛ aɾɟéndtə]
beige	bezhë	[béʒə]
cremefarben	krem	[krɛm]
türkis	e bruztë	[ɛ brúztə]
kirschrot	qershi	[cɛɾʃí]
lila	jargavan	[jargaván]
himbeerrot	e kuqe e thellë	[ɛ kúcɛ ɛ θétə]
hell	e hapur	[ɛ hápuɾ]
dunkel	e errët	[ɛ érət]
grell	e ndritshme	[ɛ ndrítʃmɛ]
Farb- (z.B. -stifte)	e ngjyrosur	[ɛ nɟyrósuɾ]
Farb- (z.B. -film)	ngjyrë	[nɟýrə]
schwarz-weiß	bardhë e zi	[bárðə ɛ zi]
einfarbig	njëngjyrëshe	[nənɟýrəʃɛ]
bunt	shumëngjyrëshe	[ʃumənɟýrəʃɛ]

15. Fragen

Wer?	Kush?	[kuʃ?]
Was?	Çka?	[tʃká?]
Wo?	Ku?	[ku?]
Wohin?	Për ku?	[pər ku?]
Woher?	Nga ku?	[ŋa ku?]
Wann?	Kur?	[kur?]
Wozu?	Pse?	[psɛ?]
Warum?	Pse?	[psɛ?]
Wofür?	Për çfarë arsye?	[pər tʃfárə arsýɛ?]

| Wie? | Si? | [si?] |
| Welcher? | Çfarë? | [tʃfárə?] |

Wem?	Kujt?	[kújt?]
Über wen?	Për kë?	[pər kə?]
Wovon? (~ sprichst du?)	Për çfarë?	[pər tʃfárə?]
Mit wem?	Me kë?	[mɛ kə?]

| Wie viel? Wie viele? | Sa? | [sa?] |
| Wessen? | Të kujt? | [tə kujt?] |

16. Präpositionen

mit (Frau ~ Katzen)	me	[mɛ]
ohne (~ Dich)	pa	[pa]
nach (~ London)	për në	[pər nə]
über (~ Geschäfte sprechen)	për	[pər]
vor (z.B. ~ acht Uhr)	përpara	[pərpára]
vor (z.B. ~ dem Haus)	para ...	[pára ...]

unter (~ dem Schirm)	nën	[nən]
über (~ dem Meeresspiegel)	mbi	[mbí]
auf (~ dem Tisch)	mbi	[mbí]
aus (z.B. ~ München)	nga	[ŋa]
aus (z.B. ~ Porzellan)	nga	[ŋa]

| in (~ zwei Tagen) | për | [pər] |
| über (~ zaun) | sipër | [sípər] |

17. Funktionswörter. Adverbien. Teil 1

Wo?	Ku?	[ku?]
hier	këtu	[kətú]
dort	atje	[atjé]

| irgendwo | diku | [dikú] |
| nirgends | askund | [askúnd] |

| an (bei) | afër | [áfər] |
| am Fenster | tek dritarja | [tɛk dritárja] |

Wohin?	Për ku?	[pər ku?]
hierher	këtu	[kətú]
dahin	atje	[atjé]
von hier	nga këtu	[ŋa kətú]
von da	nga atje	[ŋa atjɛ]

| nah (Adv) | pranë | [pránə] |
| weit, fern (Adv) | larg | [larg] |

| in der Nähe von ... | afër | [áfər] |
| in der Nähe | pranë | [pránə] |

unweit (~ unseres Hotels)	jo larg	[jo lárg]
link (Adj)	majtë	[májtə]
links (Adv)	majtas	[májtas]
nach links	në të majtë	[nə tə májtə]
recht (Adj)	djathtë	[djáθtə]
rechts (Adv)	djathtas	[djáθtas]
nach rechts	në të djathtë	[nə tə djáθtə]
vorne (Adv)	përballë	[pərbáłə]
Vorder-	i përparmë	[i pərpármə]
vorwärts	përpara	[pərpára]
hinten (Adv)	prapa	[prápa]
von hinten	nga prapa	[ŋa prápa]
rückwärts (Adv)	pas	[pas]
Mitte (f)	mes (m)	[mɛs]
in der Mitte	në mes	[nə mɛs]
seitlich (Adv)	në anë	[nə anə]
überall (Adv)	kudo	[kúdo]
ringsherum (Adv)	përreth	[pəréθ]
von innen (Adv)	nga brenda	[ŋa brénda]
irgendwohin (Adv)	diku	[dikú]
geradeaus (Adv)	drejt	[dréjt]
zurück (Adv)	pas	[pas]
irgendwoher (Adv)	nga kudo	[ŋa kúdo]
von irgendwo (Adv)	nga diku	[ŋa dikú]
erstens	së pari	[sə pári]
zweitens	së dyti	[sə dýti]
drittens	së treti	[sə tréti]
plötzlich (Adv)	befas	[béfas]
zuerst (Adv)	në fillim	[nə fiłím]
zum ersten Mal	për herë të parë	[pər hérə tə párə]
lange vor...	shumë përpara ...	[ʃúmə pərpára ...]
von Anfang an	sërish	[səríʃ]
für immer	një herë e mirë	[nə hérə ɛ mírə]
nie (Adv)	kurrë	[kúrə]
wieder (Adv)	përsëri	[pərsərí]
jetzt (Adv)	tani	[táni]
oft (Adv)	shpesh	[ʃpɛʃ]
damals (Adv)	atëherë	[atəhérə]
dringend (Adv)	urgjent	[urɟént]
gewöhnlich (Adv)	zakonisht	[zakoníʃt]
übrigens, ...	meqë ra fjala, ...	[mécə ra fjála, ...]
möglicherweise (Adv)	ndoshta	[ndóʃta]
wahrscheinlich (Adv)	mundësisht	[mundəsíʃt]
vielleicht (Adv)	mbase	[mbásɛ]
außerdem ...	përveç	[pərvétʃ]

deshalb ...	ja përse ...	[ja pərsé ...]
trotz ...	pavarësisht se ...	[pavarəsíʃt sɛ ...]
dank ...	falë ...	[fálə ...]

was (~ ist denn?)	çfarë	[tʃfárə]
das (~ ist alles)	që	[cə]
etwas	diçka	[ditʃká]
irgendwas	ndonji gjë	[ndoɲí ɟə]
nichts	asgjë	[asɟé]

wer (~ ist ~?)	kush	[kuʃ]
jemand	dikush	[dikúʃ]
irgendwer	dikush	[dikúʃ]

niemand	askush	[askúʃ]
nirgends	askund	[askúnd]
niemandes (~ Eigentum)	i askujt	[i askújt]
jemandes	i dikujt	[i dikújt]

so (derart)	aq	[ác]
auch	gjithashtu	[ɟiθaʃtú]
ebenfalls	gjithashtu	[ɟiθaʃtú]

18. Funktionswörter. Adverbien. Teil 2

Warum?	Pse?	[psɛ?]
aus irgendeinem Grund	për një arsye	[pər ɲə arsýɛ]
weil ...	sepse ...	[sɛpsé ...]
zu irgendeinem Zweck	për ndonjë shkak	[pər ndóɲə ʃkak]

und	dhe	[ðɛ]
oder	ose	[ósɛ]
aber	por	[por]
für (präp)	për	[pər]

zu (~ viele)	tepër	[tépər]
nur (~ einmal)	vetëm	[vétəm]
genau (Adv)	pikërisht	[pikəríʃt]
etwa	rreth	[rɛθ]

ungefähr (Adv)	përafërsisht	[pərafərsíʃt]
ungefähr (Adj)	përafërt	[pəráfərt]
fast	pothuajse	[poθúajsɛ]
Übrige (n)	mbetje (f)	[mbétjɛ]

der andere	tjetri	[tjétri]
andere	tjetër	[tjétər]
jeder (~ Mann)	çdo	[tʃdo]
beliebig (Adj)	çfarëdo	[tʃfarədó]
viel (zähl.)	disa	[disá]
viel (unzähl.)	shumë	[ʃúmə]
viele Menschen	shumë njerëz	[ʃúmə ɲérəz]
alle (wir ~)	të gjithë	[tə ɟíθə]
im Austausch gegen ...	në vend të ...	[nə vénd tə ...]

dafür (Adv)	në shkëmbim të ...	[nə ʃkəmbím tə ...]
mit der Hand (Hand-)	me dorë	[mɛ dórə]
schwerlich (Adv)	vështirë se ...	[vəʃtírə sɛ ...]

wahrscheinlich (Adv)	mundësisht	[mundəsíʃt]
absichtlich (Adv)	me qëllim	[mɛ cəɬím]
zufällig (Adv)	aksidentalisht	[aksidɛntalíʃt]

sehr (Adv)	shumë	[ʃúmə]
zum Beispiel	për shembull	[pər ʃémbuɬ]
zwischen	midis	[midís]
unter (Wir sind ~ Mördern)	rreth	[rɛθ]
so viele (~ Ideen)	kaq shumë	[kác ʃúmə]
besonders (Adv)	veçanërisht	[vɛtʃanəríʃt]

Grundbegriffe. Teil 2

19. Wochentage

Montag (m)	E hënë (f)	[ɛ hénə]
Dienstag (m)	E martë (f)	[ɛ mártə]
Mittwoch (m)	E mërkurë (f)	[ɛ mərkúrə]
Donnerstag (m)	E enjte (f)	[ɛ éɲtɛ]
Freitag (m)	E premte (f)	[ɛ prémtɛ]
Samstag (m)	E shtunë (f)	[ɛ ʃtúnə]
Sonntag (m)	E dielë (f)	[ɛ díɛlə]

heute	sot	[sot]
morgen	nesër	[nésər]
übermorgen	pasnesër	[pasnésər]
gestern	dje	[djé]
vorgestern	pardje	[pardjé]

Tag (m)	ditë (f)	[dítə]
Arbeitstag (m)	ditë pune (f)	[dítə púnɛ]
Feiertag (m)	festë kombëtare (f)	[féstə kombətárɛ]
freier Tag (m)	ditë pushim (m)	[dítə puʃím]
Wochenende (n)	fundjavë (f)	[fundjávə]

den ganzen Tag	gjithë ditën	[ɟíθə dítən]
am nächsten Tag	ditën pasardhëse	[dítən pasárðəsɛ]
zwei Tage vorher	dy ditë më parë	[dy dítə mə párə]
am Vortag	një ditë më parë	[ɲə dítə mə párə]
täglich (Adj)	ditor	[ditór]
täglich (Adv)	çdo ditë	[tʃdo dítə]

Woche (f)	javë (f)	[jávə]
letzte Woche	javën e kaluar	[jávən ɛ kalúar]
nächste Woche	javën e ardhshme	[jávən ɛ árðʃmɛ]
wöchentlich (Adj)	javor	[javór]
wöchentlich (Adv)	çdo javë	[tʃdo jávə]
zweimal pro Woche	dy herë në javë	[dy hérə nə jávə]
jeden Dienstag	çdo të martë	[tʃdo tə mártə]

20. Stunden. Tag und Nacht

Morgen (m)	mëngjes (m)	[mənɟés]
morgens	në mëngjes	[nə mənɟés]
Mittag (m)	mesditë (f)	[mɛsdítə]
nachmittags	pasdite	[pasdítɛ]

Abend (m)	mbrëmje (f)	[mbrémjɛ]
abends	në mbrëmje	[nə mbrémjɛ]

26

Nacht (f)	natë (f)	[nátə]
nachts	natën	[nátən]
Mitternacht (f)	mesnatë (f)	[mɛsnátə]

Sekunde (f)	sekondë (f)	[sɛkóndə]
Minute (f)	minutë (f)	[minútə]
Stunde (f)	orë (f)	[órə]
eine halbe Stunde	gjysmë ore (f)	[ɟýsmə órɛ]
Viertelstunde (f)	çerek ore (m)	[tʃɛrék órɛ]
fünfzehn Minuten	pesëmbëdhjetë minuta	[pɛsəmbəðjétə minúta]
Tag und Nacht	24 orë	[ɲəzét ɛ kátər órə]

Sonnenaufgang (m)	agim (m)	[agím]
Morgendämmerung (f)	agim (m)	[agím]
früher Morgen (m)	mëngjes herët (m)	[mənɟés hérət]
Sonnenuntergang (m)	perëndim dielli (m)	[pɛrəndím diéɫi]

früh am Morgen	herët në mëngjes	[hérət nə mənɟés]
heute Morgen	sot në mëngjes	[sot nə mənɟés]
morgen früh	nesër në mëngjes	[nésər nə mənɟés]

heute Mittag	sot pasdite	[sot pasdítɛ]
nachmittags	pasdite	[pasdítɛ]
morgen Nachmittag	nesër pasdite	[nésər pasdítɛ]

| heute Abend | sonte në mbrëmje | [sóntɛ nə mbrəmjɛ] |
| morgen Abend | nesër në mbrëmje | [nésər nə mbrémjɛ] |

Punkt drei Uhr	në orën 3 fiks	[nə órən trɛ fiks]
gegen vier Uhr	rreth orës 4	[rɛθ órəs kátər]
um zwölf Uhr	deri në orën 12	[déri nə órən dymbəðjétə]

in zwanzig Minuten	për 20 minuta	[pər ɲəzét minúta]
in einer Stunde	për një orë	[pər ɲə órə]
rechtzeitig (Adv)	në orar	[nə orár]

Viertel vor ...	çerek ...	[tʃɛrék ...]
innerhalb einer Stunde	brenda një ore	[brénda ɲə órɛ]
alle fünfzehn Minuten	çdo 15 minuta	[tʃdo pɛsəmbəðjétə minúta]
Tag und Nacht	gjithë ditën	[ɟíθə dítən]

21. Monate. Jahreszeiten

Januar (m)	Janar (m)	[janár]
Februar (m)	Shkurt (m)	[ʃkurt]
März (m)	Mars (m)	[mars]
April (m)	Prill (m)	[priɫ]
Mai (m)	Maj (m)	[maj]
Juni (m)	Qershor (m)	[cɛrʃór]

Juli (m)	Korrik (m)	[korík]
August (m)	Gusht (m)	[guʃt]
September (m)	Shtator (m)	[ʃtatór]
Oktober (m)	Tetor (m)	[tɛtór]

| November (m) | Nëntor (m) | [nəntór] |
| Dezember (m) | Dhjetor (m) | [ðjɛtór] |

Frühling (m)	pranverë (f)	[pranvérə]
im Frühling	në pranverë	[nə pranvérə]
Frühlings-	pranveror	[pranvɛrór]

Sommer (m)	verë (f)	[vérə]
im Sommer	në verë	[nə vérə]
Sommer-	veror	[vɛrór]

Herbst (m)	vjeshtë (f)	[vjéʃtə]
im Herbst	në vjeshtë	[nə vjéʃtə]
Herbst-	vjeshtor	[vjéʃtor]

Winter (m)	dimër (m)	[dímər]
im Winter	në dimër	[nə dímər]
Winter-	dimëror	[dimərór]

Monat (m)	muaj (m)	[múaj]
in diesem Monat	këtë muaj	[kətə múaj]
nächsten Monat	muajin tjetër	[múajin tjétər]
letzten Monat	muajin e kaluar	[múajin ɛ kalúar]
vor einem Monat	para një muaji	[pára ɲə múaji]
über eine Monat	pas një muaji	[pas ɲə múaji]
in zwei Monaten	pas dy muajsh	[pas dy múajʃ]
den ganzen Monat	gjatë gjithë muajit	[ɟátə ɟíθə múajit]

monatlich (Adj)	mujor	[mujór]
monatlich (Adv)	mujor	[mujór]
jeden Monat	çdo muaj	[tʃdo múaj]
zweimal pro Monat	dy herë në muaj	[dy hérə nə múaj]

Jahr (n)	vit (m)	[vit]
dieses Jahr	këtë vit	[kətə vít]
nächstes Jahr	vitin tjetër	[vítin tjétər]
voriges Jahr	vitin e kaluar	[vítin ɛ kalúar]

vor einem Jahr	para një viti	[pára ɲə víti]
in einem Jahr	për një vit	[pər ɲə vit]
in zwei Jahren	për dy vite	[pər dy vítɛ]
das ganze Jahr	gjatë gjithë vitit	[ɟátə ɟíθə vítit]

jedes Jahr	çdo vit	[tʃdo vít]
jährlich (Adj)	vjetor	[vjɛtór]
jährlich (Adv)	çdo vit	[tʃdo vít]
viermal pro Jahr	4 herë në vit	[kátər hérə nə vit]

Datum (heutige ~)	datë (f)	[dátə]
Datum (Geburts-)	data (f)	[dáta]
Kalender (m)	kalendar (m)	[kalɛndár]

ein halbes Jahr	gjysmë viti	[ɟýsmə víti]
Halbjahr (n)	gjashtë muaj	[ɟáʃtə múaj]
Saison (f)	stinë (f)	[stínə]
Jahrhundert (n)	shekull (m)	[ʃékuɫ]

22. Zeit. Verschiedenes

Zeit (f)	kohë (f)	[kóhə]
Augenblick (m)	çast, moment (m)	[tʃást], [momént]
Moment (m)	çast (m)	[tʃást]
augenblicklich (Adj)	i çastit	[i tʃástit]
Zeitspanne (f)	interval (m)	[intɛrvál]
Leben (n)	jetë (f)	[jétə]
Ewigkeit (f)	përjetësi (f)	[pərjɛtəsí]

Epoche (f)	epokë (f)	[ɛpókə]
Ära (f)	erë (f)	[érə]
Zyklus (m)	cikël (m)	[tsíkəl]
Periode (f)	periudhë (f)	[pɛriúðə]
Frist (äußerste ~)	afat (m)	[afát]

Zukunft (f)	ardhmëria (f)	[arðməría]
zukünftig (Adj)	e ardhme	[ɛ árðmɛ]
nächstes Mal	herën tjetër	[hérən tjétər]
Vergangenheit (f)	e shkuara (f)	[ɛ ʃkúara]
vorig (Adj)	kaluar	[kalúar]
letztes Mal	herën e fundit	[hérən ɛ fúndit]

später (Adv)	më vonë	[mə vónə]
danach	pas	[pas]
zur Zeit	në këto kohë	[nə kəto kóhə]
jetzt	tani	[táni]
sofort	menjëherë	[mɛɲəhérə]
bald	së shpejti	[sə ʃpéjti]
im Voraus	paraprakisht	[paraprakíʃt]

lange her	para shumë kohësh	[pára ʃúmə kóhəʃ]
vor kurzem	së fundmi	[sə fúndmi]
Schicksal (n)	fat (m)	[fat]
Erinnerungen (pl)	kujtime (pl)	[kujtímɛ]
Archiv (n)	arkiva (f)	[arkíva]

während ...	gjatë ...	[ɟátə ...]
lange (Adv)	gjatë, kohë e gjatë	[ɟátə], [kóhə ɛ ɟátə]
nicht lange (Adv)	jo gjatë	[jo ɟátə]
früh (~ am Morgen)	herët	[hérət]
spät (Adv)	vonë	[vónə]

für immer	përjetë	[pərjétə]
beginnen (vt)	filloj	[fiɫój]
verschieben (vt)	shtyj	[ʃtyj]

gleichzeitig	njëkohësisht	[ɲəkohəsíʃt]
ständig (Adv)	përhershëm	[pərhérʃəm]
konstant (Adj)	vazhdueshme	[vaʒdúɛʃmɛ]
zeitweilig (Adj)	i përkohshëm	[i pərkóhʃəm]

manchmal	ndonjëherë	[ndoɲəhérə]
selten (Adv)	rrallë	[ráɫə]
oft	shpesh	[ʃpɛʃ]

23. Gegenteile

reich (Adj)	i pasur	[i pásur]
arm (Adj)	i varfër	[i várfər]
krank (Adj)	i sëmurë	[i səmúrə]
gesund (Adj)	mirë	[mírə]
groß (Adj)	i madh	[i máð]
klein (Adj)	i vogël	[i vógəl]
schnell (Adv)	shpejt	[ʃpɛjt]
langsam (Adv)	ngadalë	[ŋadálə]
schnell (Adj)	i shpejtë	[i ʃpéjtə]
langsam (Adj)	i ngadaltë	[i ŋadáltə]
froh (Adj)	i kënaqur	[i kənácur]
traurig (Adj)	i mërzitur	[i mərzítur]
zusammen	së bashku	[sə báʃku]
getrennt (Adv)	veç e veç	[vɛtʃ ɛ vɛtʃ]
laut (~ lesen)	me zë	[mɛ zə]
still (~ lesen)	pa zë	[pa zə]
hoch (Adj)	i lartë	[i lártə]
niedrig (Adj)	i ulët	[i úlət]
tief (Adj)	i thellë	[i θéɫə]
flach (Adj)	i cekët	[i tsékət]
ja	po	[po]
nein	jo	[jo]
fern (Adj)	i largët	[i lárgət]
nah (Adj)	afër	[áfər]
weit (Adv)	larg	[larg]
nebenan (Adv)	pranë	[pránə]
lang (Adj)	i gjatë	[i ɟátə]
kurz (Adj)	i shkurtër	[i ʃkúrtər]
gut (gütig)	i mirë	[i mírə]
böse (der ~ Geist)	djallëzor	[djaɫəzór]
verheiratet (Ehemann)	i martuar	[i martúar]
ledig (Adj)	beqar	[bɛcár]
verbieten (vt)	ndaloj	[ndalój]
erlauben (vt)	lejoj	[lɛjój]
Ende (n)	fund (m)	[fund]
Anfang (m)	fillim (m)	[fiɫím]

| link (Adj) | majtë | [májtə] |
| recht (Adj) | djathtë | [djáθtə] |

| der erste | i pari | [i pári] |
| der letzte | i fundit | [i fúndit] |

| Verbrechen (n) | krim (m) | [krim] |
| Bestrafung (f) | ndëshkim (m) | [ndəʃkím] |

| befehlen (vt) | urdhëroj | [urðərój] |
| gehorchen (vi) | bindem | [bíndɛm] |

| gerade (Adj) | i drejtë | [i dréjtə] |
| krumm (Adj) | i harkuar | [i harkúar] |

| Paradies (n) | parajsë (f) | [parájsə] |
| Hölle (f) | ferr (m) | [fɛr] |

| geboren sein | lind | [lind] |
| sterben (vi) | vdes | [vdɛs] |

| stark (Adj) | i fortë | [i fórtə] |
| schwach (Adj) | i dobët | [i dóbət] |

| alt | plak | [plak] |
| jung (Adj) | i ri | [i rí] |

| alt (Adj) | i vjetër | [i vjétər] |
| neu (Adj) | i ri | [i rí] |

| hart (Adj) | i fortë | [i fórtə] |
| weich (Adj) | i butë | [i bútə] |

| warm (Adj) | ngrohtë | [ŋróhtə] |
| kalt (Adj) | i ftohtë | [i ftóhtə] |

| dick (Adj) | i shëndoshë | [i ʃəndóʃə] |
| mager (Adj) | i dobët | [i dóbət] |

| eng (Adj) | i ngushtë | [i ŋúʃtə] |
| breit (Adj) | i gjerë | [i ɟérə] |

| gut (Adj) | i mirë | [i mírə] |
| schlecht (Adj) | i keq | [i kéc] |

| tapfer (Adj) | guximtar | [gudzimtár] |
| feige (Adj) | frikacak | [frikatsák] |

24. Linien und Formen

Quadrat (n)	katror (m)	[katrór]
quadratisch	katrore	[katrórɛ]
Kreis (m)	rreth (m)	[rɛθ]
rund	i rrumbullakët	[i rumbułákət]

| Dreieck (n) | trekëndësh (m) | [trékəndəʃ] |
| dreieckig | trekëndor | [trɛkəndór] |

Oval (n)	oval (f)	[ovál]
oval	ovale	[oválɛ]
Rechteck (n)	drejtkëndësh (m)	[drɛjtkéndəʃ]
rechteckig	drejtkëndor	[drɛjtkəndór]

Pyramide (f)	piramidë (f)	[piramídə]
Rhombus (m)	romb (m)	[romb]
Trapez (n)	trapezoid (m)	[trapɛzoíd]
Würfel (m)	kub (m)	[kub]
Prisma (n)	prizëm (m)	[prízəm]

Kreis (m)	perimetër (m)	[pɛrimétər]
Sphäre (f)	sferë (f)	[sférə]
Kugel (f)	top (m)	[top]
Durchmesser (m)	diametër (m)	[diamétər]
Radius (m)	sipërfaqe (f)	[sipərfácɛ]
Umfang (m)	perimetër (m)	[pɛrimétər]
Zentrum (n)	qendër (f)	[céndər]

waagerecht (Adj)	horizontal	[horizontál]
senkrecht (Adj)	vertikal	[vɛrtikál]
Parallele (f)	paralele (f)	[paralélɛ]
parallel (Adj)	paralel	[paralél]

Linie (f)	vijë (f)	[víjə]
Strich (m)	vizë (f)	[vízə]
Gerade (f)	vijë e drejtë (f)	[víjə ɛ dréjtə]
Kurve (f)	kurbë (f)	[kúrbə]
dünn (schmal)	e hollë	[ɛ hółə]
Kontur (f)	kontur (f)	[kontúr]

Schnittpunkt (m)	kryqëzim (m)	[krycəzím]
rechter Winkel (m)	kënd i drejtë (m)	[kənd i dréjtə]
Segment (n)	segment (m)	[sɛgmént]
Sektor (m)	sektor (m)	[sɛktór]
Seite (f)	anë (f)	[ánə]
Winkel (m)	kënd (m)	[kénd]

25. Maßeinheiten

Gewicht (n)	peshë (f)	[péʃə]
Länge (f)	gjatësi (f)	[ɟatəsí]
Breite (f)	gjerësi (f)	[ɟɛrəsí]
Höhe (f)	lartësi (f)	[lartəsí]
Tiefe (f)	thellësi (f)	[θɛłəsí]
Volumen (n)	vëllim (m)	[vəłím]
Fläche (f)	sipërfaqe (f)	[sipərfácɛ]

Gramm (n)	gram (m)	[gram]
Milligramm (n)	miligram (m)	[miligrám]
Kilo (n)	kilogram (m)	[kilográm]

Tonne (f)	ton (m)	[ton]
Pfund (n)	paund (m)	[páund]
Unze (f)	ons (m)	[ons]

Meter (m)	metër (m)	[métər]
Millimeter (m)	milimetër (m)	[milimétər]
Zentimeter (m)	centimetër (m)	[tsɛntimétər]
Kilometer (m)	kilometër (m)	[kilométər]
Meile (f)	milje (f)	[míljɛ]

Zoll (m)	inç (m)	[intʃ]
Fuß (m)	këmbë (f)	[kémbə]
Yard (n)	jard (m)	[járd]

Quadratmeter (m)	metër katror (m)	[métər katrór]
Hektar (n)	hektar (m)	[hɛktár]

Liter (m)	litër (m)	[lítər]
Grad (m)	gradë (f)	[grádə]
Volt (n)	volt (m)	[volt]
Ampere (n)	amper (m)	[ampér]
Pferdestärke (f)	kuaj-fuqi (f)	[kúaj-fucí]

Anzahl (f)	sasi (f)	[sasí]
etwas ...	pak ...	[pak ...]
Hälfte (f)	gjysmë (f)	[ɟýsmə]
Dutzend (n)	dyzinë (f)	[dyzínə]
Stück (n)	copë (f)	[tsópə]

Größe (f)	madhësi (f)	[maðəsí]
Maßstab (m)	shkallë (f)	[ʃkátə]

minimal (Adj)	minimale	[minimálɛ]
der kleinste	më i vogli	[mə i vógli]
mittler, mittel-	i mesëm	[i mésəm]
maximal (Adj)	maksimale	[maksimálɛ]
der größte	më i madhi	[mə i máði]

26. Behälter

Glas (Einmachglas)	kavanoz (m)	[kavanóz]
Dose (z.B. Bierdose)	kanoçe (f)	[kanótʃɛ]
Eimer (m)	kovë (f)	[kóvə]
Fass (n), Tonne (f)	fuçi (f)	[futʃí]

Waschschüssel (n)	legen (m)	[lɛgén]
Tank (m)	tank (m)	[tank]
Flachmann (m)	faqore (f)	[facórɛ]
Kanister (m)	bidon (m)	[bidón]
Zisterne (f)	cisternë (f)	[tsistérnə]

Kaffeebecher (m)	tas (m)	[tas]
Tasse (f)	filxhan (m)	[fildʒán]
Untertasse (f)	pjatë filxhani (f)	[pjátə fildʒáni]

Wasserglas (n)	gotë (f)	[gótə]
Weinglas (n)	gotë vere (f)	[gótə vérɛ]
Kochtopf (m)	tenxhere (f)	[tɛndʒérɛ]

| Flasche (f) | shishe (f) | [ʃíʃɛ] |
| Flaschenhals (m) | grykë | [grýkə] |

Karaffe (f)	brokë (f)	[brókə]
Tonkrug (m)	shtambë (f)	[ʃtámbə]
Gefäß (n)	enë (f)	[énə]
Tontopf (m)	enë (f)	[énə]
Vase (f)	vazo (f)	[vázo]

Flakon (n)	shishe (f)	[ʃíʃɛ]
Fläschchen (n)	shishkë (f)	[ʃíʃkə]
Tube (z.B. Zahnpasta)	tubet (f)	[tubét]

Sack (~ Kartoffeln)	thes (m)	[θɛs]
Tüte (z.B. Plastiktüte)	qese (f)	[césɛ]
Schachtel (f) (z.B. Zigaretten~)	paketë (f)	[pakétə]

Karton (z.B. Schuhkarton)	kuti (f)	[kutí]
Kiste (z.B. Bananenkiste)	arkë (f)	[árkə]
Korb (m)	shportë (f)	[ʃpórtə]

27. Werkstoffe

Stoff (z.B. Baustoffe)	material (m)	[matɛriál]
Holz (n)	dru (m)	[dru]
hölzern	prej druri	[prɛj drúri]

| Glas (n) | qelq (m) | [cɛlc] |
| gläsern, Glas- | prej qelqi | [prɛj célci] |

| Stein (m) | gur (m) | [gur] |
| steinern | guror | [gurór] |

| Kunststoff (m) | plastikë (f) | [plastíkə] |
| Kunststoff- | plastike | [plastíkɛ] |

| Gummi (n) | gomë (f) | [gómə] |
| Gummi- | prej gome | [prɛj gómɛ] |

| Stoff (m) | pëlhurë (f) | [pəlhúrə] |
| aus Stoff | nga pëlhura | [ŋa pəlhúra] |

| Papier (n) | letër (f) | [létər] |
| Papier- | prej letre | [prɛj létrɛ] |

Pappe (f)	karton (m)	[kartón]
Pappen-	prej kartoni	[prɛj kartóni]
Polyäthylen (n)	polietilen (m)	[poliétilɛn]
Zellophan (n)	celofan (m)	[tsɛlofán]

Linoleum (n)	linoleum (m)	[linolεúm]
Furnier (n)	kompensatë (f)	[kompεnsátə]
Porzellan (n)	porcelan (m)	[portsεlán]
aus Porzellan	prej porcelani	[prεj portsεláni]
Ton (m)	argjilë (f)	[aɲílə]
Ton-	prej argjile	[prεj aɲílε]
Keramik (f)	qeramikë (f)	[cεramíkə]
keramisch	prej qeramike	[prεj cεramíkε]

28. Metalle

Metall (n)	metal (m)	[mεtál]
metallisch, Metall-	prej metali	[prεj mεtáli]
Legierung (f)	aliazh (m)	[aliáʒ]
Gold (n)	ar (m)	[ár]
golden	prej ari	[prεj ári]
Silber (n)	argjend (m)	[aɲénd]
silbern, Silber-	prej argjendi	[prεj aɲéndi]
Eisen (n)	hekur (m)	[hékuɾ]
eisern, Eisen-	prej hekuri	[prεj hékuri]
Stahl (m)	çelik (m)	[tʃεlík]
stählern	prej çeliku	[prεj tʃεlíku]
Kupfer (n)	bakër (m)	[bákəɾ]
kupfern, Kupfer-	prej bakri	[prεj bákri]
Aluminium (n)	alumin (m)	[alumín]
Aluminium-	prej alumini	[prεj alumíni]
Bronze (f)	bronz (m)	[bronz]
bronzen	prej bronzi	[prεj brónzi]
Messing (n)	tunxh (m)	[tundʒ]
Nickel (n)	nikel (m)	[nikél]
Platin (n)	platin (m)	[platín]
Quecksilber (n)	merkur (m)	[mεrkúɾ]
Zinn (n)	kallaj (m)	[kałáj]
Blei (n)	plumb (m)	[plúmb]
Zink (n)	zink (m)	[zink]

DER MENSCH

Der Mensch. Körper

29. Menschen. Grundbegriffe

Mensch (m)	qenie njerëzore (f)	[cɛníɛ ɲɛrəzórɛ]
Mann (m)	burrë (m)	[búrə]
Frau (f)	grua (f)	[grúa]
Kind (n)	fëmijë (f)	[fəmíjə]
Mädchen (n)	vajzë (f)	[vájzə]
Junge (m)	djalë (f)	[djálə]
Teenager (m)	adoleshent (m)	[adolɛʃént]
Greis (m)	plak (m)	[plak]
alte Frau (f)	plakë (f)	[plákə]

30. Anatomie des Menschen

Organismus (m)	organizëm (m)	[organízəm]
Herz (n)	zemër (f)	[zémər]
Blut (n)	gjak (m)	[ɟak]
Arterie (f)	arterie (f)	[artériɛ]
Vene (f)	venë (f)	[vénə]
Gehirn (n)	tru (m)	[tru]
Nerv (m)	nerv (m)	[nɛrv]
Nerven (pl)	nerva (f)	[nérva]
Wirbel (m)	vertebër (f)	[vɛrtébər]
Wirbelsäule (f)	shtyllë kurrizore (f)	[ʃtýɫə kurizórɛ]
Magen (m)	stomak (m)	[stomák]
Gedärm (n)	zorrët (f)	[zórət]
Darm (z.B. Dickdarm)	zorrë (f)	[zórə]
Leber (f)	mëlçi (f)	[məltʃí]
Niere (f)	veshkë (f)	[véʃkə]
Knochen (m)	kockë (f)	[kótskə]
Skelett (n)	skelet (m)	[skɛlét]
Rippe (f)	brinjë (f)	[bríɲə]
Schädel (m)	kafkë (f)	[káfkə]
Muskel (m)	muskul (m)	[múskul]
Bizeps (m)	biceps (m)	[bitséps]
Trizeps (m)	triceps (m)	[tritséps]
Sehne (f)	tendon (f)	[tɛndón]
Gelenk (n)	nyje (f)	[nýjɛ]

Lungen (pl)	mushkëri (m)	[muʃkərí]
Geschlechtsorgane (pl)	organe gjenitale (f)	[orgánɛ ɟɛnitálɛ]
Haut (f)	lëkurë (f)	[ləkúrə]

31. Kopf

Kopf (m)	kokë (f)	[kókə]
Gesicht (n)	fytyrë (f)	[fytýrə]
Nase (f)	hundë (f)	[húndə]
Mund (m)	gojë (f)	[gójə]

Auge (n)	sy (m)	[sy]
Augen (pl)	sytë	[sýtə]
Pupille (f)	bebëz (f)	[bébəz]
Augenbraue (f)	vetull (f)	[vétuɫ]
Wimper (f)	qerpik (m)	[cɛrpík]
Augenlid (n)	qepallë (f)	[cɛpáɫə]

Zunge (f)	gjuhë (f)	[ɟúhə]
Zahn (m)	dhëmb (m)	[ðəmb]
Lippen (pl)	buzë (f)	[búzə]
Backenknochen (pl)	mollëza (f)	[móɫəza]
Zahnfleisch (n)	mishrat e dhëmbëve	[míʃrat ɛ ðəmbəvɛ]
Gaumen (m)	qiellzë (f)	[ciéɫzə]

Nasenlöcher (pl)	vrimat e hundës (pl)	[vrímat ɛ húndəs]
Kinn (n)	mjekër (f)	[mjékər]
Kiefer (m)	nofull (f)	[nófuɫ]
Wange (f)	faqe (f)	[fácɛ]

Stirn (f)	ball (m)	[báɫ]
Schläfe (f)	tëmth (m)	[təmθ]
Ohr (n)	vesh (m)	[vɛʃ]
Nacken (m)	zverk (m)	[zvɛrk]
Hals (m)	qafë (f)	[cáfə]
Kehle (f)	fyt (m)	[fyt]

Haare (pl)	flokë (pl)	[flókə]
Frisur (f)	model flokësh (m)	[modél flókəʃ]
Haarschnitt (m)	prerje flokësh (f)	[prérjɛ flókəʃ]
Perücke (f)	paruke (f)	[parúkɛ]

Schnurrbart (m)	mustaqe (f)	[mustácɛ]
Bart (m)	mjekër (f)	[mjékər]
haben (einen Bart ~)	lë mjekër	[lə mjékər]
Zopf (m)	gërshet (m)	[gərʃét]
Backenbart (m)	baseta (f)	[baséta]

rothaarig	flokëkuqe	[flokəkúcɛ]
grau	thinja	[θíɲa]
kahl	qeros	[cɛrós]
Glatze (f)	tullë (f)	[túɫə]
Pferdeschwanz (m)	bishtalec (m)	[biʃtaléts]
Pony (Ponyfrisur)	balluke (f)	[baɫúkɛ]

32. Menschlicher Körper

Hand (f)	dorë (f)	[dórə]
Arm (m)	krah (m)	[krah]
Finger (m)	gisht i dorës (m)	[gíʃt i dórəs]
Zehe (f)	gisht i këmbës (m)	[gíʃt i kémbəs]
Daumen (m)	gishti i madh (m)	[gíʃti i máð]
kleiner Finger (m)	gishti i vogël (m)	[gíʃti i vógəl]
Nagel (m)	thua (f)	[θúa]
Faust (f)	grusht (m)	[grúʃt]
Handfläche (f)	pëllëmbë dore (f)	[pəɫémbə dórɛ]
Handgelenk (n)	kyç (m)	[kytʃ]
Unterarm (m)	parakrah (m)	[parakráh]
Ellbogen (m)	bërryl (m)	[bərýl]
Schulter (f)	shpatull (f)	[ʃpátuɫ]
Bein (n)	këmbë (f)	[kémbə]
Fuß (m)	shputë (f)	[ʃpútə]
Knie (n)	gju (m)	[ɟú]
Wade (f)	pulpë (f)	[púlpə]
Hüfte (f)	ijë (f)	[íjə]
Ferse (f)	thembër (f)	[θémbər]
Körper (m)	trup (m)	[trup]
Bauch (m)	stomak (m)	[stomák]
Brust (f)	kraharor (m)	[kraharór]
Busen (m)	gjoks (m)	[ɟóks]
Seite (f), Flanke (f)	krah (m)	[krah]
Rücken (m)	kurriz (m)	[kuríz]
Kreuz (n)	fundshpina (f)	[fundʃpína]
Taille (f)	beli (m)	[béli]
Nabel (m)	kërthizë (f)	[kərθízə]
Gesäßbacken (pl)	vithe (f)	[víθɛ]
Hinterteil (n)	prapanica (f)	[prapanítsa]
Leberfleck (m)	nishan (m)	[niʃán]
Muttermal (n)	shenjë lindjeje (f)	[ʃéɲə líndjɛjɛ]
Tätowierung (f)	tatuazh (m)	[tatuáʒ]
Narbe (f)	shenjë (f)	[ʃéɲə]

Kleidung & Accessoires

33. Oberbekleidung. Mäntel

Kleidung (f)	rroba (f)	[róba]
Oberkleidung (f)	veshje e sipërme (f)	[véʃjɛ ɛ sípərmɛ]
Winterkleidung (f)	veshje dimri (f)	[véʃjɛ dímri]
Mantel (m)	pallto (f)	[páɫto]
Pelzmantel (m)	gëzof (m)	[gəzóf]
Pelzjacke (f)	xhaketë lëkure (f)	[dʒakétə ləkúɾɛ]
Daunenjacke (f)	xhup (m)	[dʒup]
Jacke (z.B. Lederjacke)	xhaketë (f)	[dʒakétə]
Regenmantel (m)	pardesy (f)	[pardɛsý]
wasserdicht	kundër shiut	[kúndər ʃíut]

34. Herren- & Damenbekleidung

Hemd (n)	këmishë (f)	[kəmíʃə]
Hose (f)	pantallona (f)	[pantaɫóna]
Jeans (pl)	xhinse (f)	[dʒínsɛ]
Jackett (n)	xhaketë kostumi (f)	[dʒakétə kostúmi]
Anzug (m)	kostum (m)	[kostúm]
Damenkleid (n)	fustan (m)	[fustán]
Rock (m)	fund (m)	[fund]
Bluse (f)	bluzë (f)	[blúzə]
Strickjacke (f)	xhaketë me thurje (f)	[dʒakétə mɛ θúrjɛ]
Jacke (Damen Kostüm)	xhaketë femrash (f)	[dʒakétə fémraʃ]
T-Shirt (n)	bluzë (f)	[blúzə]
Shorts (pl)	pantallona të shkurtra (f)	[pantaɫóna tə ʃkúrtra]
Sportanzug (m)	tuta sportive (f)	[túta sportívɛ]
Bademantel (m)	peshqir trupi (m)	[pɛʃcír trúpi]
Schlafanzug (m)	pizhame (f)	[piʒámɛ]
Sweater (m)	triko (f)	[tríko]
Pullover (m)	pulovër (m)	[pulóvər]
Weste (f)	jelek (m)	[jɛlék]
Frack (m)	frak (m)	[frak]
Smoking (m)	smoking (m)	[smokíŋ]
Uniform (f)	uniformë (f)	[unifórmə]
Arbeitskleidung (f)	rroba pune (f)	[róba púnɛ]
Overall (m)	kominoshe (f)	[kominóʃɛ]
Kittel (z.B. Arztkittel)	uniformë (f)	[unifórmə]

39

35. Kleidung. Unterwäsche

Unterwäsche (f)	të brendshme (f)	[tə bréndʃmɛ]
Herrenslip (m)	boksera (f)	[bokséra]
Damenslip (m)	brekë (f)	[bɾékə]
Unterhemd (n)	fanellë (f)	[fanétə]
Socken (pl)	çorape (pl)	[tʃoɾápɛ]

Nachthemd (n)	këmishë nate (f)	[kəmíʃə nátɛ]
Büstenhalter (m)	sytjena (f)	[sytjéna]
Kniestrümpfe (pl)	çorape déri tek gjuri (pl)	[tʃoɾápɛ déri ték ɟúri]
Strumpfhose (f)	geta (f)	[géta]
Strümpfe (pl)	çorape të holla (pl)	[tʃoɾápɛ tə hóta]
Badeanzug (m)	rrobë banje (f)	[róbə báɲɛ]

36. Kopfbekleidung

Mütze (f)	kapelë (f)	[kapélə]
Filzhut (m)	kapelë republike (f)	[kapélə rɛpublíkɛ]
Baseballkappe (f)	kapelë bejsbolli (f)	[kapélə bɛjsbóti]
Schiebermütze (f)	kapelë e sheshtë (f)	[kapélə ɛ ʃéʃtə]

Baskenmütze (f)	beretë (f)	[bɛrétə]
Kapuze (f)	kapuç (m)	[kapútʃ]
Panamahut (m)	kapelë panama (f)	[kapélə panamá]
Strickmütze (f)	kapuç leshi (m)	[kapútʃ léʃi]

Kopftuch (n)	shami (f)	[ʃamí]
Damenhut (m)	kapelë femrash (f)	[kapélə fémraʃ]

Schutzhelm (m)	helmetë (f)	[hɛlmétə]
Feldmütze (f)	kapelë ushtrie (f)	[kapélə uʃtríɛ]
Helm (z.B. Motorradhelm)	helmetë (f)	[hɛlmétə]

Melone (f)	kapelë derby (f)	[kapélə dérby]
Zylinder (m)	kapelë cilindër (f)	[kapélə tsilíndər]

37. Schuhwerk

Schuhe (pl)	këpucë (pl)	[kəpútsə]
Stiefeletten (pl)	këpucë burrash (pl)	[kəpútsə búraʃ]
Halbschuhe (pl)	këpucë grash (pl)	[kəpútsə gráʃ]
Stiefel (pl)	çizme (pl)	[tʃízmɛ]
Hausschuhe (pl)	pantofla (pl)	[pantófla]

Tennisschuhe (pl)	atlete tenisi (pl)	[atlétɛ tɛnísi]
Leinenschuhe (pl)	atlete (pl)	[atlétɛ]
Sandalen (pl)	sandale (pl)	[sandálɛ]

Schuster (m)	këpucëtar (m)	[kəputsətár]
Absatz (m)	takë (f)	[tákə]

Paar (n)	palë (f)	[pálə]
Schnürsenkel (m)	lidhëse këpucësh (f)	[líðəsɛ kəpútsəʃ]
schnüren (vt)	lidh këpucët	[lið kəpútsət]
Schuhlöffel (m)	lugë këpucësh (f)	[lúgə kəpútsəʃ]
Schuhcreme (f)	bojë këpucësh (f)	[bójə kəpútsəʃ]

38. Textilien. Stoffe

Baumwolle (f)	pambuk (m)	[pambúk]
Baumwolle-	i pambuktë	[i pambúktə]
Leinen (m)	li (m)	[li]
Leinen-	prej liri	[prɛj líri]

Seide (f)	mëndafsh (m)	[məndáfʃ]
Seiden-	i mëndafshtë	[i məndáfʃtə]
Wolle (f)	lesh (m)	[lɛʃ]
Woll-	i leshtë	[i léʃtə]

Samt (m)	kadife (f)	[kadífɛ]
Wildleder (n)	kamosh (m)	[kamóʃ]
Cord (m)	kadife me riga (f)	[kadífɛ mɛ ríga]

Nylon (n)	najlon (m)	[najlón]
Nylon-	prej najloni	[prɛj najlóni]
Polyester (m)	poliestër (m)	[poliéstər]
Polyester-	prej poliestri	[prɛj poliéstri]

Leder (n)	lëkurë (f)	[ləkúrə]
Leder-	prej lëkure	[prɛj ləkúrɛ]
Pelz (m)	gëzof (m)	[gəzóf]
Pelz-	prej gëzofi	[prɛj gəzófi]

39. Persönliche Accessoires

Handschuhe (pl)	dorëza (pl)	[dórəza]
Fausthandschuhe (pl)	doreza (f)	[doréza]
Schal (Kaschmir-)	shall (m)	[ʃaɫ]

Brille (f)	syze (f)	[sýzɛ]
Brillengestell (n)	skelet syzesh (m)	[skɛlét sýzɛʃ]
Regenschirm (m)	çadër (f)	[tʃádər]
Spazierstock (m)	bastun (m)	[bastún]
Haarbürste (f)	furçë flokësh (f)	[fúrtʃə flókəʃ]
Fächer (m)	erashkë (f)	[ɛráʃkə]

Krawatte (f)	kravatë (f)	[kravátə]
Fliege (f)	papion (m)	[papión]
Hosenträger (pl)	aski (pl)	[askí]
Taschentuch (n)	shami (f)	[ʃamí]

Kamm (m)	krehër (m)	[kréhər]
Haarspange (f)	kapëse flokësh (f)	[kápəsɛ flókəʃ]

| Haarnadel (f) | karficë (f) | [karfítsə] |
| Schnalle (f) | tokëz (f) | [tókəz] |

| Gürtel (m) | rrip (m) | [rip] |
| Umhängegurt (m) | rrip supi (m) | [rip súpi] |

Tasche (f)	çantë dore (f)	[tʃántə dórɛ]
Handtasche (f)	çantë (f)	[tʃántə]
Rucksack (m)	çantë shpine (f)	[tʃántə ʃpínɛ]

40. Kleidung. Verschiedenes

Mode (f)	modë (f)	[módə]
modisch	në modë	[nə módə]
Modedesigner (m)	stilist (m)	[stilíst]

Kragen (m)	jakë (f)	[jákə]
Tasche (f)	xhep (m)	[dʒɛp]
Taschen-	i xhepit	[i dʒépit]
Ärmel (m)	mëngë (f)	[mə́ŋə]
Aufhänger (m)	hallkë për varje (f)	[háɫkə pər várjɛ]
Hosenschlitz (m)	zinxhir (m)	[zindʒír]

Reißverschluss (m)	zinxhir (m)	[zindʒír]
Verschluss (m)	kapëse (f)	[kápəsɛ]
Knopf (m)	kopsë (f)	[kópsə]
Knopfloch (n)	vrimë kopse (f)	[vrímə kópsɛ]
abgehen (Knopf usw.)	këputet	[kəpútɛt]

nähen (vi, vt)	qep	[cɛp]
sticken (vt)	qëndis	[cəndís]
Stickerei (f)	qëndisje (f)	[cəndísjɛ]
Nadel (f)	gjilpërë për qepje (f)	[ɟilpérə pər cépjɛ]
Faden (m)	pe (m)	[pɛ]
Naht (f)	tegel (m)	[tɛgél]

sich beschmutzen	bëhem pis	[bə́hɛm pis]
Fleck (m)	njollë (f)	[ɲóɫə]
sich knittern	zhubros	[ʒubrós]
zerreißen (vt)	gris	[gris]
Motte (f)	molë rrobash (f)	[mólə róbaʃ]

41. Kosmetikartikel. Kosmetik

Zahnpasta (f)	pastë dhëmbësh (f)	[pástə ðə́mbəʃ]
Zahnbürste (f)	furçë dhëmbësh (f)	[fúrtʃə ðə́mbəʃ]
Zähne putzen	laj dhëmbët	[laj ðə́mbət]

Rasierer (m)	brisk (m)	[brísk]
Rasiercreme (f)	pastë rroje (f)	[pástə rójɛ]
sich rasieren	rruhem	[rúhɛm]
Seife (f)	sapun (m)	[sapún]

Shampoo (n) — shampo (f) — [ʃampó]
Schere (f) — gërshërë (f) — [gərʃérə]
Nagelfeile (f) — limë thonjsh (f) — [límə θóɲʃ]
Nagelzange (f) — prerëse thonjsh (f) — [prérəsɛ θóɲʃ]
Pinzette (f) — piskatore vetullash (f) — [piskatórɛ vétuɫaʃ]

Kosmetik (f) — kozmetikë (f) — [kozmɛtíkə]
Gesichtsmaske (f) — maskë fytyre (f) — [máskə fytýrɛ]
Maniküre (f) — manikyr (m) — [manikýr]
Maniküre machen — bëj manikyr — [bəj manikýr]
Pediküre (f) — pedikyr (m) — [pɛdikýr]

Kosmetiktasche (f) — çantë kozmetike (f) — [tʃántə kozmɛtíkɛ]
Puder (m) — pudër fytyre (f) — [púdər fytýrɛ]
Puderdose (f) — pudër kompakte (f) — [púdər kompáktɛ]
Rouge (n) — ruzh (m) — [ruʒ]

Parfüm (n) — parfum (m) — [parfúm]
Duftwasser (n) — parfum (m) — [parfúm]
Lotion (f) — krem (m) — [krɛm]
Kölnischwasser (n) — kolonjë (f) — [kolóɲə]

Lidschatten (m) — rimel (m) — [rimél]
Kajalstift (m) — laps për sy (m) — [láps pər sy]
Wimperntusche (f) — rimel (m) — [rimél]

Lippenstift (m) — buzëkuq (m) — [buzəkúc]
Nagellack (m) — llak për thonj (m) — [ɫak pər θóɲ]
Haarlack (m) — llak flokësh (m) — [ɫak flókəʃ]
Deodorant (n) — deodorant (m) — [dɛodoránt]

Creme (f) — krem (m) — [krɛm]
Gesichtscreme (f) — krem për fytyrë (m) — [krɛm pər fytýrə]
Handcreme (f) — krem për duar (m) — [krɛm pər dúar]
Anti-Falten-Creme (f) — krem kundër rrudhave (m) — [krɛm kúndər rúðavɛ]
Tagescreme (f) — krem dite (m) — [krɛm dítɛ]
Nachtcreme (f) — krem nate (m) — [krɛm nátɛ]
Tages- — dite — [dítɛ]
Nacht- — nate — [nátɛ]

Tampon (m) — tampon (m) — [tampón]
Toilettenpapier (n) — letër higjienike (f) — [létər hiɟiɛníkɛ]
Föhn (m) — tharëse flokësh (f) — [θárəsɛ flókəʃ]

42. Schmuck

Schmuck (m) — bizhuteri (f) — [biʒutɛrí]
Edel- (stein) — i çmuar — [i tʃmúar]
Repunze (f) — vulë dalluese (f) — [vúlə daɫúɛsɛ]

Ring (m) — unazë (f) — [unázə]
Ehering (m) — unazë martese (f) — [unázə martésɛ]
Armband (n) — byzylyk (m) — [byzylýk]
Ohrringe (pl) — vathë (pl) — [váθə]

43

Kette (f)	gjerdan (m)	[ɟɛrdán]
Krone (f)	kurorë (f)	[kurórə]
Halskette (f)	qafore me rruaza (f)	[cafórɛ mɛ ruáza]

Brillant (m)	diamant (m)	[diamánt]
Smaragd (m)	smerald (m)	[smɛráld]
Rubin (m)	rubin (m)	[rubín]
Saphir (m)	safir (m)	[safír]
Perle (f)	perlë (f)	[pérlə]
Bernstein (m)	qelibar (m)	[cɛlibár]

43. Armbanduhren Uhren

Armbanduhr (f)	orë dore (f)	[órə dórɛ]
Zifferblatt (n)	faqe e orës (f)	[fácɛ ɛ órəs]
Zeiger (m)	akrep (m)	[akrép]
Metallarmband (n)	rrip metalik ore (m)	[rip mɛtalík órɛ]
Uhrenarmband (n)	rrip ore (m)	[rip órɛ]

Batterie (f)	bateri (f)	[batɛrí]
verbraucht sein	e shkarkuar	[ɛ ʃkarkúar]
die Batterie wechseln	ndërroj baterinë	[ndərój batɛrínə]
vorgehen (vi)	kalon shpejt	[kalón ʃpéjt]
nachgehen (vi)	ngel prapa	[ŋɛl prápa]

Wanduhr (f)	orë muri (f)	[órə múri]
Sanduhr (f)	orë rëre (f)	[órə rərɛ]
Sonnenuhr (f)	orë diellore (f)	[órə diɛtórɛ]
Wecker (m)	orë me zile (f)	[órə mɛ zílɛ]
Uhrmacher (m)	orëndreqës (m)	[orəndrécəs]
reparieren (vt)	ndreq	[ndréc]

Essen. Ernährung

44. Essen

Fleisch (n)	mish (m)	[miʃ]
Hühnerfleisch (n)	pulë (f)	[púlə]
Küken (n)	mish pule (m)	[miʃ púlɛ]
Ente (f)	rosë (f)	[rósə]
Gans (f)	patë (f)	[pátə]
Wild (n)	gjah (m)	[ɉáh]
Pute (f)	mish gjel deti (m)	[miʃ ɉɛl déti]
Schweinefleisch (n)	mish derri (m)	[miʃ déri]
Kalbfleisch (n)	mish viçi (m)	[miʃ vítʃi]
Hammelfleisch (n)	mish qengji (m)	[miʃ cénɉi]
Rindfleisch (n)	mish lope (m)	[miʃ lópɛ]
Kaninchenfleisch (n)	mish lepuri (m)	[miʃ lépuri]
Wurst (f)	salsiçe (f)	[salsítʃɛ]
Würstchen (n)	salsiçe vjeneze (f)	[salsítʃɛ vjɛnézɛ]
Schinkenspeck (m)	proshutë (f)	[proʃútə]
Schinken (m)	sallam (m)	[satám]
Räucherschinken (m)	kofshë derri (f)	[kófʃə déri]
Pastete (f)	pate (f)	[paté]
Leber (f)	mëlçi (f)	[məltʃí]
Hackfleisch (n)	hamburger (m)	[hamburgér]
Zunge (f)	gjuhë (f)	[ɉúhə]
Ei (n)	ve (f)	[vɛ]
Eier (pl)	vezë (pl)	[vézə]
Eiweiß (n)	e bardhë veze (f)	[ɛ bárðə vézɛ]
Eigelb (n)	e verdhë veze (f)	[ɛ vérðə vézɛ]
Fisch (m)	peshk (m)	[pɛʃk]
Meeresfrüchte (pl)	fruta deti (pl)	[frúta déti]
Krebstiere (pl)	krustace (pl)	[krustátsɛ]
Kaviar (m)	havjar (m)	[havjár]
Krabbe (f)	gaforre (f)	[gafórɛ]
Garnele (f)	karkalec (m)	[karkaléts]
Auster (f)	midhje (f)	[míðjɛ]
Languste (f)	karavidhe (f)	[karavíðɛ]
Krake (m)	oktapod (m)	[oktapód]
Kalmar (m)	kallamarë (f)	[katamárə]
Störfleisch (n)	bli (m)	[blí]
Lachs (m)	salmon (m)	[salmón]
Heilbutt (m)	shojzë e Atlantikut Verior (f)	[ʃójzə ɛ atlantíkut vɛriór]
Dorsch (m)	merluc (m)	[mɛrlúts]

45

Makrele (f)	skumbri (m)	[skúmbri]
Tunfisch (m)	tunë (f)	[túnə]
Aal (m)	ngjalë (f)	[ɲálə]

Forelle (f)	troftë (f)	[tróftə]
Sardine (f)	sardele (f)	[sardélɛ]
Hecht (m)	mlysh (m)	[mlýʃ]
Hering (m)	harengë (f)	[haréŋə]

Brot (n)	bukë (f)	[búkə]
Käse (m)	djath (m)	[djáθ]
Zucker (m)	sheqer (m)	[ʃɛcér]
Salz (n)	kripë (f)	[krípə]

Reis (m)	oriz (m)	[oríz]
Teigwaren (pl)	makarona (f)	[makaróna]
Nudeln (pl)	makarona petë (f)	[makaróna pétə]

Butter (f)	gjalp (m)	[ɟalp]
Pflanzenöl (n)	vaj vegjetal (m)	[vaj vɛɟɛtál]
Sonnenblumenöl (n)	vaj luledielli (m)	[vaj lulɛdiéłi]
Margarine (f)	margarinë (f)	[margarínə]

Oliven (pl)	ullinj (pl)	[ułíɲ]
Olivenöl (n)	vaj ulliri (m)	[vaj ułíri]

Milch (f)	qumësht (m)	[cúməʃt]
Kondensmilch (f)	qumësht i kondensuar (m)	[cúməʃt i kondɛnsúar]
Joghurt (m)	kos (m)	[kos]
saure Sahne (f)	salcë kosi (f)	[sáltsə kosi]
Sahne (f)	krem qumështi (m)	[krɛm cúməʃti]

Mayonnaise (f)	majonezë (f)	[majonézə]
Buttercreme (f)	krem gjalpi (m)	[krɛm ɟálpi]

Grütze (f)	drithëra (pl)	[dríθəra]
Mehl (n)	miell (m)	[míɛł]
Konserven (pl)	konserva (f)	[konsérva]

Maisflocken (pl)	kornfleiks (m)	[kornfléiks]
Honig (m)	mjaltë (f)	[mjáltə]
Marmelade (f)	reçel (m)	[rɛʃél]
Kaugummi (m, n)	çamçakëz (m)	[tʃamtʃakéz]

45. Getränke

Wasser (n)	ujë (m)	[újə]
Trinkwasser (n)	ujë i pijshëm (m)	[újə i píjʃəm]
Mineralwasser (n)	ujë mineral (m)	[újə minɛrál]

still	ujë natyral	[újə natyrál]
mit Kohlensäure	ujë i karbonuar	[újə i karbonúar]
mit Gas	ujë i gazuar	[újə i gazúar]
Eis (n)	akull (m)	[ákuł]

mit Eis	me akull	[mɛ ákuɬ]
alkoholfrei (Adj)	jo alkoolik	[jo alkoolík]
alkoholfreies Getränk (n)	pije e lehtë (f)	[píjɛ ɛ léhtə]
Erfrischungsgetränk (n)	pije freskuese (f)	[píjɛ frɛskúɛsɛ]
Limonade (f)	limonadë (f)	[limonádə]

Spirituosen (pl)	likere (pl)	[likérɛ]
Wein (m)	verë (f)	[vérə]
Weißwein (m)	verë e bardhë (f)	[vérə ɛ bárðə]
Rotwein (m)	verë e kuqe (f)	[vérə ɛ kúcɛ]

Likör (m)	liker (m)	[likér]
Champagner (m)	shampanjë (f)	[ʃampáɲə]
Wermut (m)	vermut (m)	[vɛrmút]

Whisky (m)	uiski (m)	[víski]
Wodka (m)	vodkë (f)	[vódkə]
Gin (m)	xhin (m)	[dʒin]
Kognak (m)	konjak (m)	[koɲák]
Rum (m)	rum (m)	[rum]

Kaffee (m)	kafe (f)	[káfɛ]
schwarzer Kaffee (m)	kafe e zezë (f)	[káfɛ ɛ zézə]
Milchkaffee (m)	kafe me qumësht (m)	[káfɛ mɛ cúməʃt]
Cappuccino (m)	kapuçino (m)	[kaputʃíno]
Pulverkaffee (m)	neskafe (f)	[nɛskáfɛ]

Milch (f)	qumësht (m)	[cúməʃt]
Cocktail (m)	koktej (m)	[koktéj]
Milchcocktail (m)	milkshake (f)	[milkʃákɛ]

Saft (m)	lëng frutash (m)	[ləŋ frútaʃ]
Tomatensaft (m)	lëng domatesh (m)	[ləŋ domátɛʃ]
Orangensaft (m)	lëng portokalli (m)	[ləŋ portokáɬi]
frisch gepresster Saft (m)	lëng frutash i freskët (m)	[ləŋ frútaʃ i fréskət]

Bier (n)	birrë (f)	[bírə]
Helles (n)	birrë e lehtë (f)	[bírə ɛ léhtə]
Dunkelbier (n)	birrë e zezë (f)	[bírə ɛ zézə]

Tee (m)	çaj (m)	[tʃáj]
schwarzer Tee (m)	çaj i zi (m)	[tʃáj i zí]
grüner Tee (m)	çaj jeshil (m)	[tʃáj jɛʃíl]

46. Gemüse

Gemüse (n)	perime (pl)	[pɛrímɛ]
grünes Gemüse (pl)	zarzavate (pl)	[zarzavátɛ]

Tomate (f)	domate (f)	[domátɛ]
Gurke (f)	kastravec (m)	[kastravéts]
Karotte (f)	karotë (f)	[karótə]
Kartoffel (f)	patate (f)	[patátɛ]
Zwiebel (f)	qepë (f)	[cépə]

Knoblauch (m)	hudhër (f)	[húðər]
Kohl (m)	lakër (f)	[lákər]
Blumenkohl (m)	lulelakër (f)	[lulɛlákər]
Rosenkohl (m)	lakër Brukseli (f)	[lákər brukséli]
Brokkoli (m)	brokoli (m)	[brókoli]

Rote Bete (f)	panxhar (m)	[pandʒár]
Aubergine (f)	patëllxhan (m)	[patəɫdʒán]
Zucchini (f)	kungulleshë (m)	[kuŋuɫéʃə]
Kürbis (m)	kungull (m)	[kúŋuɫ]
Rübe (f)	rrepë (f)	[répə]

Petersilie (f)	majdanoz (m)	[majdanóz]
Dill (m)	kopër (f)	[kópər]
Kopf Salat (m)	sallatë jeshile (f)	[saɫátə jɛʃílɛ]
Sellerie (m)	selino (f)	[sɛlíno]
Spargel (m)	asparagus (m)	[asparágus]
Spinat (m)	spinaq (m)	[spinác]

Erbse (f)	bizele (f)	[bizélɛ]
Bohnen (pl)	fasule (f)	[fasúlɛ]
Mais (m)	misër (m)	[mísər]
weiße Bohne (f)	groshë (f)	[gróʃə]

Paprika (m)	spec (m)	[spɛts]
Radieschen (n)	rrepkë (f)	[répkə]
Artischocke (f)	angjinare (f)	[anɟinárɛ]

47. Obst. Nüsse

Frucht (f)	frut (m)	[frut]
Apfel (m)	mollë (f)	[móɫə]
Birne (f)	dardhë (f)	[dárðə]
Zitrone (f)	limon (m)	[limón]
Apfelsine (f)	portokall (m)	[portokáɫ]
Erdbeere (f)	luleshtrydhe (f)	[lulɛʃtrýðɛ]

Mandarine (f)	mandarinë (f)	[mandarínə]
Pflaume (f)	kumbull (f)	[kúmbuɫ]
Pfirsich (m)	pjeshkë (f)	[pjéʃkə]
Aprikose (f)	kajsi (f)	[kajsí]
Himbeere (f)	mjedër (f)	[mjédər]
Ananas (f)	ananas (m)	[ananás]

Banane (f)	banane (f)	[banánɛ]
Wassermelone (f)	shalqi (m)	[ʃalcí]
Weintrauben (pl)	rrush (m)	[ruʃ]
Sauerkirsche (f)	qershi vishnje (f)	[cɛrʃí víʃɲɛ]
Süßkirsche (f)	qershi (f)	[cɛrʃí]
Melone (f)	pjepër (m)	[pjépər]

Grapefruit (f)	grejpfrut (m)	[grɛjpfrút]
Avocado (f)	avokado (f)	[avokádo]
Papaya (f)	papaja (f)	[papája]

Mango (f)	mango (f)	[máŋo]
Granatapfel (m)	shegë (f)	[ʃégə]

rote Johannisbeere (f)	kaliboba e kuqe (f)	[kalibóba ɛ kúcɛ]
schwarze Johannisbeere (f)	kaliboba e zezë (f)	[kalibóba ɛ zézə]
Stachelbeere (f)	kulumbri (f)	[kulumbrí]
Heidelbeere (f)	boronicë (f)	[boroní́tsə]
Brombeere (f)	manaferra (f)	[manaféra]

Rosinen (pl)	rrush i thatë (m)	[ruʃ i θátə]
Feige (f)	fik (m)	[fik]
Dattel (f)	hurmë (f)	[húrmə]

Erdnuss (f)	kikirik (m)	[kikirík]
Mandel (f)	bajame (f)	[bajámɛ]
Walnuss (f)	arrë (f)	[árə]
Haselnuss (f)	lajthi (f)	[lajθí]
Kokosnuss (f)	arrë kokosi (f)	[árə kokósi]
Pistazien (pl)	fëstëk (m)	[fəsték]

48. Brot. Süßigkeiten

Konditorwaren (pl)	ëmbëlsira (pl)	[əmbəlsíra]
Brot (n)	bukë (f)	[búkə]
Keks (m, n)	biskota (pl)	[biskóta]

Schokolade (f)	çokollatë (f)	[tʃokołátə]
Schokoladen-	prej çokollate	[prɛj tʃokołátɛ]
Bonbon (m, n)	karamele (f)	[karamélɛ]
Kuchen (m)	kek (m)	[kék]
Torte (f)	tortë (f)	[tórtə]

Kuchen (Apfel-)	tortë (f)	[tórtə]
Füllung (f)	mbushje (f)	[mbúʃjɛ]

Konfitüre (f)	reçel (m)	[rɛtʃél]
Marmelade (f)	marmelatë (f)	[marmɛlátə]
Waffeln (pl)	vafera (pl)	[vaféra]
Eis (n)	akullore (f)	[akułórɛ]
Pudding (m)	puding (m)	[pudíŋ]

49. Gerichte

Gericht (n)	pjatë (f)	[pjátə]
Küche (f)	kuzhinë (f)	[kuʒínə]
Rezept (n)	recetë (f)	[rɛtsétə]
Portion (f)	racion (m)	[ratsión]

Salat (m)	sallatë (f)	[sałátə]
Suppe (f)	supë (f)	[súpə]
Brühe (f), Bouillon (f)	lëng mishi (m)	[ləŋ míʃi]
belegtes Brot (n)	sandviç (m)	[sandvítʃ]

Spiegelei (n)	vezë të skuqura (pl)	[vézə tə skúcura]
Hamburger (m)	hamburger	[hamburgér]
Beefsteak (n)	biftek (m)	[bifték]

Beilage (f)	garniturë (f)	[garnitúrə]
Spaghetti (pl)	shpageti (pl)	[ʃpagéti]
Kartoffelpüree (n)	pure patatesh (f)	[puré patátɛʃ]
Pizza (f)	pica (f)	[pítsa]
Brei (m)	qull (m)	[cuɫ]
Omelett (n)	omëletë (f)	[omelétə]

gekocht	i zier	[i zíɛr]
geräuchert	i tymosur	[i tymósur]
gebraten	i skuqur	[i skúcur]
getrocknet	i tharë	[i θárə]
tiefgekühlt	i ngrirë	[i ŋrírə]
mariniert	i marinuar	[i marinúar]

süß	i ëmbël	[i émbəl]
salzig	i kripur	[i krípur]
kalt	i ftohtë	[i ftóhtə]
heiß	i nxehtë	[i ndzéhtə]
bitter	i hidhur	[i híður]
lecker	i shijshëm	[i ʃíjʃəm]

kochen (vt)	ziej	[zíɛj]
zubereiten (vt)	gatuaj	[gatúaj]
braten (vt)	skuq	[skuc]
aufwärmen (vt)	ngroh	[ŋróh]

salzen (vt)	hedh kripë	[hɛð krípə]
pfeffern (vt)	hedh piper	[hɛð pipér]
reiben (vt)	rendoj	[rɛndój]
Schale (f)	lëkurë (f)	[ləkúrə]
schälen (vt)	qëroj	[cərój]

50. Gewürze

Salz (n)	kripë (f)	[krípə]
salzig (Adj)	i kripur	[i krípur]
salzen (vt)	hedh kripë	[hɛð krípə]

schwarzer Pfeffer (m)	piper i zi (m)	[pipér i zi]
roter Pfeffer (m)	piper i kuq (m)	[pipér i kuc]
Senf (m)	mustardë (f)	[mustárdə]
Meerrettich (m)	rrepë djegëse (f)	[répə djégəsɛ]

Gewürz (n)	salcë (f)	[sáltsə]
Gewürz (n)	erëz (f)	[érəz]
Soße (f)	salcë (f)	[sáltsə]
Essig (m)	uthull (f)	[úθuɫ]

| Anis (m) | anisetë (f) | [anisétə] |
| Basilikum (n) | borzilok (m) | [borzilók] |

Nelke (f)	karafil (m)	[karafíl]
Ingwer (m)	xhenxhefil (m)	[dʒɛndʒɛfíl]
Koriander (m)	koriandër (m)	[koriándər]
Zimt (m)	kanellë (f)	[kanéɫə]

Sesam (m)	susam (m)	[susám]
Lorbeerblatt (n)	gjeth dafine (m)	[ɟɛθ dafínɛ]
Paprika (m)	spec (m)	[spɛts]
Kümmel (m)	kumin (m)	[kumín]
Safran (m)	shafran (m)	[ʃafrán]

51. Mahlzeiten

| Essen (n) | ushqim (m) | [uʃcím] |
| essen (vi, vt) | ha | [ha] |

Frühstück (n)	mëngjes (m)	[mənɟés]
frühstücken (vi)	ha mëngjes	[ha mənɟés]
Mittagessen (n)	drekë (f)	[drékə]
zu Mittag essen	ha drekë	[ha drékə]
Abendessen (n)	darkë (f)	[dárkə]
zu Abend essen	ha darkë	[ha dárkə]

| Appetit (m) | oreks (m) | [oréks] |
| Guten Appetit! | Të bëftë mirë! | [tə bəftə mírə!] |

öffnen (vt)	hap	[hap]
verschütten (vt)	derdh	[dérð]
verschüttet werden	derdhje	[dérðjɛ]

kochen (vi)	ziej	[zíɛj]
kochen (Wasser ~)	ziej	[zíɛj]
gekocht (Adj)	i zier	[i zíɛr]
kühlen (vt)	ftoh	[ftoh]
abkühlen (vi)	ftohje	[ftóhjɛ]

| Geschmack (m) | shije (f) | [ʃíjɛ] |
| Beigeschmack (m) | shije (f) | [ʃíjɛ] |

auf Diät sein	dobësohem	[dobəsóhɛm]
Diät (f)	dietë (f)	[diétə]
Vitamin (n)	vitaminë (f)	[vitamínə]
Kalorie (f)	kalori (f)	[kalorí]

| Vegetarier (m) | vegjetarian (m) | [vɛɟtarián] |
| vegetarisch (Adj) | vegjetarian | [vɛɟtarián] |

Fett (n)	yndyrë (f)	[yndýrə]
Protein (n)	proteinë (f)	[protɛínə]
Kohlenhydrat (n)	karbohidrat (m)	[karbohidrát]

Scheibchen (n)	fetë (f)	[fétə]
Stück (ein ~ Kuchen)	copë (f)	[tsópə]
Krümel (m)	dromcë (f)	[drómtsə]

52. Gedeck

Löffel (m)	lugë (f)	[lúgə]
Messer (n)	thikë (f)	[θíkə]
Gabel (f)	pirun (m)	[pirún]
Tasse (eine ~ Tee)	filxhan (m)	[fildʒán]
Teller (m)	pjatë (f)	[pjátə]
Untertasse (f)	pjatë filxhani (f)	[pjátə fildʒáni]
Serviette (f)	pecetë (f)	[pɛtsétə]
Zahnstocher (m)	kruajtëse dhëmbësh (f)	[krúajtəsɛ ðə́mbəʃ]

53. Restaurant

Restaurant (n)	restorant (m)	[rɛstoránt]
Kaffeehaus (n)	kafene (f)	[kafɛné]
Bar (f)	pab (m), pijetore (f)	[pab], [pijɛtórɛ]
Teesalon (m)	çajtore (f)	[tʃajtórɛ]
Kellner (m)	kamerier (m)	[kamɛriér]
Kellnerin (f)	kameriere (f)	[kamɛriérɛ]
Barmixer (m)	banakier (m)	[banakiér]
Speisekarte (f)	menu (f)	[mɛnú]
Weinkarte (f)	menu vërërash (f)	[mɛnú vérəraʃ]
einen Tisch reservieren	rezervoj një tavolinë	[rɛzɛrvój ɲə tavolínə]
Gericht (n)	pjatë (f)	[pjátə]
bestellen (vt)	porosis	[porosís]
eine Bestellung aufgeben	bëj porosinë	[bəj porosínə]
Aperitif (m)	aperitiv (m)	[apɛritív]
Vorspeise (f)	antipastë (f)	[antipástə]
Nachtisch (m)	ëmbëlsirë (f)	[əmbəlsírə]
Rechnung (f)	faturë (f)	[fatúrə]
Rechnung bezahlen	paguaj faturën	[pagúaj fatúrən]
das Wechselgeld geben	jap kusur	[jap kusúr]
Trinkgeld (n)	bakshish (m)	[bakʃíʃ]

Familie, Verwandte und Freunde

54. Persönliche Informationen. Formulare

Vorname (m)	emër (m)	[émər]
Name (m)	mbiemër (m)	[mbiémər]
Geburtsdatum (n)	datëlindje (f)	[datəlíndjɛ]
Geburtsort (m)	vendlindje (f)	[vɛndlíndjɛ]
Nationalität (f)	kombësi (f)	[kombəsí]
Wohnort (m)	vendbanim (m)	[vɛndbaním]
Land (n)	shtet (m)	[ʃtɛt]
Beruf (m)	profesion (m)	[profɛsión]
Geschlecht (n)	gjinia (f)	[ɟinía]
Größe (f)	gjatësia (f)	[ɟatəsía]
Gewicht (n)	peshë (f)	[péʃə]

55. Familienmitglieder. Verwandte

Mutter (f)	nënë (f)	[nénə]
Vater (m)	baba (f)	[babá]
Sohn (m)	bir (m)	[bir]
Tochter (f)	bijë (f)	[bíjə]
jüngste Tochter (f)	vajza e vogël (f)	[vájza ɛ vógəl]
jüngste Sohn (m)	djali i vogël (m)	[djáli i vógəl]
ältere Tochter (f)	vajza e madhe (f)	[vájza ɛ máðɛ]
älterer Sohn (m)	djali i vogël (m)	[djáli i vógəl]
Bruder (m)	vëlla (m)	[vəɫá]
älterer Bruder (m)	vëllai i madh (m)	[vəɫái i mað]
jüngerer Bruder (m)	vëllai i vogël (m)	[vəɫái i vógəl]
Schwester (f)	motër (f)	[mótər]
ältere Schwester (f)	motra e madhe (f)	[mótra ɛ máðɛ]
jüngere Schwester (f)	motra e vogël (f)	[mótra ɛ vógəl]
Cousin (m)	kushëri (m)	[kuʃərí]
Cousine (f)	kushërirë (f)	[kuʃərírə]
Mama (f)	mami (f)	[mámi]
Papa (m)	babi (m)	[bábi]
Eltern (pl)	prindër (pl)	[príndər]
Kind (n)	fëmijë (f)	[fəmíjə]
Kinder (pl)	fëmijë (pl)	[fəmíjə]
Großmutter (f)	gjyshe (f)	[ɟýʃɛ]
Großvater (m)	gjysh (m)	[ɟyʃ]

Enkel (m)	nip (m)	[nip]
Enkelin (f)	mbesë (f)	[mbésə]
Enkelkinder (pl)	nipër e mbesa (pl)	[nípər ɛ mbésa]

Onkel (m)	dajë (f)	[dájə]
Tante (f)	teze (f)	[tézɛ]
Neffe (m)	nip (m)	[nip]
Nichte (f)	mbesë (f)	[mbésə]

Schwiegermutter (f)	vjehrrë (f)	[vjéhrə]
Schwiegervater (m)	vjehrri (m)	[vjéhri]
Schwiegersohn (m)	dhëndër (m)	[ðéndər]
Stiefmutter (f)	njerkë (f)	[ɲérkə]
Stiefvater (m)	njerk (m)	[ɲérk]

Säugling (m)	foshnjë (f)	[fóʃnə]
Kleinkind (n)	fëmijë (f)	[fəmíjə]
Kleine (m)	djalosh (m)	[djalóʃ]

Frau (f)	bashkëshorte (f)	[baʃkəʃórtɛ]
Mann (m)	bashkëshort (m)	[baʃkəʃórt]
Ehemann (m)	bashkëshort (m)	[baʃkəʃórt]
Gemahlin (f)	bashkëshorte (f)	[baʃkəʃórtɛ]

verheiratet (Ehemann)	i martuar	[i martúar]
verheiratet (Ehefrau)	e martuar	[ɛ martúar]
ledig	beqar	[bɛcár]
Junggeselle (m)	beqar (m)	[bɛcár]
geschieden (Adj)	i divorcuar	[i divortsúar]
Witwe (f)	vejushë (f)	[vɛjúʃə]
Witwer (m)	vejan (m)	[vɛján]

Verwandte (m)	kushëri (m)	[kuʃərí]
naher Verwandter (m)	kushëri i afërt (m)	[kuʃərí i áfərt]
entfernter Verwandter (m)	kushëri i largët (m)	[kuʃərí i lárgət]
Verwandte (pl)	kushërinj (pl)	[kuʃəríɲ]

Waisenjunge (m)	jetim (m)	[jɛtím]
Waisenmädchen (f)	jetime (f)	[jɛtímɛ]
Vormund (m)	kujdestar (m)	[kujdɛstár]
adoptieren (einen Jungen)	adoptoj	[adoptój]
adoptieren (ein Mädchen)	adoptoj	[adoptój]

56. Freunde. Arbeitskollegen

Freund (m)	mik (m)	[mik]
Freundin (f)	mike (f)	[míkɛ]
Freundschaft (f)	miqësi (f)	[micəsí]
befreundet sein	të miqësohem	[tə micəsóhɛm]

Freund (m)	shok (m)	[ʃok]
Freundin (f)	shoqe (f)	[ʃócɛ]
Partner (m)	partner (m)	[partnér]
Chef (m)	shef (m)	[ʃɛf]

Vorgesetzte (m)	epror (m)	[εprór]
Besitzer (m)	pronar (m)	[pronár]
Untergeordnete (m)	vartës (m)	[vártəs]
Kollege (m), Kollegin (f)	koleg (m)	[kolég]

Bekannte (m)	i njohur (m)	[i ɲóhur]
Reisegefährte (m)	bashkudhëtar (m)	[baʃkuðətár]
Mitschüler (m)	shok klase (m)	[ʃok klásε]

Nachbar (m)	komshi (m)	[komʃí]
Nachbarin (f)	komshike (f)	[komʃíkε]
Nachbarn (pl)	komshinj (pl)	[komʃíɲ]

57. Mann. Frau

Frau (f)	grua (f)	[grúa]
Mädchen (n)	vajzë (f)	[vájzə]
Braut (f)	nuse (f)	[núsε]

schöne	i bukur	[i búkur]
große	i gjatë	[i ɟátə]
schlanke	i hollë	[i hółə]
kleine (~ Frau)	i shkurtër	[i ʃkúrtər]

| Blondine (f) | bionde (f) | [bióndε] |
| Brünette (f) | zeshkane (f) | [zεʃkánε] |

Damen-	për femra	[pər fémra]
Jungfrau (f)	virgjëreshë (f)	[virɟəréʃə]
schwangere	shtatzënë	[ʃtatzénə]

Mann (m)	burrë (m)	[búrə]
Blonde (m)	biond (m)	[biónd]
Brünette (m)	zeshkan (m)	[zεʃkán]
hoch	i gjatë	[i ɟátə]
klein	i shkurtër	[i ʃkúrtər]

grob	i vrazhdë	[i vráʒdə]
untersetzt	trupngjeshur	[trupnɟéʃur]
robust	i fuqishëm	[i fucíʃəm]
stark	i fortë	[i fórtə]
Kraft (f)	forcë (f)	[fórtsə]

dick	bullafiq	[bułafíc]
dunkelhäutig	zeshkan	[zεʃkán]
schlank	i hollë	[i hółə]
elegant	elegant	[εlεgánt]

58. Alter

| Alter (n) | moshë (f) | [móʃə] |
| Jugend (f) | rini (f) | [riní] |

jung	i ri	[i rí]
jünger (~ als Sie)	më i ri	[mə i rí]
älter (~ als ich)	më i vjetër	[mə i vjétər]

Junge (m)	djalë i ri (m)	[djálə i rí]
Teenager (m)	adoleshent (m)	[adolɛʃént]
Bursche (m)	djalë (f)	[djálə]

| Greis (m) | plak (m) | [plak] |
| alte Frau (f) | plakë (f) | [plákə] |

Erwachsene (m)	i rritur	[i rítur]
in mittleren Jahren	mesoburrë	[mɛsobúrə]
älterer (Adj)	i moshuar	[i moʃúar]
alt (Adj)	i vjetër	[i vjétər]

Ruhestand (m)	pension (m)	[pɛnsión]
in Rente gehen	dal në pension	[dál nə pɛnsión]
Rentner (m)	pensionist (m)	[pɛnsioníst]

59. Kinder

Kind (n)	fëmijë (f)	[fəmíjə]
Kinder (pl)	fëmijë (pl)	[fəmíjə]
Zwillinge (pl)	binjakë (pl)	[biɲákə]

Wiege (f)	djep (m)	[djép]
Rassel (f)	rraketake (f)	[rakɛtákɛ]
Windel (f)	pelenë (f)	[pɛlénə]

Schnuller (m)	biberon (m)	[bibɛrón]
Kinderwagen (m)	karrocë për bebe (f)	[karótsə pər bébɛ]
Kindergarten (m)	kopsht fëmijësh (m)	[kópʃt fəmíjəʃ]
Kinderfrau (f)	dado (f)	[dádo]

Kindheit (f)	fëmijëri (f)	[fəmijərí]
Puppe (f)	kukull (f)	[kúkuɫ]
Spielzeug (n)	lodër (f)	[lódər]
Baukasten (m)	lodër për ndërtim (m)	[lódər pər ndərtím]
wohlerzogen	i edukuar	[i ɛdukúar]
ungezogen	i paedukuar	[i paɛdukúar]
verwöhnt	i llastuar	[i ɫastúar]

unartig sein	trazovaç	[trazovátʃ]
unartig	mistrec	[mistréts]
Unart (f)	shpirtligësi (f)	[ʃpirtligəsí]
Schelm (m)	fëmijë mistrec (m)	[fəmíjə mistréts]

| gehorsam | i bindur | [i bíndur] |
| ungehorsam | i pabindur | [i pabíndur] |

fügsam	i butë	[i bútə]
klug	i zgjuar	[i zɟúar]
Wunderkind (n)	fëmijë gjeni (m)	[fəmíjə ɟɛní]

60. Ehepaare. Familienleben

küssen (vt)	puth	[puθ]
sich küssen	puthem	[púθɛm]
Familie (f)	familje (f)	[famíljɛ]
Familien-	familjare	[familjárɛ]
Paar (n)	çift (m)	[tʃíft]
Ehe (f)	martesë (f)	[martésə]
Heim (n)	vatra (f)	[vátra]
Dynastie (f)	dinasti (f)	[dinastí]

Rendezvous (n)	takim (m)	[takím]
Kuss (m)	puthje (f)	[púθjɛ]

Liebe (f)	dashuri (f)	[daʃurí]
lieben (vt)	dashuroj	[daʃurój]
geliebt	i dashur	[i dáʃur]

Zärtlichkeit (f)	ndjeshmëri (f)	[ndjɛʃmərí]
zärtlich	i ndjeshëm	[i ndjéʃəm]
Treue (f)	besnikëri (f)	[bɛsnikərí]
treu (Adj)	besnik	[bɛsník]
Fürsorge (f)	kujdes (m)	[kujdés]
sorgsam	i dashur	[i dáʃur]

Frischvermählte (pl)	të porsamartuar (pl)	[tə porsamartúar]
Flitterwochen (pl)	muaj mjalti (m)	[múaj mjálti]
heiraten (einen Mann ~)	martohem	[martóhɛm]
heiraten (ein Frau ~)	martohem	[martóhɛm]

Hochzeit (f)	dasmë (f)	[dásmə]
goldene Hochzeit (f)	martesë e artë (f)	[martése ɛ ártə]
Jahrestag (m)	përvjetor (m)	[pərvjɛtór]

Geliebte (m)	dashnor (m)	[daʃnór]
Geliebte (f)	dashnore (f)	[daʃnórɛ]

Ehebruch (m)	tradhti bashkëshortore (f)	[traðtí baʃkəʃortórɛ]
Ehebruch begehen	tradhtoj ...	[traðtój ...]
eifersüchtig	xheloz	[dʒɛlóz]
eifersüchtig sein	jam xheloz	[jam dʒɛlóz]
Scheidung (f)	divorc (m)	[divórts]
sich scheiden lassen	divorcoj	[divortsój]

streiten (vi)	grindem	[gríndɛm]
sich versöhnen	pajtohem	[pajtóhɛm]
zusammen (Adv)	së bashku	[sə báʃku]
Sex (m)	seks (m)	[sɛks]

Glück (n)	lumturi (f)	[lumturí]
glücklich	i lumtur	[i lúmtur]
Unglück (n)	fatkeqësi (f)	[fatkɛcəsí]
unglücklich	i trishtuar	[i triʃtúar]

Charakter. Empfindungen. Gefühle

61. Empfindungen. Gefühle

Gefühl (n)	ndjenjë (f)	[ndjéɲə]
Gefühle (pl)	ndjenja (pl)	[ndjéɲa]
fühlen (vt)	ndjej	[ndjéj]
Hunger (m)	uri (f)	[urí]
hungrig sein	kam uri	[kam urí]
Durst (m)	etje (f)	[étjɛ]
Durst haben	kam etje	[kam étjɛ]
Schläfrigkeit (f)	përgjumësi (f)	[pərɟuməsí]
schlafen wollen	përgjumje	[pərɟúmjɛ]
Müdigkeit (f)	lodhje (f)	[lóðjɛ]
müde	i lodhur	[i lóður]
müde werden	lodhem	[lóðɛm]
Laune (f)	humor (m)	[humór]
Langeweile (f)	mërzitje (f)	[mərzítjɛ]
sich langweilen	mërzitem	[mərzítɛm]
Zurückgezogenheit (n)	izolim (m)	[izolím]
sich zurückziehen	izolohem	[izolóhɛm]
beunruhigen (vt)	shqetësoj	[ʃcɛtəsój]
sorgen (vi)	shqetësohem	[ʃcɛtəsóhɛm]
Besorgnis (f)	shqetësim (m)	[ʃcɛtəsím]
Angst (~ um …)	ankth (m)	[ankθ]
besorgt (Adj)	i merakosur	[i mɛrakósur]
nervös sein	nervozohem	[nɛrvozóhɛm]
in Panik verfallen (vi)	më zë paniku	[mə zə paníku]
Hoffnung (f)	shpresë (f)	[ʃprésə]
hoffen (vi)	shpresoj	[ʃprɛsój]
Sicherheit (f)	siguri (f)	[sigurí]
sicher	i sigurt	[i sígurt]
Unsicherheit (f)	pasiguri (f)	[pasigurí]
unsicher	i pasigurt	[i pasígurt]
betrunken	i dehur	[i déhur]
nüchtern	i kthjellët	[i kθjéłət]
schwach	i dobët	[i dóbət]
glücklich	i lumtur	[i lúmtur]
erschrecken (vt)	tremb	[trɛmb]
Wut (f)	tërbim (m)	[tərbím]
Rage (f)	inat (m)	[inát]
Depression (f)	depresion (m)	[dɛprɛsión]
Unbehagen (n)	parehati (f)	[parɛhatí]

Komfort (m)	rehati (f)	[rɛhatí]
bedauern (vt)	pendohem	[pɛndóhɛm]
Bedauern (n)	pendim (m)	[pɛndím]
Missgeschick (n)	ters (m)	[tɛrs]
Kummer (m)	trishtim (m)	[triʃtím]

Scham (f)	turp (m)	[turp]
Freude (f)	gëzim (m)	[gəzím]
Begeisterung (f)	entuziazëm (m)	[ɛntuziázəm]
Enthusiast (m)	entuziast (m)	[ɛntuziást]
Begeisterung zeigen	tregoj entuziazëm	[trɛgój ɛntuziázəm]

62. Charakter. Persönlichkeit

Charakter (m)	karakter (m)	[karaktér]
Charakterfehler (m)	dobësi karakteri (f)	[dobəsí karaktéri]
Verstand (m)	mendje (f)	[méndjɛ]
Vernunft (f)	arsye (f)	[arsýɛ]

Gewissen (n)	ndërgjegje (f)	[ndərɟéɟɛ]
Gewohnheit (f)	zakon (m)	[zakón]
Fähigkeit (f)	aftësi (f)	[aftəsí]
können (v mod)	mund	[mund]

geduldig	i duruar	[i durúar]
ungeduldig	i paduruar	[i padurúar]
neugierig	kurioz	[kurióz]
Neugier (f)	kuriozitet (m)	[kuriozitét]

Bescheidenheit (f)	modesti (f)	[modɛstí]
bescheiden	modest	[modést]
unbescheiden	i paturpshëm	[i patúrpʃəm]

Faulheit (f)	dembeli (f)	[dɛmbɛlí]
faul	dembel	[dɛmbél]
Faulenzer (m)	dembel (m)	[dɛmbél]

Listigkeit (f)	dinakëri (f)	[dinakərí]
listig	dinak	[dinák]
Misstrauen (n)	mosbesim (m)	[mosbɛsím]
misstrauisch	mosbesues	[mosbɛsúɛs]

Freigebigkeit (f)	zemërgjerësi (f)	[zɛmərɟɛrəsí]
freigebig	zemërgjerë	[zɛmərɟérə]
talentiert	i talentuar	[i talɛntúar]
Talent (n)	talent (m)	[talént]

tapfer	i guximshëm	[i gudzímʃəm]
Tapferkeit (f)	guxim (m)	[gudzím]
ehrlich	i ndershëm	[i ndérʃəm]
Ehrlichkeit (f)	ndershmëri (f)	[ndɛrʃmərí]

| vorsichtig | i kujdesshëm | [i kujdésʃəm] |
| tapfer | trim, guximtar | [trim], [gudzimtár] |

ernst	serioz	[sɛrióz]
streng	i rreptë	[i réptə]

entschlossen	i vendosur	[i vɛndósur]
unentschlossen	i pavendosur	[i pavɛndósur]
schüchtern	i turpshëm	[i túrpʃəm]
Schüchternheit (f)	turp (m)	[turp]

Vertrauen (n)	besim në vetvete (m)	[bɛsím nə vɛtvétɛ]
vertrauen (vi)	besoj	[bɛsój]
vertrauensvoll	i besueshëm	[i bɛsúɛʃəm]

aufrichtig (Adv)	sinqerisht	[síncɛriʃt]
aufrichtig (Adj)	i sinqertë	[i sincértə]
Aufrichtigkeit (f)	sinqeritet (m)	[sincɛritét]
offen	i hapur	[i hápur]

still (Adj)	i qetë	[i cétə]
freimütig	i dëlirë	[i dəlírə]
naiv	naiv	[naív]
zerstreut	i hutuar	[i hutúar]
drollig, komisch	zbavitës	[zbavítəs]

Gier (f)	lakmi (f)	[lakmí]
habgierig	lakmues	[lakmúɛs]
geizig	koprrac	[kopráts]
böse	djallëzor	[djaɫəzór]
hartnäckig	kokëfortë	[kokəfórtə]
unangenehm	i pakëndshëm	[i pakéndʃəm]

Egoist (m)	egoist (m)	[ɛgoíst]
egoistisch	egoist	[ɛgoíst]
Feigling (m)	frikacak (m)	[frikatsák]
feige	frikacak	[frikatsák]

63. Schlaf. Träume

schlafen (vi)	fle	[flɛ]
Schlaf (m)	gjumë (m)	[ɟúmə]
Traum (m)	ëndërr (m)	[éndər]
träumen (im Schlaf)	ëndërroj	[əndərój]
verschlafen	përgjumshëm	[pərɟúmʃəm]

Bett (n)	shtrat (m)	[ʃtrat]
Matratze (f)	dyshek (m)	[dyʃék]
Decke (f)	mbulesë (f)	[mbulésə]
Kissen (n)	jastëk (m)	[jasték]
Laken (n)	çarçaf (m)	[tʃartʃáf]

Schlaflosigkeit (f)	pagjumësi (f)	[paɟuməsí]
schlaflos	i pagjumë	[i paɟúmə]
Schlafmittel (n)	ilaç gjumi (m)	[ilátʃ ɟúmi]
Schlafmittel nehmen	marr ilaç gjumi	[mar ilátʃ ɟúmi]
schlafen wollen	përgjumje	[pərɟúmjɛ]

gähnen (vi)	më hapet goja	[mə hápɛt gója]
schlafen gehen	shkoj të fle	[ʃkoj tə flɛ]
das Bett machen	rregulloj shtratin	[rɛguɫój ʃtrátin]
einschlafen (vi)	më zë gjumi	[mə zə ɟúmi]

Alptraum (m)	ankth (m)	[ankθ]
Schnarchen (n)	gërhitje (f)	[gərhítjɛ]
schnarchen (vi)	gërhas	[gərhás]

Wecker (m)	orë me zile (f)	[órə mɛ zílɛ]
aufwecken (vt)	zgjoj	[zɟoj]
erwachen (vi)	zgjohem nga gjumi	[zɟóhɛm ŋa ɟúmi]
aufstehen (vi)	ngrihem	[ŋríhɛm]
sich waschen	laj	[laj]

64. Humor. Lachen. Freude

Humor (m)	humor (m)	[humór]
Sinn (m) für Humor	sens humori (m)	[sɛns humóri]
sich amüsieren	kënaqem	[kənáɕɛm]
froh (Adj)	gëzueshëm	[gəzúɛʃəm]
Fröhlichkeit (f)	gëzim (m)	[gəzím]

Lächeln (n)	buzëqeshje (f)	[buzəcéʃjɛ]
lächeln (vi)	buzëqesh	[buzəcéʃ]
auflachen (vi)	filloj të qesh	[fiɫój tə céʃ]
lachen (vi)	qesh	[cɛʃ]
Lachen (n)	qeshje (f)	[céʃjɛ]

Anekdote, Witz (m)	anekdotë (f)	[anɛkdótə]
lächerlich	për të qeshur	[pər tə céʃur]
komisch	zbavitës	[zbavítəs]

Witz machen	bëj shaka	[bəj ʃaká]
Spaß (m)	shaka (f)	[ʃaká]
Freude (f)	gëzim (m)	[gəzím]
sich freuen	ngazëllohem	[ŋazəɫóhɛm]
froh (Adj)	gazmor	[gazmór]

65. Diskussion, Unterhaltung. Teil 1

| Kommunikation (f) | komunikim (m) | [komunikím] |
| kommunizieren (vi) | komunikoj | [komunikój] |

Konversation (f)	bisedë (f)	[bisédə]
Dialog (m)	dialog (m)	[dialóg]
Diskussion (f)	diskutim (m)	[diskutím]
Streitgespräch (n)	mosmarrëveshje (f)	[mosmarəvéʃjɛ]
streiten (vi)	kundërshtoj	[kundərʃtój]

| Gesprächspartner (m) | bashkëbisedues (m) | [baʃkəbisɛdúɛs] |
| Thema (n) | temë (f) | [témə] |

Gesichtspunkt (m)	pikëpamje (f)	[pikəpámjɛ]
Meinung (f)	opinion (m)	[opinión]
Rede (f)	fjalim (m)	[fjalím]

Besprechung (f)	diskutim (m)	[diskutím]
besprechen (vt)	diskutoj	[diskutój]
Gespräch (n)	bisedë (f)	[bisédə]
Gespräche führen	bisedoj	[bisɛdój]
Treffen (n)	takim (m)	[takím]
sich treffen	takoj	[takój]

Sprichwort (n)	fjalë e urtë (f)	[fjálə ɛ úrtə]
Redensart (f)	thënie (f)	[θéniɛ]
Rätsel (n)	gjëegjëzë (f)	[ɟəéjəzə]
ein Rätsel aufgeben	them gjëegjëzë	[θɛm ɟəéjəzə]
Parole (f)	fjalëkalim (m)	[fjaləkalím]
Geheimnis (n)	sekret (m)	[sɛkrét]

Eid (m), Schwur (m)	betim (m)	[bɛtím]
schwören (vi, vt)	betohem	[bɛtóhɛm]
Versprechen (n)	premtim (m)	[prɛmtím]
versprechen (vt)	premtoj	[prɛmtój]

Rat (m)	këshillë (f)	[kəʃíłə]
raten (vt)	këshilloj	[kəʃiłój]
einen Rat befolgen	ndjek këshillën	[ndjék kəʃíłən]
gehorchen (jemandem ~)	bindem ...	[bíndɛm ...]

Neuigkeit (f)	lajme (f)	[lájmɛ]
Sensation (f)	ndjesi (f)	[ndjɛsí]
Informationen (pl)	informacion (m)	[informatsión]
Schlussfolgerung (f)	përfundim (m)	[pərfundím]
Stimme (f)	zë (f)	[zə]
Kompliment (n)	kompliment (m)	[komplimént]
freundlich	i mirë	[i mírə]

Wort (n)	fjalë (f)	[fjálə]
Phrase (f)	frazë (f)	[frázə]
Antwort (f)	përgjigje (f)	[pərɟíjɛ]

| Wahrheit (f) | e vërtetë (f) | [ɛ vərtétə] |
| Lüge (f) | gënjeshtër (f) | [gəɲéʃtər] |

Gedanke (m)	mendim (m)	[mɛndím]
Idee (f)	ide (f)	[idé]
Phantasie (f)	fantazi (f)	[fantazí]

66. Diskussion, Unterhaltung. Teil 2

angesehen (Adj)	i nderuar	[i ndɛrúar]
respektieren (vt)	nderoj	[ndɛrój]
Respekt (m)	nder (m)	[ndér]
Sehr geehrter ...	i dashur ...	[i dáʃur ...]
bekannt machen	prezantoj	[prɛzantój]

kennenlernen (vt)	njoftoj	[ɲoftój]
Absicht (f)	qëllim (m)	[cətím]
beabsichtigen (vt)	kam ndërmend	[kam ndərménd]
Wunsch (m)	dëshirë (f)	[dəʃírə]
wünschen (vt)	dëshiroj	[dəʃirój]

Staunen (n)	surprizë (f)	[surprízə]
erstaunen (vt)	befasoj	[bɛfasój]
staunen (vi)	çuditem	[tʃudítɛm]

geben (vt)	jap	[jap]
nehmen (vt)	marr	[mar]
herausgeben (vt)	kthej	[kθɛj]
zurückgeben (vt)	rikthej	[rikθéj]

sich entschuldigen	kërkoj falje	[kərkój fáljɛ]
Entschuldigung (f)	falje (f)	[fáljɛ]
verzeihen (vt)	fal	[fal]

sprechen (vi)	flas	[flas]
hören (vt), zuhören (vi)	dëgjoj	[dəjój]
sich anhören	tregoj vëmendje	[trɛgój vəméndjɛ]
verstehen (vt)	kuptoj	[kuptój]

zeigen (vt)	tregoj	[trɛgój]
ansehen (vt)	shikoj ...	[ʃikój ...]
rufen (vt)	thërras	[θərás]
belästigen (vt)	tërheq vëmendjen	[tərhéc vəméndjɛn]
stören (vt)	shqetësoj	[ʃcɛtəsój]
übergeben (vt)	jap	[jap]

Bitte (f)	kërkesë (f)	[kərkésə]
bitten (vt)	kërkoj	[kərkój]
Verlangen (n)	kërkesë (f)	[kərkésə]
verlangen (vt)	kërkoj	[kərkój]

necken (vt)	ngacmoj	[ŋatsmój]
spotten (vi)	tallem	[táɫɛm]
Spott (m)	tallje (f)	[táɫjɛ]
Spitzname (m)	pseudonim (m)	[psɛudoním]

Andeutung (f)	nënkuptim (m)	[nənkuptím]
andeuten (vt)	nënkuptoj	[nənkuptój]
meinen (vt)	dua të them	[dúa tə θém]

Beschreibung (f)	përshkrim (m)	[pərʃkrím]
beschreiben (vt)	përshkruaj	[pərʃkrúaj]
Lob (n)	lëvdatë (f)	[lɛvdátə]
loben (vt)	lavdëroj	[lavdərój]

Enttäuschung (f)	zhgënjim (m)	[ʒgəɲím]
enttäuschen (vt)	zhgënjej	[ʒgəɲéj]
enttäuscht sein	zhgënjehem	[ʒgəɲéhɛm]

Vermutung (f)	supozim (m)	[supozím]
vermuten (vt)	supozoj	[supozój]

| Warnung (f) | paralajmërim (m) | [paralajmərím] |
| warnen (vt) | paralajmëroj | [paralajmərój] |

67. Diskussion, Unterhaltung. Teil 3

| überreden (vt) | bind | [bínd] |
| beruhigen (vt) | qetësoj | [cɛtəsój] |

Schweigen (n)	heshtje (f)	[héʃtjɛ]
schweigen (vi)	i heshtur	[i héʃtur]
flüstern (vt)	pëshpëris	[pəʃpərís]
Flüstern (n)	pëshpërimë (f)	[pəʃpərímə]

| offen (Adv) | sinqerisht | [síncɛriʃt] |
| meiner Meinung nach ... | sipas mendimit tim ... | [sipás mɛndímit tim ...] |

Detail (n)	detaj (m)	[dɛtáj]
ausführlich (Adj)	i detajuar	[i dɛtajúar]
ausführlich (Adv)	hollësisht	[hoɫəsíʃt]

| Tipp (m) | sugjerim (m) | [suɟɛrím] |
| einen Tipp geben | aludoj | [aludój] |

Blick (m)	shikim (m)	[ʃikím]
anblicken (vt)	i hedh një sy	[i héð ɲə sý]
starr (z.B. -en Blick)	i ngurtë	[i ŋúrtə]
blinzeln (mit den Augen)	hap e mbyll sytë	[hap ɛ mbýɫ sýtə]
zwinkern (mit den Augen)	luaj syrin	[lúaj sýrin]
nicken (vi)	pohoj me kokë	[pohój mɛ kókə]

Seufzer (m)	psherëtimë (f)	[pʃɛrətímə]
aufseufzen (vi)	psherëtij	[pʃɛrətíj]
zusammenzucken (vi)	rrëqethem	[rəcéθɛm]
Geste (f)	gjest (m)	[ɟɛst]
berühren (vt)	prek	[prɛk]
ergreifen (vt)	kap	[kap]
klopfen (vt)	prek	[prɛk]

Vorsicht!	Kujdes!	[kujdés!]
Wirklich?	Vërtet?	[vərtét?]
Sind Sie sicher?	Je i sigurt?	[jɛ i sígurt?]
Viel Glück!	Paç fat!	[patʃ fat!]
Klar!	E kuptova!	[ɛ kuptóva!]
Schade!	Sa keq!	[sa kɛc!]

68. Zustimmung. Ablehnung

Einverständnis (n)	leje (f)	[léjɛ]
zustimmen (vi)	lejoj	[lɛjój]
Billigung (f)	miratim (m)	[miratím]
billigen (vt)	miratoj	[miratój]
Absage (f)	refuzim (m)	[rɛfuzím]

sich weigern	refuzoj	[rɛfuzój]
Ausgezeichnet!	Të lumtë!	[tə lúmtə!]
Ganz recht!	Në rregull!	[nə réguɫ!]
Gut! Okay!	Në rregull!	[nə réguɫ!]

verboten (Adj)	i ndaluar	[i ndalúar]
Es ist verboten	është e ndalúar	[éʃtə ɛ ndalúar]
Es ist unmöglich	është e pamundur	[éʃtə ɛ pámundur]
falsch	i pasaktë	[i pasáktə]

ablehnen (vt)	hedh poshtë	[hɛð póʃtə]
unterstützen (vt)	mbështes	[mbəʃtés]
akzeptieren (vt)	pranoj	[pranój]

bestätigen (vt)	konfirmoj	[konfirmój]
Bestätigung (f)	konfirmim (m)	[konfirmím]
Erlaubnis (f)	leje (f)	[léjɛ]
erlauben (vt)	lejoj	[lɛjój]
Entscheidung (f)	vendim (m)	[vɛndím]
schweigen (nicht antworten)	nuk them asgjë	[nuk θɛm ásʝə]

Bedingung (f)	kusht (m)	[kuʃt]
Ausrede (f)	justifikim (m)	[justifikím]
Lob (n)	lëvdata (f)	[lëvdáta]
loben (vt)	lavdëroj	[lavdərój]

69. Erfolg. Alles Gute. Misserfolg

Erfolg (m)	sukses (m)	[suksés]
erfolgreich (Adv)	me sukses	[mɛ suksés]
erfolgreich (Adj)	i suksesshëm	[i suksésʃəm]

Glück (Glücksfall)	fat (m)	[fat]
Viel Glück!	Paç fat!	[patʃ fat!]
Glücks- (z.B. -tag)	me fat	[mɛ fat]
glücklich (Adj)	fatlum	[fatlúm]

Misserfolg (m)	dështim (m)	[dəʃtím]
Missgeschick (n)	fatkeqësi (f)	[fatkɛcəsí]
Unglück (n)	ters (m)	[tɛrs]

missglückt (Adj)	i pasuksesshëm	[i pasuksésʃəm]
Katastrophe (f)	katastrofë (f)	[katastrófə]

Stolz (m)	krenari (f)	[krɛnarí]
stolz	krenar	[krɛnár]
stolz sein	jam krenar	[jam krɛnár]

Sieger (m)	fitues (m)	[fitúɛs]
siegen (vi)	fitoj	[fitój]
verlieren (Spiel usw.)	humb	[húmb]
Versuch (m)	përpjekje (f)	[pərpjékjɛ]
versuchen (vt)	përpiqem	[pərpícɛm]
Chance (f)	shans (m)	[ʃans]

70. Streit. Negative Gefühle

Schrei (m)	britmë (f)	[brítmə]
schreien (vi)	bërtas	[bərtás]
beginnen zu schreien	filloj të ulërij	[fiɫój tə uləríj]

Zank (m)	grindje (f)	[gríndjɛ]
sich zanken	grindem	[gríndɛm]
Riesenkrach (m)	sherr (m)	[ʃɛr]
Krach haben	bëj skenë	[bəj skénə]
Konflikt (m)	konflikt (m)	[konflíkt]
Missverständnis (n)	keqkuptim (m)	[kɛckuptím]

Kränkung (f)	ofendim (m)	[ofɛndím]
kränken (vt)	fyej	[fýɛj]
gekränkt (Adj)	i ofenduar	[i ofɛndúar]
Beleidigung (f)	fyerje (f)	[fýɛrjɛ]
beleidigen (vt)	ofendoj	[ofɛndój]
sich beleidigt fühlen	mbrohem	[mbróhɛm]

Empörung (f)	indinjatë (f)	[indiɲátə]
sich empören	zemërohem	[zɛməróhɛm]
Klage (f)	ankesë (f)	[ankésə]
klagen (vi)	ankohem	[ankóhɛm]

Entschuldigung (f)	falje (f)	[fáljɛ]
sich entschuldigen	kërkoj falje	[kərkój fáljɛ]
um Entschuldigung bitten	kërkoj ndjesë	[kərkój ndjésə]

Kritik (f)	kritikë (f)	[kritíkə]
kritisieren (vt)	kritikoj	[kritikój]
Anklage (f)	akuzë (f)	[akúzə]
anklagen (vt)	akuzoj	[akuzój]

Rache (f)	hakmarrje (f)	[hakmárjɛ]
rächen (vt)	hakmerrem	[hakmérɛm]
sich rächen	shpaguaj	[ʃpagúaj]

Verachtung (f)	përbuzje (f)	[pərbúzjɛ]
verachten (vt)	përbuz	[pərbúz]
Hass (m)	urrejtje (f)	[uréjtjɛ]
hassen (vt)	urrej	[uréj]

nervös	nervoz	[nɛrvóz]
nervös sein	nervozohem	[nɛrvozóhɛm]
verärgert	i zemëruar	[i zɛmərúar]
ärgern (vt)	zemëroj	[zɛmərój]

Erniedrigung (f)	poshtërim (m)	[poʃtərím]
erniedrigen (vt)	poshtëroj	[poʃtərój]
sich erniedrigen	poshtërohem	[poʃtəróhɛm]

Schock (m)	tronditje (f)	[trondítjɛ]
schockieren (vt)	trondit	[trondít]
Ärger (m)	shqetësim (m)	[ʃcɛtəsím]

unangenehm	i pakëndshëm	[i pakéndʃəm]
Angst (f)	frikë (f)	[fríkə]
furchtbar (z.B. -e Sturm)	i tmerrshëm	[i tmérʃəm]
schrecklich	i frikshëm	[i fríkʃəm]
Entsetzen (n)	horror (m)	[horór]
entsetzlich	i tmerrshëm	[i tmérʃəm]

zittern (vi)	filloj të dridhem	[fiłój tə dríðɛm]
weinen (vi)	qaj	[caj]
anfangen zu weinen	filloj të qaj	[fiłój tə cáj]
Träne (f)	lot (m)	[lot]

Schuld (f)	faj (m)	[faj]
Schuldgefühl (n)	faj (m)	[faj]
Schmach (f)	turp (m)	[turp]
Protest (m)	protestë (f)	[protéstə]
Stress (m)	stres (m)	[strɛs]

stören (vt)	shqetësoj	[ʃcɛtəsój]
sich ärgern	tërbohem	[tərbóhɛm]
ärgerlich	i inatosur	[i inatósur]
abbrechen (vi)	përfundoj	[pərfundój]
schelten (vi)	betohem	[bɛtóhɛm]

erschrecken (vi)	tremb	[trɛmb]
schlagen (vt)	qëlloj	[cəłój]
sich prügeln	grindem	[gríndɛm]

beilegen (Konflikt usw.)	zgjidh	[zɟið]
unzufrieden	i pakënaqur	[i pakənácur]
wütend	i xhindosur	[i dʒindósur]

Das ist nicht gut!	Nuk është mirë!	[nuk éʃtə mírə!]
Das ist schlecht!	Është keq!	[éʃtə kɛc!]

Medizin

71. Krankheiten

Krankheit (f)	sëmundje (f)	[səmúndjɛ]
krank sein	jam sëmurë	[jam səmúrə]
Gesundheit (f)	shëndet (m)	[ʃəndét]
Schnupfen (m)	rrifë (f)	[rífə]
Angina (f)	grykët (m)	[grýkət]
Erkältung (f)	ftohje (f)	[ftóhjɛ]
sich erkälten	ftohem	[ftóhɛm]
Bronchitis (f)	bronkit (m)	[bronkít]
Lungenentzündung (f)	pneumoni (f)	[pnɛumoní]
Grippe (f)	grip (m)	[grip]
kurzsichtig	miop	[mióp]
weitsichtig	presbit	[prɛsbít]
Schielen (n)	strabizëm (m)	[strabízəm]
schielend (Adj)	strabik	[strabík]
grauer Star (m)	katarakt (m)	[katarákt]
Glaukom (n)	glaukoma (f)	[glaukóma]
Schlaganfall (m)	goditje (f)	[godítjɛ]
Infarkt (m)	sulm në zemër (m)	[sulm nə zémər]
Herzinfarkt (m)	infarkt miokardiak (m)	[infárkt miokardiák]
Lähmung (f)	paralizë (f)	[paralízə]
lähmen (vt)	paralizoj	[paralizój]
Allergie (f)	alergji (f)	[alɛrɟí]
Asthma (n)	astmë (f)	[ástmə]
Diabetes (m)	diabet (m)	[diabét]
Zahnschmerz (m)	dhimbje dhëmbi (f)	[ðímbjɛ ðə́mbi]
Karies (f)	karies (m)	[kariés]
Durchfall (m)	diarre (f)	[diaré]
Verstopfung (f)	kapsllëk (m)	[kapsɫə́k]
Magenverstimmung (f)	dispepsi (f)	[dispɛpsí]
Vergiftung (f)	helmim (m)	[hɛlmím]
Vergiftung bekommen	helmohem nga ushqimi	[hɛlmóhɛm ŋa uʃcími]
Arthritis (f)	artrit (m)	[artrít]
Rachitis (f)	rakit (m)	[rakít]
Rheumatismus (m)	reumatizëm (m)	[rɛumatízəm]
Atherosklerose (f)	arteriosklerozë (f)	[artɛriosklɛrózə]
Gastritis (f)	gastrit (m)	[gastrít]
Blinddarmentzündung (f)	apendicit (m)	[apɛnditsít]

| Cholezystitis (f) | kolecistit (m) | [kolɛtsistít] |
| Geschwür (n) | ulcerë (f) | [ultsérə] |

Masern (pl)	fruth (m)	[fruθ]
Röteln (pl)	rubeola (f)	[rubɛóla]
Gelbsucht (f)	verdhëza (f)	[vérðəza]
Hepatitis (f)	hepatit (m)	[hɛpatít]

Schizophrenie (f)	skizofreni (f)	[skizofrɛní]
Tollwut (f)	sëmundje e tërbimit (f)	[səmúndjɛ ɛ tərbímit]
Neurose (f)	neurozë (f)	[nɛurózə]
Gehirnerschütterung (f)	tronditje (f)	[trondítjɛ]

Krebs (m)	kancer (m)	[kantsér]
Sklerose (f)	sklerozë (f)	[sklɛrózə]
multiple Sklerose (f)	sklerozë e shumëfishtë (f)	[sklɛrózə ɛ ʃuməfíʃtə]

Alkoholismus (m)	alkoolizëm (m)	[alkoolízəm]
Alkoholiker (m)	alkoolik (m)	[alkoolík]
Syphilis (f)	sifiliz (m)	[sifilíz]
AIDS	SIDA (f)	[sída]

Tumor (m)	tumor (m)	[tumór]
bösartig	malinj	[malíɲ]
gutartig	beninj	[bɛníɲ]

Fieber (n)	ethe (f)	[éθɛ]
Malaria (f)	malarie (f)	[malaríɛ]
Gangrän (f, n)	gangrenë (f)	[gaɲrénə]
Seekrankheit (f)	sëmundje deti (f)	[səmúndjɛ déti]
Epilepsie (f)	epilepsi (f)	[ɛpilɛpsí]

Epidemie (f)	epidemi (f)	[ɛpidɛmí]
Typhus (m)	tifo (f)	[tífo]
Tuberkulose (f)	tuberkuloz (f)	[tubɛrkulóz]
Cholera (f)	kolerë (f)	[kolérə]
Pest (f)	murtaja (f)	[murtája]

72. Symptome. Behandlungen. Teil 1

Symptom (n)	simptomë (f)	[simptómə]
Temperatur (f)	temperaturë (f)	[tɛmpɛratúrə]
Fieber (n)	temperaturë e lartë (f)	[tɛmpɛratúrə ɛ lártə]
Puls (m)	puls (m)	[puls]

Schwindel (m)	marrje mendsh (m)	[márjɛ méndʃ]
heiß (Stirne usw.)	i nxehtë	[i ndzéhtə]
Schüttelfrost (m)	drithërima (f)	[driθəríma]
blass (z.B. -es Gesicht)	i zbehur	[i zbéhur]

Husten (m)	kollë (f)	[kótə]
husten (vi)	kollitem	[kotítɛm]
niesen (vi)	teshtij	[tɛʃtíj]
Ohnmacht (f)	të fikët (f)	[tə fíkət]

69

ohnmächtig werden	bie të fikët	[bíɛ tə fíkət]
blauer Fleck (m)	mavijosje (f)	[mavijósjɛ]
Beule (f)	gungë (f)	[gúŋə]
sich stoßen	godas	[godás]
Prellung (f)	lëndim (m)	[ləndím]
sich stoßen	lëndohem	[ləndóhɛm]

hinken (vi)	çaloj	[tʃalój]
Verrenkung (f)	dislokim (m)	[dislokím]
ausrenken (vt)	del nga vendi	[dɛl ŋa véndi]
Fraktur (f)	thyerje (f)	[θýɛrjɛ]
brechen (Arm usw.)	thyej	[θýɛj]

Schnittwunde (f)	e prerë (f)	[ɛ prérə]
sich schneiden	pres veten	[prɛs vétɛn]
Blutung (f)	rrjedhje gjaku (f)	[rjéðjɛ ɟáku]

Verbrennung (f)	djegie (f)	[djégiɛ]
sich verbrennen	digjem	[díɟɛm]

stechen (vt)	shpoj	[ʃpoj]
sich stechen	shpohem	[ʃpóhɛm]
verletzen (vt)	dëmtoj	[dəmtój]
Verletzung (f)	dëmtim (m)	[dəmtím]
Wunde (f)	plagë (f)	[plágə]
Trauma (n)	traumë (f)	[traúmə]

irrereden (vi)	fol përçart	[fól pərtʃárt]
stottern (vi)	belbëzoj	[bɛlbəzój]
Sonnenstich (m)	pikë e diellit (f)	[píkə ɛ diéɬit]

73. Symptome. Behandlungen. Teil 2

Schmerz (m)	dhimbje (f)	[ðímbjɛ]
Splitter (m)	cifël (f)	[tsífəl]

Schweiß (m)	djersë (f)	[djérsə]
schwitzen (vi)	djersij	[djɛrsíj]
Erbrechen (n)	të vjella (f)	[tə vjéɬa]
Krämpfe (pl)	konvulsione (f)	[konvulsiónɛ]

schwanger	shtatzënë	[ʃtatzénə]
geboren sein	lind	[lind]
Geburt (f)	lindje (f)	[líndjɛ]
gebären (vt)	sjell në jetë	[sjɛɬ nə jétə]
Abtreibung (f)	abort (m)	[abórt]

Atem (m)	frymëmarrje (f)	[fryməmárjɛ]
Atemzug (m)	mbajtje e frymës (f)	[mbájtjɛ ɛ frýməs]
Ausatmung (f)	lëshim i frymës (m)	[ləʃím i frýməs]
ausatmen (vt)	nxjerr frymën	[ndzjér frýmən]
einatmen (vt)	marr frymë	[mar frýmə]
Invalide (m)	invalid (m)	[invalíd]
Krüppel (m)	i gjymtuar (m)	[i ɟymtúar]

Drogenabhängiger (m)	narkoman (m)	[narkomán]
taub	shurdh	[ʃurð]
stumm	memec	[mɛméts]
taubstumm	shurdh-memec	[ʃurð-mɛméts]

verrückt (Adj)	i marrë	[i márə]
Irre (m)	i çmendur (m)	[i tʃméndur]
Irre (f)	e çmendur (f)	[ɛ tʃméndur]
den Verstand verlieren	çmendem	[tʃméndɛm]

Gen (n)	gen (m)	[gɛn]
Immunität (f)	imunitet (m)	[imunitét]
erblich	e trashëguar	[ɛ traʃəgúar]
angeboren	e lindur	[ɛ líndur]

Virus (m, n)	virus (m)	[virús]
Mikrobe (f)	mikrob (m)	[mikrób]
Bakterie (f)	bakterie (f)	[baktériɛ]
Infektion (f)	infeksion (m)	[infɛksión]

74. Symptome. Behandlungen. Teil 3

| Krankenhaus (n) | spital (m) | [spitál] |
| Patient (m) | pacient (m) | [patsiént] |

Diagnose (f)	diagnozë (f)	[diagnózə]
Heilung (f)	kurë (f)	[kúrə]
Behandlung (f)	trajtim mjekësor (m)	[trajtím mjɛkəsór]
Behandlung bekommen	kurohem	[kuróhɛm]
behandeln (vt)	kuroj	[kurój]
pflegen (Kranke)	kujdesem	[kujdésɛm]
Pflege (f)	kujdes (m)	[kujdés]

Operation (f)	operacion (m)	[opɛratsión]
verbinden (vt)	fashoj	[faʃój]
Verband (m)	fashim (m)	[faʃím]

Impfung (f)	vaksinim (m)	[vaksiním]
impfen (vt)	vaksinoj	[vaksinój]
Spritze (f)	injeksion (m)	[iɲɛksión]
eine Spritze geben	bëj injeksion	[bəj iɲɛksíon]

Anfall (m)	atak (m)	[aták]
Amputation (f)	amputim (m)	[amputím]
amputieren (vt)	amputoj	[amputój]
Koma (n)	komë (f)	[kómə]
im Koma liegen	jam në komë	[jam nə kómə]
Reanimation (f)	kujdes intensiv (m)	[kujdés intɛnsív]

genesen von … (vi)	shërohem	[ʃəróhɛm]
Zustand (m)	gjendje (f)	[ɟéndjɛ]
Bewusstsein (n)	vetëdije (f)	[vɛtədíjɛ]
Gedächtnis (n)	kujtesë (f)	[kujtésə]
ziehen (einen Zahn ~)	heq	[hɛc]

| Plombe (f) | mbushje (f) | [mbúʃjɛ] |
| plombieren (vt) | mbush | [mbúʃ] |

| Hypnose (f) | hipnozë (f) | [hipnózə] |
| hypnotisieren (vt) | hipnotizim | [hipnotizím] |

75. Ärzte

Arzt (m)	mjek (m)	[mjék]
Krankenschwester (f)	infermiere (f)	[infɛrmiérɛ]
Privatarzt (m)	mjek personal (m)	[mjék pɛrsonál]

Zahnarzt (m)	dentist (m)	[dɛntíst]
Augenarzt (m)	okulist (m)	[okulíst]
Internist (m)	mjek i përgjithshëm (m)	[mjék i pərɟíθʃəm]
Chirurg (m)	kirurg (m)	[kirúrg]

Psychiater (m)	psikiatër (m)	[psikiátər]
Kinderarzt (m)	pediatër (m)	[pɛdiátər]
Psychologe (m)	psikolog (m)	[psikológ]
Frauenarzt (m)	gjinekolog (m)	[ɟinɛkológ]
Kardiologe (m)	kardiolog (m)	[kardiológ]

76. Medizin. Medikamente. Accessoires

Arznei (f)	ilaç (m)	[ilátʃ]
Heilmittel (n)	mjekim (m)	[mjɛkím]
verschreiben (vt)	shkruaj recetë	[ʃkrúaj rɛtsétə]
Rezept (n)	recetë (f)	[rɛtsétə]

Tablette (f)	pilulë (f)	[pilúlə]
Salbe (f)	krem (m)	[krɛm]
Ampulle (f)	ampulë (f)	[ampúlə]
Mixtur (f)	përzierje (f)	[pərzíɛrjɛ]
Sirup (m)	shurup (m)	[ʃurúp]
Pille (f)	pilulë (f)	[pilúlə]
Pulver (n)	pudër (f)	[púdər]

Verband (m)	fashë garze (f)	[faʃə gárzɛ]
Watte (f)	pambuk (m)	[pambúk]
Jod (n)	jod (m)	[jod]

Pflaster (n)	leukoplast (m)	[lɛukoplást]
Pipette (f)	pikatore (f)	[pikatórɛ]
Thermometer (n)	termometër (m)	[tɛrmométər]
Spritze (f)	shiringë (f)	[ʃiríŋə]

| Rollstuhl (m) | karrocë me rrota (f) | [karótsə mɛ róta] |
| Krücken (pl) | paterica (f) | [patɛrítsa] |

| Betäubungsmittel (n) | qetësues (m) | [cɛtəsúɛs] |
| Abführmittel (n) | laksativ (m) | [laksatív] |

Spiritus (m)	alkool dezinfektues (m)	[alkoól dɛzinfɛktúɛs]
Heilkraut (n)	bimë mjekësore (f)	[bímə mjɛkəsórɛ]
Kräuter- (z.B. Kräutertee)	çaj bimor	[tʃáj bimór]

77. Rauchen. Tabakwaren

Tabak (m)	duhan (m)	[duhán]
Zigarette (f)	cigare (f)	[tsigárɛ]
Zigarre (f)	puro (f)	[púro]
Pfeife (f)	llullë (f)	[ɫúɫə]
Packung (f)	pako cigaresh (m)	[páko tsigárɛʃ]

Streichhölzer (pl)	shkrepëse (pl)	[ʃkrépəsɛ]
Streichholzschachtel (f)	kuti shkrepësesh (f)	[kutí ʃkrépəsɛʃ]
Feuerzeug (n)	çakmak (m)	[tʃakmák]
Aschenbecher (m)	taketuke (f)	[takɛtúkɛ]
Zigarettenetui (n)	kuti cigaresh (f)	[kutí tsigárɛʃ]

| Mundstück (n) | cigarishte (f) | [tsigaríʃtɛ] |
| Filter (n) | filtër (m) | [fíltər] |

rauchen (vi, vt)	pi duhan	[pi duhán]
anrauchen (vt)	ndez një cigare	[ndɛz ɲə tsigárɛ]
Rauchen (n)	pirja e duhanit (f)	[pírja ɛ duhánit]
Raucher (m)	duhanpirës (m)	[duhanpírəs]

Stummel (m)	bishti i cigares (m)	[bíʃti i tsigárɛs]
Rauch (m)	tym (m)	[tym]
Asche (f)	hi (m)	[hi]

LEBENSRAUM DES MENSCHEN

Stadt

78. Stadt. Leben in der Stadt

Stadt (f)	qytet (m)	[cytét]
Hauptstadt (f)	kryeqytet (m)	[kryɛcytét]
Dorf (n)	fshat (m)	[fʃát]
Stadtplan (m)	hartë e qytetit (f)	[hártə ɛ cytétit]
Stadtzentrum (n)	qendër e qytetit (f)	[céndər ɛ cytétit]
Vorort (m)	periferi (f)	[pɛrifɛrí]
Vorort-	periferik	[pɛrifɛrík]
Stadtrand (m)	periferia (f)	[pɛrifɛría]
Umgebung (f)	periferia (f)	[pɛrifɛría]
Stadtviertel (n)	bllok pallatesh (m)	[bɫók paɫátɛʃ]
Wohnblock (m)	bllok banimi (m)	[bɫók baními]
Straßenverkehr (m)	trafik (m)	[trafík]
Ampel (f)	semafor (m)	[sɛmafór]
Stadtverkehr (m)	transport publik (m)	[transpórt publík]
Straßenkreuzung (f)	kryqëzim (m)	[krycəzím]
Übergang (m)	kalim për këmbësorë (m)	[kalím pər kəmbəsórə]
Fußgängerunterführung (f)	nënkalim për këmbësorë (m)	[nənkalím pər kəmbəsórə]
überqueren (vt)	kapërcej	[kapərtséj]
Fußgänger (m)	këmbësor (m)	[kəmbəsór]
Gehweg (m)	trotuar (m)	[trotuár]
Brücke (f)	urë (f)	[úrə]
Kai (m)	breg lumi (m)	[brɛg lúmi]
Springbrunnen (m)	shatërvan (m)	[ʃatərván]
Allee (f)	rrugëz (m)	[rúgəz]
Park (m)	park (m)	[park]
Boulevard (m)	bulevard (m)	[bulɛvárd]
Platz (m)	shesh (m)	[ʃɛʃ]
Avenue (f)	bulevard (m)	[bulɛvárd]
Straße (f)	rrugë (f)	[rúgə]
Gasse (f)	rrugë dytësore (f)	[rúgə dytəsórɛ]
Sackgasse (f)	rrugë pa krye (f)	[rúgə pa krýɛ]
Haus (n)	shtëpi (f)	[ʃtəpí]
Gebäude (n)	ndërtesë (f)	[ndərtésə]
Wolkenkratzer (m)	qiellgërvishtës (m)	[ciɛɫgərvíʃtəs]
Fassade (f)	fasadë (f)	[fasádə]
Dach (n)	çati (f)	[tʃatí]

Fenster (n)	dritare (f)	[dritárɛ]
Bogen (m)	hark (m)	[hárk]
Säule (f)	kolonë (f)	[kolónə]
Ecke (f)	kënd (m)	[kénd]
Schaufenster (n)	vitrinë (f)	[vitrínə]
Firmenschild (n)	tabelë (f)	[tabélə]
Anschlag (m)	poster (m)	[postér]
Werbeposter (m)	afishe reklamuese (f)	[afíʃɛ rɛklamúɛsɛ]
Werbeschild (n)	tabelë reklamash (f)	[tabélə rɛklámaʃ]
Müll (m)	plehra (f)	[pléhra]
Mülleimer (m)	kosh plehrash (m)	[koʃ pléhraʃ]
Abfall wegwerfen	hedh mbeturina	[hɛð mbɛturína]
Mülldeponie (f)	deponi plehrash (f)	[dɛponí pléhraʃ]
Telefonzelle (f)	kabinë telefonike (f)	[kabínə tɛlɛfoníkɛ]
Straßenlaterne (f)	shtyllë dritash (f)	[ʃtýtə drítaʃ]
Bank (Park-)	stol (m)	[stol]
Polizist (m)	polic (m)	[políts]
Polizei (f)	polici (f)	[politsí]
Bettler (m)	lypës (m)	[lýpəs]
Obdachlose (m)	i pastrehë (m)	[i pastréhə]

79. Innerstädtische Einrichtungen

Laden (m)	dyqan (m)	[dycán]
Apotheke (f)	farmaci (f)	[farmatsí]
Optik (f)	optikë (f)	[optíkə]
Einkaufszentrum (n)	qendër tregtare (f)	[céndər trɛgtárɛ]
Supermarkt (m)	supermarket (m)	[supɛrmarkét]
Bäckerei (f)	furrë (f)	[fúrə]
Bäcker (m)	furrtar (m)	[furtár]
Konditorei (f)	pastiçeri (f)	[pastitʃɛrí]
Lebensmittelladen (m)	dyqan ushqimor (m)	[dycán uʃcimór]
Metzgerei (f)	dyqan mishi (m)	[dycán míʃi]
Gemüseladen (m)	dyqan fruta-perimesh (m)	[dycán frúta-pɛrímɛʃ]
Markt (m)	treg (m)	[trɛg]
Kaffeehaus (n)	kafene (f)	[kafɛné]
Restaurant (n)	restorant (m)	[rɛstoránt]
Bierstube (f)	pab (m), pijetore (f)	[pab], [pijɛtórɛ]
Pizzeria (f)	piceri (f)	[pitsɛrí]
Friseursalon (m)	parukeri (f)	[parukɛrí]
Post (f)	zyrë postare (f)	[zýrə postárɛ]
chemische Reinigung (f)	pastrim kimik (m)	[pastrím kimík]
Fotostudio (n)	studio fotografike (f)	[stúdio fotografíkɛ]
Schuhgeschäft (n)	dyqan këpucësh (m)	[dycán kəpútsəʃ]
Buchhandlung (f)	librari (f)	[librarí]

Sportgeschäft (n)	dyqan me mallra sportivë (m)	[dycán mɛ mátra sportívə]
Kleiderreparatur (f)	rrobaqepësi (f)	[robacɛpəsí]
Bekleidungsverleih (m)	dyqan veshjesh me qira (m)	[dycán véʃjɛʃ mɛ cirá]
Videothek (f)	dyqan videosh me qira (m)	[dycán vídɛoʃ mɛ cirá]

Zirkus (m)	cirk (m)	[tsírk]
Zoo (m)	kopsht zoologjik (m)	[kópʃt zooloɟík]
Kino (n)	kinema (f)	[kinɛmá]
Museum (n)	muze (m)	[muzé]
Bibliothek (f)	bibliotekë (f)	[bibliotékə]

Theater (n)	teatër (m)	[tɛátər]
Opernhaus (n)	opera (f)	[opéra]
Nachtklub (m)	klub nate (m)	[klúb nátɛ]
Kasino (n)	kazino (f)	[kazíno]

Moschee (f)	xhami (f)	[dʒamí]
Synagoge (f)	sinagogë (f)	[sinagógə]
Kathedrale (f)	katedrale (f)	[katɛdrálɛ]
Tempel (m)	tempull (m)	[témpuɬ]
Kirche (f)	kishë (f)	[kíʃə]

Institut (n)	kolegj (m)	[koléɟ]
Universität (f)	universitet (m)	[univɛrsitét]
Schule (f)	shkollë (f)	[ʃkółə]

Präfektur (f)	prefekturë (f)	[prɛfɛktúrə]
Rathaus (n)	bashki (f)	[baʃkí]
Hotel (n)	hotel (m)	[hotél]
Bank (f)	bankë (f)	[bánkə]

Botschaft (f)	ambasadë (f)	[ambasádə]
Reisebüro (n)	agjenci udhëtimesh (f)	[aɟɛntsí uðətímɛʃ]
Informationsbüro (n)	zyrë informacioni (f)	[zýrə informatsióni]
Wechselstube (f)	këmbim valutor (m)	[kəmbím valutór]

U-Bahn (f)	metro (f)	[mɛtró]
Krankenhaus (n)	spital (m)	[spitál]

Tankstelle (f)	pikë karburanti (f)	[píkə karburánti]
Parkplatz (m)	parking (m)	[parkíŋ]

80. Schilder

Firmenschild (n)	tabelë (f)	[tabélə]
Aufschrift (f)	njoftim (m)	[ɲoftím]
Plakat (n)	poster (m)	[postér]
Wegweiser (m)	tabelë drejtuese (f)	[tabélə drɛjtúɛsɛ]
Pfeil (m)	shigjetë (f)	[ʃɟétə]

Vorsicht (f)	kujdes (m)	[kujdés]
Warnung (f)	shenjë paralajmëruese (f)	[ʃéɲə paralajmərúɛsɛ]
warnen (vt)	paralajmëroj	[paralajmərój]

freier Tag (m)	ditë pushimi (f)	[dítə puʃími]
Fahrplan (m)	orar (m)	[orár]
Öffnungszeiten (pl)	orari i punës (m)	[orári i púnəs]

HERZLICH WILLKOMMEN!	MIRË SE VINI!	[mírə sɛ víni!]
EINGANG	HYRJE	[hýrjɛ]
AUSGANG	DALJE	[dáljɛ]

DRÜCKEN	SHTY	[ʃty]
ZIEHEN	TËRHIQ	[tərhíc]
GEÖFFNET	HAPUR	[hápur]
GESCHLOSSEN	MBYLLUR	[mbýtur]

| DAMEN, FRAUEN | GRA | [gra] |
| HERREN, MÄNNER | BURRA | [búra] |

AUSVERKAUF	ZBRITJE	[zbrítjɛ]
REDUZIERT	ULJE	[úljɛ]
NEU!	TË REJA!	[tə réja!]
GRATIS	FALAS	[fálas]

ACHTUNG!	KUJDES!	[kujdés!]
ZIMMER BELEGT	NUK KA VENDE TË LIRA	[nuk ka véndɛ tə líra]
RESERVIERT	E REZERVUAR	[ɛ rɛzɛrvúar]

| VERWALTUNG | ADMINISTRATA | [administráta] |
| NUR FÜR PERSONAL | VETËM PËR STAFIN | [vétəm pər stáfin] |

VORSICHT BISSIGER HUND	RUHUNI NGA QENI!	[rúhuni ŋa céni!]
RAUCHEN VERBOTEN!	NDALOHET DUHANI	[ndalóhɛt duháni]
BITTE NICHT BERÜHREN	MOS PREK!	[mos prék!]

GEFÄHRLICH	TË RREZIKSHME	[tə rɛzíkʃmɛ]
VORSICHT!	RREZIK	[rɛzík]
HOCHSPANNUNG	TENSION I LARTË	[tɛnsión i lártə]
BADEN VERBOTEN	NUK LEJOHET NOTI!	[nuk lɛjóhɛt nóti!]
AUßER BETRIEB	E PRISHUR	[ɛ príʃur]

LEICHTENTZÜNDLICH	LËNDË DJEGËSE	[ləndə djégəsɛ]
VERBOTEN	E NDALUAR	[ɛ ndalúar]
DURCHGANG VERBOTEN	NDALOHET HYRJA	[ndalóhɛt hýrja]
FRISCH GESTRICHEN	BOJË E FRESKËT	[bójə ɛ fréskət]

81. Innerstädtischer Transport

Bus (m)	autobus (m)	[autobús]
Straßenbahn (f)	tramvaj (m)	[tramváj]
Obus (m)	autobus tramvaj (m)	[autobús tramváj]
Linie (f)	itinerar (m)	[itinɛrár]
Nummer (f)	numër (m)	[númər]

| mit … fahren | udhëtoj me … | [uðətój mɛ …] |
| einsteigen (vi) | hip | [hip] |

aussteigen (aus dem Bus)	zbres ...	[zbrɛs ...]
Haltestelle (f)	stacion (m)	[statsión]
nächste Haltestelle (f)	stacioni tjetër (m)	[statsióni tjétər]
Endhaltestelle (f)	terminal (m)	[tɛrminál]
Fahrplan (m)	orar (m)	[orár]
warten (vi, vt)	pres	[prɛs]
Fahrkarte (f)	biletë (f)	[bilétə]
Fahrpreis (m)	çmim bilete (m)	[tʃmím bilétɛ]
Kassierer (m)	shitës biletash (m)	[ʃítəs bilétaʃ]
Fahrkartenkontrolle (f)	kontroll biletash (m)	[kontról bilétaʃ]
Fahrkartenkontrolleur (m)	kontrollues biletash (m)	[kontroʎúɛs bilétaʃ]
sich verspäten	vonohem	[vonóhɛm]
versäumen (Zug usw.)	humbas	[humbás]
sich beeilen	nxitoj	[ndzitój]
Taxi (n)	taksi (m)	[táksi]
Taxifahrer (m)	shofer taksie (m)	[ʃofér taksíɛ]
mit dem Taxi	me taksi	[mɛ táksi]
Taxistand (m)	stacion taksish (m)	[statsión táksiʃ]
ein Taxi rufen	thërras taksi	[θərás táksi]
ein Taxi nehmen	marr taksi	[mar táksi]
Straßenverkehr (m)	trafik (m)	[trafík]
Stau (m)	bllokim trafiku (m)	[bɫokím trafíku]
Hauptverkehrszeit (f)	orë e trafikut të rëndë (f)	[órə ɛ trafíkut tə rəndə]
parken (vi)	parkoj	[parkój]
parken (vt)	parkim	[parkím]
Parkplatz (m)	parking (m)	[parkíŋ]
U-Bahn (f)	metro (f)	[mɛtró]
Station (f)	stacion (m)	[statsión]
mit der U-Bahn fahren	shkoj me metro	[ʃkoj mɛ métro]
Zug (m)	tren (m)	[trɛn]
Bahnhof (m)	stacion treni (m)	[statsión tréni]

82. Sehenswürdigkeiten

Denkmal (n)	monument (m)	[monumént]
Festung (f)	kala (f)	[kalá]
Palast (m)	pallat (m)	[paɫát]
Schloss (n)	kështjellë (f)	[kəʃtjétə]
Turm (m)	kullë (f)	[kútə]
Mausoleum (n)	mauzoleum (m)	[mauzolɛúm]
Architektur (f)	arkitekturë (f)	[arkitɛktúrə]
mittelalterlich	mesjetare	[mɛsjɛtárɛ]
alt (antik)	e lashtë	[ɛ láʃtə]
national	kombëtare	[kombətárɛ]
berühmt	i famshëm	[i fámʃəm]
Tourist (m)	turist (m)	[turíst]
Fremdenführer (m)	udhërrëfyes (m)	[uðərəfýɛs]

Ausflug (m)	ekskursion (m)	[ɛkskursión]
zeigen (vt)	tregoj	[trɛgój]
erzählen (vt)	dëftoj	[dəftój]
finden (vt)	gjej	[ɟéj]
sich verlieren	humbas	[humbás]
Karte (U-Bahn ~)	hartë (f)	[hártə]
Karte (Stadt-)	hartë (f)	[hártə]
Souvenir (n)	suvenir (m)	[suvɛnír]
Souvenirladen (m)	dyqan dhuratash (m)	[dycán ðurátaʃ]
fotografieren (vt)	bëj foto	[bəj fóto]
sich fotografieren	bëj fotografi	[bəj fotografí]

83. Shopping

kaufen (vt)	blej	[blɛj]
Einkauf (m)	blerje (f)	[blérjɛ]
einkaufen gehen	shkoj për pazar	[ʃkoj pər pazár]
Einkaufen (n)	pazar (m)	[pazár]
offen sein (Laden)	hapur	[hápur]
zu sein	mbyllur	[mbýɫur]
Schuhe (pl)	këpucë (f)	[kəpútsə]
Kleidung (f)	veshje (f)	[véʃjɛ]
Kosmetik (f)	kozmetikë (f)	[kozmɛtíkə]
Lebensmittel (pl)	mallra ushqimore (f)	[máɫra uʃcimórɛ]
Geschenk (n)	dhuratë (f)	[ðurátə]
Verkäufer (m)	shitës (m)	[ʃítəs]
Verkäuferin (f)	shitëse (f)	[ʃítəsɛ]
Kasse (f)	arkë (f)	[árkə]
Spiegel (m)	pasqyrë (f)	[pascýrə]
Ladentisch (m)	banak (m)	[bának]
Umkleidekabine (f)	dhomë prove (f)	[ðómə próvɛ]
anprobieren (vt)	provoj	[provój]
passen (Schuhe, Kleid)	më rri mirë	[mə ri mírə]
gefallen (vi)	pëlqej	[pəlcéj]
Preis (m)	çmim (m)	[tʃmím]
Preisschild (n)	etiketa e çmimit (f)	[ɛtikéta ɛ tʃmímit]
kosten (vt)	kushton	[kuʃtón]
Wie viel?	Sa?	[sa?]
Rabatt (m)	ulje (f)	[úljɛ]
preiswert	jo e shtrenjtë	[jo ɛ ʃtréɲtə]
billig	e lirë	[ɛ lírə]
teuer	i shtrenjtë	[i ʃtréɲtə]
Das ist teuer	Është e shtrenjtë	[éʃtə ɛ ʃtréɲtə]
Verleih (m)	qiramarrje (f)	[ciramárjɛ]
leihen, mieten (ein Auto usw.)	marr me qira	[mar mɛ cirá]

| Kredit (m), Darlehen (n) | kredit (m) | [krɛdít] |
| auf Kredit | me kredi | [mɛ krɛdí] |

84. Geld

Geld (n)	para (f)	[pará]
Austausch (m)	këmbim valutor (m)	[kəmbím valutór]
Kurs (m)	kurs këmbimi (m)	[kurs kəmbími]
Geldautomat (m)	bankomat (m)	[bankomát]
Münze (f)	monedhë (f)	[monéðə]

| Dollar (m) | dollar (m) | [doɫár] |
| Euro (m) | euro (f) | [éuro] |

Lira (f)	lirë (f)	[lírə]
Mark (f)	Marka gjermane (f)	[márka ɟɛrmánɛ]
Franken (m)	franga (f)	[fráŋa]
Pfund Sterling (n)	sterlina angleze (f)	[stɛrlína aŋlézɛ]
Yen (m)	jen (m)	[jén]

Schulden (pl)	borxh (m)	[bórdʒ]
Schuldner (m)	debitor (m)	[dɛbitór]
leihen (vt)	jap hua	[jap huá]
leihen, borgen (Geld usw.)	marr hua	[mar huá]

Bank (f)	bankë (f)	[bánkə]
Konto (n)	llogari (f)	[ɫogarí]
einzahlen (vt)	depozitoj	[dɛpozitój]
auf ein Konto einzahlen	depozitoj në llogari	[dɛpozitój nə ɫogarí]
abheben (vt)	tërheq	[tərhéc]

Kreditkarte (f)	kartë krediti (f)	[kártə krɛdíti]
Bargeld (n)	kesh (m)	[kɛʃ]
Scheck (m)	çek (m)	[tʃék]
einen Scheck schreiben	lëshoj një çek	[ləʃój ɲə tʃék]
Scheckbuch (n)	bllok çeqesh (m)	[bɫók tʃécɛʃ]

Geldtasche (f)	portofol (m)	[portofól]
Geldbeutel (m)	kuletë (f)	[kulétə]
Safe (m)	kasafortë (f)	[kasafórtə]

Erbe (m)	trashëgimtar (m)	[traʃəgimtár]
Erbschaft (f)	trashëgimi (f)	[traʃəgimí]
Vermögen (n)	pasuri (f)	[pasurí]

Pacht (f)	qira (f)	[cirá]
Miete (f)	qiraja (f)	[cirája]
mieten (vt)	marr me qira	[mar mɛ cirá]

Preis (m)	çmim (m)	[tʃmím]
Kosten (pl)	kosto (f)	[kósto]
Summe (f)	shumë (f)	[ʃúmə]
ausgeben (vt)	shpenzoj	[ʃpɛnzój]
Ausgaben (pl)	shpenzime (f)	[ʃpɛnzímɛ]

| sparen (vt) | kursej | [kurséj] |
| sparsam | ekonomik | [ɛkonomík] |

zahlen (vt)	paguaj	[pagúaj]
Lohn (m)	pagesë (f)	[pagésə]
Wechselgeld (n)	kusur (m)	[kusúr]

Steuer (f)	taksë (f)	[táksə]
Geldstrafe (f)	gjobë (f)	[ɟóbə]
bestrafen (vt)	vendos gjobë	[vɛndós ɟóbə]

85. Post. Postdienst

Post (Postamt)	zyrë postare (f)	[zýrə postárɛ]
Post (Postsendungen)	postë (f)	[póstə]
Briefträger (m)	postier (m)	[postiér]
Öffnungszeiten (pl)	orari i punës (m)	[orári i púnəs]

Brief (m)	letër (f)	[létər]
Einschreibebrief (m)	letër rekomande (f)	[létər rɛkomándɛ]
Postkarte (f)	kartolinë (f)	[kartolínə]
Telegramm (n)	telegram (m)	[tɛlɛgrám]
Postpaket (n)	pako (f)	[páko]
Geldanweisung (f)	transfer parash (m)	[transfér paráʃ]

bekommen (vt)	pranoj	[pranój]
abschicken (vt)	dërgoj	[dərgój]
Absendung (f)	dërgesë (f)	[dərgésə]

Postanschrift (f)	adresë (f)	[adrésə]
Postleitzahl (f)	kodi postar (m)	[kódi postár]
Absender (m)	dërguesi (m)	[dərgúɛsi]
Empfänger (m)	pranues (m)	[pranúɛs]

| Vorname (m) | emër (m) | [émər] |
| Nachname (m) | mbiemër (m) | [mbiémər] |

Tarif (m)	tarifë postare (f)	[tarífə postárɛ]
Standard- (Tarif)	standard	[standárd]
Spar- (-tarif)	ekonomike	[ɛkonomíkɛ]

Gewicht (n)	peshë (f)	[péʃə]
abwiegen (vt)	peshoj	[pɛʃój]
Briefumschlag (m)	zarf (m)	[zarf]
Briefmarke (f)	pullë postare (f)	[púɫə postárɛ]
Briefmarke aufkleben	vendos pullën postare	[vɛndós púɫən postárɛ]

Wohnung. Haus. Zuhause

86. Haus. Wohnen

Haus (n)	shtëpi (f)	[ʃtəpí]
zu Hause	në shtëpi	[nə ʃtəpí]
Hof (m)	oborr (m)	[obór]
Zaun (m)	gardh (m)	[garð]
Ziegel (m)	tullë (f)	[túłə]
Ziegel-	me tulla	[mɛ túła]
Stein (m)	gur (m)	[gur]
Stein-	guror	[gurór]
Beton (m)	çimento (f)	[tʃimén to]
Beton-	prej çimentoje	[prɛj tʃiméntojɛ]
neu	i ri	[i rí]
alt	i vjetër	[i vjétər]
baufällig	e vjetruar	[ɛ vjɛtrúar]
modern	moderne	[modérnɛ]
mehrstöckig	shumëkatëshe	[ʃuməkátəʃɛ]
hoch	e lartë	[ɛ lártə]
Stock (m)	kat (m)	[kat]
einstöckig	njëkatëshe	[ɲəkátəʃɛ]
Erdgeschoß (n)	përdhese (f)	[pərðésɛ]
oberster Stock (m)	kati i fundit (m)	[káti i fúndit]
Dach (n)	çati (f)	[tʃatí]
Schlot (m)	oxhak (m)	[odʒák]
Dachziegel (m)	tjegulla (f)	[tjéguła]
Dachziegel-	me tjegulla	[mɛ tjéguła]
Dachboden (m)	papafingo (f)	[papafíɲo]
Fenster (n)	dritare (f)	[dritárɛ]
Glas (n)	xham (m)	[dʒam]
Fensterbrett (n)	prag dritareje (m)	[prag dritárɛjɛ]
Fensterläden (pl)	grila (f)	[gríla]
Wand (f)	mur (m)	[mur]
Balkon (m)	ballkon (m)	[bałkón]
Regenfallrohr (n)	ulluk (m)	[ułúk]
nach oben	lart	[lart]
hinaufgehen (vi)	ngjitem lart	[ɲjitém lárt]
herabsteigen (vi)	zbres	[zbrɛs]
umziehen (vi)	lëviz	[ləvíz]

87. Haus. Eingang. Lift

Eingang (m)	hyrje (f)	[hýrjɛ]
Treppe (f)	shkallë (f)	[ʃkáɫə]
Stufen (pl)	shkallë (f)	[ʃkáɫə]
Geländer (n)	parmak (m)	[paɾmák]
Halle (f)	holl (m)	[hoɫ]
Briefkasten (m)	kuti postare (f)	[kutí postáɾɛ]
Müllkasten (m)	kazan mbeturinash (m)	[kazán mbɛturínaʃ]
Müllschlucker (m)	ashensor mbeturinash (m)	[aʃɛnsór mbɛturínaʃ]
Aufzug (m)	ashensor (m)	[aʃɛnsór]
Lastenaufzug (m)	ashensor mallrash (m)	[aʃɛnsór máɫraʃ]
Aufzugkabine (f)	kabinë ashensori (f)	[kabínə aʃɛnsóri]
Aufzug nehmen	marr ashensorin	[mar aʃɛnsórin]
Wohnung (f)	apartament (m)	[apartamént]
Mieter (pl)	banorë (pl)	[banórə]
Nachbar (m)	komshi (m)	[komʃí]
Nachbarin (f)	komshike (f)	[komʃíkɛ]
Nachbarn (pl)	komshinj (pl)	[komʃíɲ]

88. Haus. Elektrizität

Elektrizität (f)	elektricitet (m)	[ɛlɛktritsitét]
Glühbirne (f)	poç (m)	[potʃ]
Schalter (m)	çelës drite (m)	[tʃéləs drítɛ]
Sicherung (f)	siguresë (f)	[sigurésə]
Draht (m)	kabllo (f)	[kábɫo]
Leitung (f)	rrjet elektrik (m)	[rjét ɛlɛktrík]
Stromzähler (m)	njehsor elektrik (m)	[ɲɛhsór ɛlɛktrík]
Zählerstand (m)	matjet (pl)	[mátjɛt]

89. Haus. Türen. Schlösser

Tür (f)	derë (f)	[dérə]
Tor (der Villa usw.)	portik (m)	[portík]
Griff (m)	dorezë (f)	[dorézə]
aufschließen (vt)	zhbllokoj	[ʒbɫokój]
öffnen (vt)	hap	[hap]
schließen (vt)	mbyll	[mbyɫ]
Schlüssel (m)	çelës (m)	[tʃéləs]
Bündel (n)	tufë çelësash (f)	[túfə tʃéləsaʃ]
knarren (vi)	kërcet	[kərtsét]
Knarren (n)	kërcitje (f)	[kərtsítjɛ]
Türscharnier (n)	menteshë (f)	[mɛntéʃə]
Fußmatte (f)	tapet hyrës (m)	[tapét hýrəs]
Schloss (n)	kyç (m)	[kytʃ]

Schlüsselloch (n)	vrimë e çelësit (f)	[vrímə ε tʃéləsit]
Türriegel (m)	shul (m)	[ʃul]
kleiner Türriegel (m)	shul (m)	[ʃul]
Vorhängeschloss (n)	dry (m)	[dry]

klingeln (vi)	i bie ziles	[i bíε zílεs]
Klingel (Laut)	tingulli i ziles (m)	[tíɲuti i zílεs]
Türklingel (f)	zile (f)	[zílε]
Knopf (m)	çelësi i ziles (m)	[tʃéləsi i zílεs]
Klopfen (n)	trokitje (f)	[trokítjε]
anklopfen (vi)	trokas	[trokás]

Code (m)	kod (m)	[kod]
Zahlenschloss (n)	kod (m)	[kod]
Sprechanlage (f)	interkom (m)	[intεrkóm]
Nummer (f)	numër (m)	[númər]
Türschild (n)	pllakë e emrit (f)	[pɫákə ε émrit]
Türspion (m)	vrimë përgjimi (f)	[vrímə pərɟími]

90. Landhaus

Dorf (n)	fshat (m)	[fʃát]
Gemüsegarten (m)	kopsht zarzavatesh (m)	[kópʃt zarzavátεʃ]
Zaun (m)	gardh (m)	[garð]
Lattenzaun (m)	gardh kunjash	[garð kúɲaʃ]
Zauntür (f)	portik (m)	[portík]

Speicher (m)	hambar (m)	[hambár]
Keller (m)	qilar (m)	[cilár]
Schuppen (m)	kasolle (f)	[kasóɫε]
Brunnen (m)	pus (m)	[pus]

Ofen (m)	sobë (f)	[sóbə]
heizen (Ofen ~)	mbush sobën	[mbúʃ sóbən]
Holz (n)	dru për zjarr (m)	[dru pər zjár]
Holzscheit (n)	dru (m)	[dru]

Veranda (f)	verandë (f)	[vεrándə]
Terrasse (f)	ballkon (m)	[baɫkón]
Außentreppe (f)	prag i derës (m)	[prag i dérəs]
Schaukel (f)	kolovajzë (f)	[kolovájzə]

91. Villa. Schloss

Landhaus (n)	vilë (f)	[vílə]
Villa (f)	vilë (f)	[vílə]
Flügel (m)	krah (m)	[krah]

Garten (m)	kopsht (m)	[kopʃt]
Park (m)	park (m)	[park]
Orangerie (f)	serrë (f)	[sérə]
pflegen (Garten usw.)	përkujdesem	[pərkujdésεm]

Schwimmbad (n)	pishinë (f)	[piʃínə]
Kraftraum (m)	palestër (f)	[paléstər]
Tennisplatz (m)	fushë tenisi (f)	[fúʃə tɛnísi]
Heimkinoraum (m)	sallon teatri (m)	[saɫón tɛátri]
Garage (f)	garazh (m)	[garáʒ]

| Privateigentum (n) | pronë private (f) | [prónə privátɛ] |
| Privatgrundstück (n) | tokë private (f) | [tókə privátɛ] |

| Warnung (f) | paralajmërim (m) | [paralajmərím] |
| Warnschild (n) | shenjë paralajmëruese (f) | [ʃéɲə paralajmərúɛsɛ] |

Bewachung (f)	sigurim (m)	[sigurím]
Wächter (m)	roje sigurimi (m)	[rójɛ sigurími]
Alarmanlage (f)	alarm (m)	[alárm]

92. Burg. Palast

Schloss (n)	kështjellë (f)	[kəʃtjéɫə]
Palast (m)	pallat (m)	[paɫát]
Festung (f)	kala (f)	[kalá]

Mauer (f)	mur rrethues (m)	[mur rɛθúɛs]
Turm (m)	kullë (f)	[kúɫə]
Bergfried (m)	kulla e parë (f)	[kúɫa ɛ párə]

Fallgatter (n)	portë me hekura (f)	[pórtə mɛ hékura]
Tunnel (n)	nënkalim (m)	[nənkalím]
Graben (m)	kanal (m)	[kanál]
Kette (f)	zinxhir (m)	[zindʒír]
Schießscharte (f)	frëngji (f)	[frəɲʝí]

großartig, prächtig	e mrekullueshme	[ɛ mrɛkuɫúɛʃmɛ]
majestätisch	madhështore	[maðəʃtórɛ]
unnahbar	e padepërtueshme	[ɛ padɛpərtúɛʃmɛ]
mittelalterlich	mesjetare	[mɛsjɛtárɛ]

93. Wohnung

Wohnung (f)	apartament (m)	[apartamént]
Zimmer (n)	dhomë (f)	[ðómə]
Schlafzimmer (n)	dhomë gjumi (f)	[ðómə ʝúmi]
Esszimmer (n)	dhomë ngrënie (f)	[ðómə ŋrəníɛ]
Wohnzimmer (n)	dhomë ndeje (f)	[ðómə ndéjɛ]
Arbeitszimmer (n)	dhomë pune (f)	[ðómə púnɛ]
Vorzimmer (n)	hyrje (f)	[hýrjɛ]
Badezimmer (n)	banjo (f)	[báɲo]
Toilette (f)	tualet (m)	[tualét]

Decke (f)	tavan (m)	[taván]
Fußboden (m)	dysheme (f)	[dyʃemé]
Ecke (f)	qoshe (f)	[cóʃɛ]

94. Wohnung. Saubermachen

aufräumen (vt)	pastroj	[pastrój]
weglegen (vt)	vendos	[vɛndós]
Staub (m)	pluhur (m)	[plúhur]
staubig	e pluhurosur	[ɛ pluhurósur]
Staub abwischen	marr pluhurat	[mar plúhurat]
Staubsauger (m)	fshesë elektrike (f)	[ffésə ɛlɛktríkɛ]
Staub saugen	thith pluhurin	[θiθ plúhurin]
kehren, fegen (vt)	fshij	[ffíj]
Kehricht (m, n)	plehra (f)	[pléhra]
Ordnung (f)	rregull (m)	[régułf]
Unordnung (f)	rrëmujë (f)	[rəmújə]
Schrubber (m)	shtupë (f)	[ftúpə]
Lappen (m)	leckë (f)	[létskə]
Besen (m)	fshesë (f)	[ffésə]
Kehrichtschaufel (f)	kaci (f)	[katsí]

95. Möbel. Innenausstattung

Möbel (n)	orendi (f)	[orɛndí]
Tisch (m)	tryezë (f)	[tryézə]
Stuhl (m)	karrige (f)	[karígɛ]
Bett (n)	shtrat (m)	[ftrat]
Sofa (n)	divan (m)	[diván]
Sessel (m)	kolltuk (m)	[kołtúk]
Bücherschrank (m)	raft librash (m)	[ráft líbraf]
Regal (n)	sergjen (m)	[sɛɾjén]
Schrank (m)	garderobë (f)	[gardəróbə]
Hakenleiste (f)	varëse (f)	[várəsɛ]
Kleiderständer (m)	varëse xhaketash (f)	[várəsɛ dʒakétaf]
Kommode (f)	komodë (f)	[komódə]
Couchtisch (m)	tryezë e ulët (f)	[tryézə ɛ úlət]
Spiegel (m)	pasqyrë (f)	[pascýrə]
Teppich (m)	qilim (m)	[cilím]
Matte (kleiner Teppich)	tapet (m)	[tapét]
Kamin (m)	oxhak (m)	[odʒák]
Kerze (f)	qiri (m)	[círi]
Kerzenleuchter (m)	shandan (m)	[fandán]
Vorhänge (pl)	perde (f)	[pérdɛ]
Tapete (f)	tapiceri (f)	[tapitsɛrí]
Jalousie (f)	grila (f)	[gríla]
Tischlampe (f)	llambë tavoline (f)	[łámbə tavolínɛ]
Leuchte (f)	llambadar muri (m)	[łambadár múri]

Stehlampe (f)	llambadar (m)	[ɫambadár]
Kronleuchter (m)	llambadar (m)	[ɫambadár]

Bein (Tischbein usw.)	këmbë (f)	[kémbə]
Armlehne (f)	mbështetëse krahu (f)	[mbəʃtétəsɛ kráhu]
Lehne (f)	mbështetëse (f)	[mbəʃtétəsɛ]
Schublade (f)	sirtar (m)	[sirtár]

96. Bettwäsche

Bettwäsche (f)	çarçafë (pl)	[tʃartʃáfə]
Kissen (n)	jastëk (m)	[jasték]
Kissenbezug (m)	këllëf jastëku (m)	[kəɫəf jastéku]
Bettdecke (f)	jorgan (m)	[jorgán]
Laken (n)	çarçaf (m)	[tʃartʃáf]
Tagesdecke (f)	mbulesë (f)	[mbulésə]

97. Küche

Küche (f)	kuzhinë (f)	[kuʒínə]
Gas (n)	gaz (m)	[gaz]
Gasherd (m)	sobë me gaz (f)	[sóbə mɛ gaz]
Elektroherd (m)	sobë elektrike (f)	[sóbə ɛlɛktríkɛ]
Backofen (m)	furrë (f)	[fúrə]
Mikrowellenherd (m)	mikrovalë (f)	[mikroválə]

Kühlschrank (m)	frigorifer (m)	[frigorifér]
Tiefkühltruhe (f)	frigorifer (m)	[frigorifér]
Geschirrspülmaschine (f)	pjatalarëse (f)	[pjatalárəsɛ]

Fleischwolf (m)	grirëse mishi (f)	[grírəsɛ míʃi]
Saftpresse (f)	shtrydhëse frutash (f)	[ʃtrýðəsɛ frútaʃ]
Toaster (m)	toster (m)	[tostér]
Mixer (m)	mikser (m)	[miksér]

Kaffeemaschine (f)	makinë kafeje (f)	[makínə kaféjɛ]
Kaffeekanne (f)	kafetierë (f)	[kafɛtiérə]
Kaffeemühle (f)	mulli kafeje (f)	[muɫí káfɛjɛ]

Wasserkessel (m)	çajnik (m)	[tʃajník]
Teekanne (f)	çajnik (m)	[tʃajník]
Deckel (m)	kapak (m)	[kapák]
Teesieb (n)	sitë çaji (f)	[sítə tʃáji]

Löffel (m)	lugë (f)	[lúgə]
Teelöffel (m)	lugë çaji (f)	[lúgə tʃáji]
Esslöffel (m)	lugë gjelle (f)	[lúgə ɟéɫɛ]
Gabel (f)	pirun (m)	[pirún]
Messer (n)	thikë (f)	[θíkə]

Geschirr (n)	enë kuzhine (f)	[énə kuʒínɛ]
Teller (m)	pjatë (f)	[pjátə]

Untertasse (f)	pjatë filxhani (f)	[pjátə fildʒáni]
Schnapsglas (n)	potir (m)	[potír]
Glas (n)	gotë (f)	[gótə]
Tasse (f)	filxhan (m)	[fildʒán]

Zuckerdose (f)	tas për sheqer (m)	[tas pər ʃεcér]
Salzstreuer (m)	kripore (f)	[kripórε]
Pfefferstreuer (m)	enë piperi (f)	[énə pipéri]
Butterdose (f)	pjatë gjalpi (f)	[pjátə ɟálpi]

Kochtopf (m)	tenxhere (f)	[tεndʒérε]
Pfanne (f)	tigan (m)	[tigán]
Schöpflöffel (m)	garuzhdë (f)	[garúʒdə]
Durchschlag (m)	kullesë (f)	[kuɬésə]
Tablett (n)	tabaka (f)	[tabaká]

Flasche (f)	shishe (f)	[ʃíʃε]
Glas (Einmachglas)	kavanoz (m)	[kavanóz]
Dose (f)	kanoçe (f)	[kanótʃε]

Flaschenöffner (m)	hapëse shishesh (f)	[hapəsé ʃíʃεʃ]
Dosenöffner (m)	hapëse kanoçesh (f)	[hapəsé kanótʃεʃ]
Korkenzieher (m)	turjelë tapash (f)	[turjélə tápaʃ]
Filter (n)	filtër (m)	[fíltər]
filtern (vt)	filtroj	[filtrój]

| Müll (m) | pleh (m) | [plεh] |
| Mülleimer, Treteimer (m) | kosh plehrash (m) | [koʃ pléhraʃ] |

98. Bad

Badezimmer (n)	banjo (f)	[báɲo]
Wasser (n)	ujë (m)	[újə]
Wasserhahn (m)	rubinet (m)	[rubinét]
Warmwasser (n)	ujë i nxehtë (f)	[újə i ndzéhtə]
Kaltwasser (n)	ujë i ftohtë (f)	[újə i ftóhtə]

Zahnpasta (f)	pastë dhëmbësh (f)	[pástə ðémbəʃ]
Zähne putzen	laj dhëmbët	[laj ðémbət]
Zahnbürste (f)	furçë dhëmbësh (f)	[fúrtʃə ðémbəʃ]

sich rasieren	rruhem	[rúhεm]
Rasierschaum (m)	shkumë rroje (f)	[ʃkumə rójε]
Rasierer (m)	brisk (m)	[brísk]

waschen (vt)	laj duart	[laj dúart]
sich waschen	lahem	[láhεm]
Dusche (f)	dush (m)	[duʃ]
sich duschen	bëj dush	[bəj dúʃ]

Badewanne (f)	vaskë (f)	[váskə]
Klosettbecken (n)	tualet (m)	[tualét]
Waschbecken (n)	lavaman (m)	[lavamán]
Seife (f)	sapun (m)	[sapún]

Seifenschale (f)	pjatë sapuni (f)	[pjátə sapúni]
Schwamm (m)	sfungjer (m)	[sfunɟér]
Shampoo (n)	shampo (f)	[ʃampó]
Handtuch (n)	peshqir (m)	[pɛʃcír]
Bademantel (m)	peshqir trupi (m)	[pɛʃcír trúpi]

Wäsche (f)	larje (f)	[lárjɛ]
Waschmaschine (f)	makinë larëse (f)	[makínə lárəsɛ]
waschen (vt)	laj rroba	[laj róba]
Waschpulver (n)	detergjent (m)	[dɛtɛɾɟént]

99. Haushaltsgeräte

Fernseher (m)	televizor (m)	[tɛlɛvizór]
Tonbandgerät (n)	inçizues me shirit (m)	[intʃizúɛs mɛ ʃirít]
Videorekorder (m)	video regjistrues (m)	[vídɛo rɛɟistrúɛs]
Empfänger (m)	radio (f)	[rádio]
Player (m)	kasetofon (m)	[kasɛtofón]

Videoprojektor (m)	projektor (m)	[projɛktór]
Heimkino (n)	kinema shtëpie (f)	[kinɛmá ʃtəpíɛ]
DVD-Player (m)	DVD player (m)	[dividí plɛjər]
Verstärker (m)	amplifikator (m)	[amplifikatór]
Spielkonsole (f)	konsol video loje (m)	[konsól vídɛo lójɛ]

Videokamera (f)	videokamerë (f)	[vidɛokamérə]
Kamera (f)	aparat fotografik (m)	[aparát fotografík]
Digitalkamera (f)	kamerë digjitale (f)	[kamérə diɟitálɛ]

Staubsauger (m)	fshesë elektrike (f)	[fʃésə ɛlɛktríkɛ]
Bügeleisen (n)	hekur (m)	[hékur]
Bügelbrett (n)	tryezë për hekurosje (f)	[tryézə pər hɛkurósjɛ]

Telefon (n)	telefon (m)	[tɛlɛfón]
Mobiltelefon (n)	celular (m)	[tsɛlulár]
Schreibmaschine (f)	makinë shkrimi (f)	[makínə ʃkrími]
Nähmaschine (f)	makinë qepëse (f)	[makínə cépəsɛ]

Mikrophon (n)	mikrofon (m)	[mikrofón]
Kopfhörer (m)	kufje (f)	[kúfjɛ]
Fernbedienung (f)	telekomandë (f)	[tɛlɛkomándə]

CD (f)	CD (f)	[tsɛdé]
Kassette (f)	kasetë (f)	[kasétə]
Schallplatte (f)	pllakë gramafoni (f)	[pɬákə gramafóni]

100. Reparaturen. Renovierung

Renovierung (f)	renovim (m)	[rɛnovím]
renovieren (vt)	rinovoj	[rinovój]
reparieren (vt)	riparoj	[riparój]
in Ordnung bringen	rregulloj	[rɛguɬój]

noch einmal machen	ribëj	[ribéj]
Farbe (f)	bojë (f)	[bójə]
streichen (vt)	lyej	[lýɛj]
Anstreicher (m)	bojaxhi (m)	[bojadʒí]
Pinsel (m)	furçë (f)	[fúrtʃə]

Kalkfarbe (f)	gëlqere (f)	[gəlcérɛ]
weißen (vt)	lyej me gëlqere	[lýɛj mɛ gəlcérɛ]

Tapete (f)	tapiceri (f)	[tapitsɛrí]
tapezieren (vt)	vendos tapiceri	[vɛndós tapitsɛrí]
Lack (z.B. Parkettlack)	llak (m)	[ɫak]
lackieren (vt)	lustroj	[lustrój]

101. Rohrleitungen

Wasser (n)	ujë (m)	[újə]
Warmwasser (n)	ujë i nxehtë (f)	[újə i ndzéhtə]
Kaltwasser (n)	ujë i ftohtë (f)	[újə i ftóhtə]
Wasserhahn (m)	rubinet (m)	[rubinét]

Tropfen (m)	pikë uji (f)	[píkə úji]
tropfen (vi)	pikon	[pikón]
durchsickern (vi)	rrjedh	[rjéð]
Leck (n)	rrjedhje (f)	[rjéðjɛ]
Lache (f)	pellg (m)	[pɛɫg]

Rohr (n)	gyp (m)	[gyp]
Ventil (n)	valvulë (f)	[valvúlə]
sich verstopfen	bllokohet	[bɫokóhɛt]

Werkzeuge (pl)	vegla (pl)	[végla]
Engländer (m)	çelës anglez (m)	[tʃéləs aŋléz]
abdrehen (vt)	zhvidhos	[ʒviðós]
zudrehen (vt)	vidhos	[viðós]

reinigen (Rohre ~)	zhbllokoj	[ʒbɫokój]
Klempner (m)	hidraulik (m)	[hidraulík]
Keller (m)	qilar (m)	[cilár]
Kanalisation (f)	kanalizim (m)	[kanalizím]

102. Feuer. Brand

Feuer (n)	zjarr (m)	[zjar]
Flamme (f)	flakë (f)	[flákə]
Funke (m)	shkëndijë (f)	[ʃkəndíjə]
Rauch (m)	tym (m)	[tym]
Fackel (f)	pishtar (m)	[piʃtár]
Lagerfeuer (n)	zjarr kampingu (m)	[zjar kampíŋu]

Benzin (n)	benzinë (f)	[bɛnzínə]
Kerosin (n)	vajgur (m)	[vajgúr]

brennbar	djegëse	[djégəsɛ]
explosiv	shpërthyese	[ʃpərθýɛsɛ]
RAUCHEN VERBOTEN!	NDALOHET DUHANI	[ndalóhɛt duháni]

Sicherheit (f)	siguri (f)	[sigurí]
Gefahr (f)	rrezik (m)	[rɛzík]
gefährlich	i rrezikshëm	[i rɛzíkʃəm]

sich entflammen	merr flakë	[mɛr flákə]
Explosion (f)	shpërthim (m)	[ʃpərθím]
in Brand stecken	vë flakën	[və flákən]
Brandstifter (m)	zjarrvënës (m)	[zjarvénəs]
Brandstiftung (f)	zjarrvënie e qëllimshme (f)	[zjarvéniɛ ɛ cəłímʃmɛ]

flammen (vi)	flakëron	[flakərón]
brennen (vi)	digjet	[díɟɛt]
verbrennen (vi)	u dogj	[u doɟ]

die Feuerwehr rufen	telefonoj zjarrfikësit	[tɛlɛfonój zjarfíkəsit]
Feuerwehrmann (m)	zjarrfikës (m)	[zjarfíkəs]
Feuerwehrauto (n)	kamion zjarrfikës (m)	[kamión zjarfíkəs]
Feuerwehr (f)	zjarrfikës (m)	[zjarfíkəs]
Drehleiter (f)	shkallë e zjarrfikëses (f)	[ʃkáłə ɛ zjarfíkəsɛs]

Feuerwehrschlauch (m)	pompë e ujit (f)	[pómpə ɛ újit]
Feuerlöscher (m)	bombolë kundër zjarrit (f)	[bombólə kúndər zjárit]
Helm (m)	helmetë (f)	[hɛlmétə]
Sirene (f)	alarm (m)	[alárm]

schreien (vi)	bërtas	[bərtás]
um Hilfe rufen	thërras për ndihmë	[θərás pər ndíhmə]
Retter (m)	shpëtimtar (m)	[ʃpətimtár]
retten (vt)	shpëtoj	[ʃpətój]

ankommen (vi)	arrij	[aríj]
löschen (vt)	shuaj	[ʃúaj]
Wasser (n)	ujë (m)	[újə]
Sand (m)	rërë (f)	[rérə]

Trümmer (pl)	gërmadhë (f)	[gərmáðə]
zusammenbrechen (vi)	shembet	[ʃémbɛt]
einfallen (vi)	rrëzohem	[rəzóhɛm]
einstürzen (Decke)	shembet	[ʃémbɛt]

Bruchstück (n)	mbetje (f)	[mbétjɛ]
Asche (f)	hi (m)	[hi]

ersticken (vi)	asfiksim	[asfiksím]
ums Leben kommen	vdes	[vdɛs]

AKTIVITÄTEN DES MENSCHEN

Beruf. Geschäft. Teil 1

103. Büro. Arbeiten im Büro

Büro (Firmensitz)	zyrë (f)	[zýrǝ]
Büro (~ des Direktors)	zyrë (f)	[zýrǝ]
Rezeption (f)	recepsion (m)	[rɛtsɛpsión]
Sekretär (m)	sekretar (m)	[sɛkrɛtár]
Sekretärin (f)	sekretare (f)	[sɛkrɛtárɛ]
Direktor (m)	drejtor (m)	[drɛjtór]
Manager (m)	menaxher (m)	[mɛnadʒér]
Buchhalter (m)	kontabilist (m)	[kontabilíst]
Mitarbeiter (m)	punonjës (m)	[punóɲǝs]
Möbel (n)	orendi (f)	[orɛndí]
Tisch (m)	tavolinë pune (f)	[tavolínǝ púnɛ]
Schreibtischstuhl (m)	karrige pune (f)	[karígɛ púnɛ]
Rollcontainer (m)	njësi sirtarësh (f)	[ɲǝsí sirtárǝʃ]
Kleiderständer (m)	varëse xhaketash (f)	[várǝsɛ dʒakétaʃ]
Computer (m)	kompjuter (m)	[kompjutér]
Drucker (m)	printer (m)	[printér]
Fax (n)	aparat faksi (m)	[aparát fáksi]
Kopierer (m)	fotokopje (f)	[fotokópjɛ]
Papier (n)	letër (f)	[létǝr]
Büromaterial (n)	pajisje zyre (f)	[pajísjɛ zýrɛ]
Mousepad (n)	shtroje e mausit (f)	[ʃtrójɛ ɛ máusit]
Blatt (n) Papier	fletë (f)	[flétǝ]
Ordner (m)	dosje (f)	[dósjɛ]
Katalog (m)	katalog (m)	[katalóg]
Adressbuch (n)	numerator telefonik (m)	[numɛratór tɛlɛfoník]
Dokumentation (f)	dokumentacion (m)	[dokumɛntatsión]
Broschüre (f)	broshurë (f)	[broʃúrǝ]
Flugblatt (n)	fletëpalosje (f)	[flɛtǝpalósjɛ]
Muster (n)	mostër (f)	[móstǝr]
Training (n)	takim trajnimi (m)	[takím trajními]
Meeting (n)	takim (m)	[takím]
Mittagspause (f)	pushim dreke (m)	[puʃím drékɛ]
eine Kopie machen	bëj fotokopje	[bǝj fotokópjɛ]
vervielfältigen (vt)	shumëfishoj	[ʃumǝfiʃój]
ein Fax bekommen	marr faks	[mar fáks]
ein Fax senden	dërgoj faks	[dǝrgój fáks]

anrufen (vt)	telefonoj	[tɛlɛfonój]
antworten (vi)	përgjigjem	[pərɟíɟɛm]
verbinden (vt)	kaloj linjën	[kalój líɲən]

ausmachen (vt)	lë takim	[lə takím]
demonstrieren (vt)	tregoj	[trɛgój]
fehlen (am Arbeitsplatz ~)	mungoj	[muŋój]
Abwesenheit (f)	mungesë (f)	[muŋésə]

104. Geschäftsabläufe. Teil 1

| Geschäft (n) (z.B. ~ in Wolle) | biznes (m) | [biznés] |
| Angelegenheit (f) | profesion (m) | [profɛsión] |

Firma (f)	firmë (f)	[fírmə]
Gesellschaft (f)	kompani (f)	[kompaní]
Konzern (m)	korporatë (f)	[korporátə]
Unternehmen (n)	ndërmarrje (f)	[ndərmárjɛ]
Agentur (f)	agjenci (f)	[aɟɛntsí]

Vereinbarung (f)	marrëveshje (f)	[marəvéʃɛ]
Vertrag (m)	kontratë (f)	[kontrátə]
Geschäft (Transaktion)	marrëveshje (f)	[marəvéʃɛ]
Auftrag (Bestellung)	porosi (f)	[porosí]
Bedingung (f)	kushte (f)	[kúʃtɛ]

en gros (im Großen)	me shumicë	[mɛ ʃumítsə]
Großhandels-	me shumicë	[mɛ ʃumítsə]
Großhandel (m)	me shumicë (f)	[mɛ ʃumítsə]
Einzelhandels-	me pakicë	[mɛ pakítsə]
Einzelhandel (m)	me pakicë (f)	[mɛ pakítsə]

Konkurrent (m)	konkurrent (m)	[konkurént]
Konkurrenz (f)	konkurrencë (f)	[konkuréntsə]
konkurrieren (vi)	konkurroj	[konkurój]

| Partner (m) | ortak (m) | [orták] |
| Partnerschaft (f) | partneritet (m) | [partnɛritét] |

Krise (f)	krizë (f)	[krízə]
Bankrott (m)	falimentim (m)	[falimɛntím]
Bankrott machen	falimentoj	[falimɛntój]
Schwierigkeit (f)	vështirësi (f)	[vəʃtirəsí]
Problem (n)	problem (m)	[problém]
Katastrophe (f)	katastrofë (f)	[katastrófə]

Wirtschaft (f)	ekonomi (f)	[ɛkonomí]
wirtschaftlich	ekonomik	[ɛkonomík]
Rezession (f)	recesion ekonomik (m)	[rɛtsɛsión ɛkonomík]

Ziel (n)	qëllim (m)	[cəłím]
Aufgabe (f)	detyrë (f)	[dɛtýrə]
handeln (Handel treiben)	tregtoj	[trɛgtój]
Netz (Verkaufs-)	rrjet (m)	[rjét]

Lager (n)	inventar (m)	[invɛntár]
Sortiment (n)	gamë (f)	[gámə]

führende Unternehmen (n)	lider (m)	[lidér]
groß (-e Firma)	e madhe	[ɛ máðɛ]
Monopol (n)	monopol (m)	[monopól]

Theorie (f)	teori (f)	[tɛorí]
Praxis (f)	praktikë (f)	[praktíkə]
Erfahrung (f)	përvojë (f)	[pərvójə]
Tendenz (f)	trend (m)	[trɛnd]
Entwicklung (f)	zhvillim (m)	[ʒviłím]

105. Geschäftsabläufe. Teil 2

Vorteil (m)	fitim (m)	[fitím]
vorteilhaft	fitimprurës	[fitimprúrəs]

Delegation (f)	delegacion (m)	[dɛlɛgatsión]
Lohn (m)	pagë (f)	[págə]
korrigieren (vt)	korrigjoj	[koriɟój]
Dienstreise (f)	udhëtim pune (m)	[uðətím púnɛ]
Kommission (f)	komision (m)	[komisión]

kontrollieren (vt)	kontrolloj	[kontroɫój]
Konferenz (f)	konferencë (f)	[konfɛréntsə]
Lizenz (f)	licencë (f)	[litséntsə]
zuverlässig	i besueshëm	[i bɛsúɛʃəm]

Initiative (f)	nismë (f)	[nísmə]
Norm (f)	normë (f)	[nórmə]
Umstand (m)	rrethanë (f)	[rɛθánə]
Pflicht (f)	detyrë (f)	[dɛtýrə]

Unternehmen (n)	organizatë (f)	[organizátə]
Organisation (Prozess)	organizativ (m)	[organizatív]
organisiert (Adj)	i organizuar	[i organizúar]
Abschaffung (f)	anulim (m)	[anulím]
abschaffen (vt)	anuloj	[anulój]
Bericht (m)	raport (m)	[rapórt]

Patent (n)	patentë (f)	[paténtə]
patentieren (vt)	patentoj	[patɛntój]
planen (vt)	planifikoj	[planifikój]

Prämie (f)	bonus (m)	[bonús]
professionell	profesional	[profɛsionál]
Prozedur (f)	procedurë (f)	[protsɛdúrə]

prüfen (Vertrag ~)	shqyrtoj	[ʃcyrtój]
Berechnung (f)	llogaritje (f)	[ɫogarítjɛ]
Ruf (m)	reputacion (m)	[rɛputatsión]
Risiko (n)	rrezik (m)	[rɛzík]
leiten (vt)	drejtoj	[drɛjtój]

Informationen (pl)	informacion (m)	[informatsión]
Eigentum (n)	pronë (f)	[prónə]
Bund (m)	bashkim (m)	[baʃkím]

Lebensversicherung (f)	sigurim jete (m)	[sigurím jétɛ]
versichern (vt)	siguroj	[sigurój]
Versicherung (f)	sigurim (m)	[sigurím]

Auktion (f)	ankand (m)	[ankánd]
benachrichtigen (vt)	njoftoj	[ɲoftój]
Verwaltung (f)	menaxhim (m)	[mɛnadʒím]
Dienst (m)	shërbim (m)	[ʃərbím]

Forum (n)	forum (m)	[forúm]
funktionieren (vi)	funksionoj	[funksionój]
Etappe (f)	fazë (f)	[fázə]
juristisch	ligjor	[liɟór]
Jurist (m)	avokat (m)	[avokát]

106. Fertigung. Arbeiten

Werk (n)	uzinë (f)	[uzínə]
Fabrik (f)	fabrikë (f)	[fabríkə]
Werkstatt (f)	punëtori (f)	[punətorí]
Betrieb (m)	punishte (f)	[puníʃtɛ]

Industrie (f)	industri (f)	[industrí]
Industrie-	industrial	[industriál]
Schwerindustrie (f)	industri e rëndë (f)	[industrí ɛ rəndə]
Leichtindustrie (f)	industri e lehtë (f)	[industrí ɛ léhtə]

Produktion (f)	produkt (m)	[prodúkt]
produzieren (vt)	prodhoj	[proðój]
Rohstoff (m)	lëndë e parë (f)	[léndə ɛ párə]

Vorarbeiter (m), Meister (m)	përgjegjës (m)	[pərɟéɟəs]
Arbeitsteam (n)	skuadër (f)	[skuádər]
Arbeiter (m)	punëtor (m)	[punətór]

Arbeitstag (m)	ditë pune (f)	[dítə púnɛ]
Pause (f)	pushim (m)	[puʃím]
Versammlung (f)	mbledhje (f)	[mbléðjɛ]
besprechen (vt)	diskutoj	[diskutój]

Plan (m)	plan (m)	[plan]
den Plan erfüllen	përmbush planin	[pərmbúʃ plánin]
Arbeitsertrag (m)	normë prodhimi (f)	[nórmə proðími]
Qualität (f)	cilësi (f)	[tsiləsí]
Prüfung, Kontrolle (f)	kontroll (m)	[kontrót]
Gütekontrolle (f)	kontroll cilësie (m)	[kontrót tsiləsíɛ]

Arbeitsplatzsicherheit (f)	siguri në punë (f)	[sigurí nə púnə]
Disziplin (f)	disiplinë (f)	[disiplínə]
Übertretung (f)	thyerje rregullash (f)	[θýɛrjɛ régutaʃ]

übertreten (vt)	thyej rregullat	[θýɛj régułat]
Streik (m)	grevë (f)	[grévə]
Streikender (m)	grevist (m)	[grɛvíst]
streiken (vi)	jam në grevë	[jam nə grévə]
Gewerkschaft (f)	sindikatë punëtorësh (f)	[sindikátə punətórəʃ]

erfinden (vt)	shpik	[ʃpik]
Erfindung (f)	shpikje (f)	[ʃpíkjɛ]
Erforschung (f)	kërkim (m)	[kərkím]
verbessern (vt)	përmirësoj	[pərmirəsój]
Technologie (f)	teknologji (f)	[tɛknoloʝí]
technische Zeichnung (f)	vizatim teknik (m)	[vizatím tɛkník]

Ladung (f)	ngarkesë (f)	[ŋarkésə]
Ladearbeiter (m)	ngarkues (m)	[ŋarkúɛs]
laden (vt)	ngarkoj	[ŋarkój]
Beladung (f)	ngarkimi	[ŋarkími]
entladen (vt)	shkarkoj	[ʃkarkój]
Entladung (f)	shkarkim (m)	[ʃkarkím]

Transport (m)	transport (m)	[transpórt]
Transportunternehmen (n)	agjenci transporti (f)	[aɟɛntsí transpórti]
transportieren (vt)	transportoj	[transportój]

Güterwagen (m)	vagon mallrash (m)	[vagón máłraʃ]
Zisterne (f)	cisternë (f)	[tsistérnə]
Lastkraftwagen (m)	kamion (m)	[kamión]

Werkzeugmaschine (f)	makineri veglash (f)	[makinɛrí vɛgláʃ]
Mechanismus (m)	mekanizëm (m)	[mɛkanízəm]

Industrieabfälle (pl)	mbetje industriale (f)	[mbétjɛ industriálɛ]
Verpacken (n)	paketim (m)	[pakɛtím]
verpacken (vt)	paketoj	[pakɛtój]

107. Vertrag. Zustimmung

Vertrag (m), Auftrag (m)	kontratë (f)	[kontrátə]
Vereinbarung (f)	marrëveshje (f)	[marəvéʃjɛ]
Anhang (m)	shtojcë (f)	[ʃtójtsə]

einen Vertrag abschließen	nënshkruaj një kontratë	[nənʃkrúaj ɲə kontrátə]
Unterschrift (f)	nënshkrim (m)	[nənʃkrím]
unterschreiben (vt)	nënshkruaj	[nənʃkrúaj]
Stempel (m)	vulë (f)	[vúlə]

Vertragsgegenstand (m)	objekt i kontratës (m)	[objékt i kontrátəs]
Punkt (m)	kusht (m)	[kuʃt]
Parteien (pl)	palët (m)	[páłət]
rechtmäßige Anschrift (f)	adresa zyrtare (f)	[adrésa zyrtárɛ]

Vertrag brechen	mosrespektim kontrate	[mosrɛspɛktím kontrátɛ]
Verpflichtung (f)	detyrim (m)	[dɛtyrím]
Verantwortlichkeit (f)	përgjegjësi (f)	[pərɟɛɟəsí]

Force majeure (f)	forcë madhore (f)	[fórtsə maðórɛ]
Streit (m)	mosmarrëveshje (f)	[mosmarəvéʃjɛ]
Strafsanktionen (pl)	ndëshkime (pl)	[ndəʃkímɛ]

108. Import & Export

Import (m)	import (m)	[impórt]
Importeur (m)	importues (m)	[importúɛs]
importieren (vt)	importoj	[importój]
Import-	i importuar	[i importúar]

Export (m)	eksport (m)	[ɛksport]
Exporteur (m)	eksportues (m)	[ɛksportúɛs]
exportieren (vt)	eksportoj	[ɛksportój]
Export-	i eksportuar	[i ɛksportúar]

| Waren (pl) | mallra (pl) | [máɫra] |
| Partie (f), Ladung (f) | ngarkesë (f) | [ŋarkésə] |

Gewicht (n)	peshë (f)	[péʃə]
Volumen (n)	vëllim (m)	[vəɫím]
Kubikmeter (m)	metër kub (m)	[métər kúb]

Hersteller (m)	prodhues (m)	[proðúɛs]
Transportunternehmen (n)	agjenci transporti (f)	[aɟɛntsí transpórti]
Container (m)	kontejner (m)	[kontɛjnér]

Grenze (f)	kufi (m)	[kufí]
Zollamt (n)	doganë (f)	[dogánə]
Zoll (m)	taksë doganore (f)	[táksə doganórɛ]
Zollbeamter (m)	doganier (m)	[doganiér]
Schmuggel (m)	trafikim (m)	[trafikím]
Schmuggelware (f)	kontrabandë (f)	[kontrabándə]

109. Finanzen

Aktie (f)	stok (m)	[stok]
Obligation (f)	certifikatë valutore (f)	[tsɛrtifikátə valutórɛ]
Wechsel (m)	letër me vlerë (f)	[létər mɛ vlérə]

| Börse (f) | bursë (f) | [búrsə] |
| Aktienkurs (m) | çmimi i stokut (m) | [tʃmími i stókut] |

| billiger werden | ulet | [úlɛt] |
| teuer werden | rritet | [rítɛt] |

| Anteil (m) | kuotë (f) | [kuótə] |
| Mehrheitsbeteiligung (f) | përqindje kontrolluese (f) | [pərcíndjɛ kontroɫúɛsɛ] |

Investitionen (pl)	investim (m)	[invɛstím]
investieren (vt)	investoj	[invɛstój]
Prozent (n)	përqindje (f)	[pərcíndjɛ]

Zinsen (pl)	interes (m)	[intɛrés]
Gewinn (m)	fitim (m)	[fitím]
gewinnbringend	fitimprurës	[fitimprúrəs]
Steuer (f)	taksë (f)	[táksə]

Währung (f)	valutë (f)	[valútə]
Landes-	kombëtare	[kombətárɛ]
Geldumtausch (m)	këmbim valute (m)	[kəmbím valútɛ]

Buchhalter (m)	kontabilist (m)	[kontabilíst]
Buchhaltung (f)	kontabilitet (m)	[kontabilitét]

Bankrott (m)	falimentim (m)	[falimɛntím]
Zusammenbruch (m)	kolaps (m)	[koláps]
Pleite (f)	rrënim (m)	[rəním]
pleite gehen	rrënohem	[rənóhɛm]
Inflation (f)	inflacion (m)	[inflatsión]
Abwertung (f)	zhvlerësim (m)	[ʒvlɛrəsím]

Kapital (n)	kapital (m)	[kapitál]
Einkommen (n)	të ardhura (f)	[tə árðura]
Umsatz (m)	qarkullim (m)	[carkuɬím]
Mittel (Reserven)	burime (f)	[burímɛ]
Geldmittel (pl)	burime monetare (f)	[burímɛ monɛtárɛ]

Gemeinkosten (pl)	shpenzime bazë (f)	[ʃpɛnzímɛ bázə]
reduzieren (vt)	zvogëloj	[zvogəlój]

110. Marketing

Marketing (n)	marketing (m)	[markɛtíŋ]
Markt (m)	treg (m)	[trɛg]
Marktsegment (n)	segment tregu (m)	[sɛgmént trégu]
Produkt (n)	produkt (m)	[prodúkt]
Waren (pl)	mallra (pl)	[máɬra]

Schutzmarke (f)	markë (f)	[márkə]
Handelsmarke (f)	markë tregtare (f)	[márkə trɛgtárɛ]
Firmenzeichen (n)	logo (f)	[lógo]
Logo (n)	logo (f)	[lógo]

Nachfrage (f)	kërkesë (f)	[kərkésə]
Angebot (n)	furnizim (m)	[furnizím]
Bedürfnis (n)	nevojë (f)	[nɛvójə]
Verbraucher (m)	konsumator (m)	[konsumatór]

Analyse (f)	analizë (f)	[analízə]
analysieren (vt)	analizoj	[analizój]
Positionierung (f)	vendosje (f)	[vɛndósjɛ]
positionieren (vt)	vendos	[vɛndós]

Preis (m)	çmim (m)	[tʃmím]
Preispolitik (f)	politikë e çmimeve (f)	[politikə ɛ tʃmímɛvɛ]
Preisbildung (f)	formim i çmimit (m)	[formím i tʃmímit]

111. Werbung

Werbung (f)	reklamë (f)	[rɛklámə]
werben (vt)	reklamoj	[rɛklamój]
Budget (n)	buxhet (m)	[budʒét]
Werbeanzeige (f)	reklamë (f)	[rɛklámə]
Fernsehwerbung (f)	reklamë televizive (f)	[rɛklámə tɛlɛvizívɛ]
Radiowerbung (f)	reklamë në radio (f)	[rɛklámə nə rádio]
Außenwerbung (f)	reklamë ambientale (f)	[rɛklámə ambiɛntálɛ]
Massenmedien (pl)	masmedia (f)	[masmédia]
Zeitschrift (f)	botim periodik (m)	[botím pɛriodík]
Image (n)	imazh (m)	[imáʒ]
Losung (f)	slogan (m)	[slogán]
Motto (n)	moto (f)	[móto]
Kampagne (f)	fushatë (f)	[fuʃátə]
Werbekampagne (f)	fushatë reklamuese (f)	[fuʃátə rɛklamúɛsɛ]
Zielgruppe (f)	grup i synuar (m)	[grup i synúar]
Visitenkarte (f)	kartëvizitë (f)	[kartəvizítə]
Flugblatt (n)	fletëpalosje (f)	[flɛtəpalósjɛ]
Broschüre (f)	broshurë (f)	[broʃúrə]
Faltblatt (n)	pamflet (m)	[pamflét]
Informationsblatt (n)	buletin (m)	[bulɛtín]
Firmenschild (n)	tabelë (f)	[tabélə]
Plakat (n)	poster (m)	[postér]
Werbeschild (n)	tabelë reklamash (f)	[tabélə rɛklámaʃ]

112. Bankgeschäft

Bank (f)	bankë (f)	[bánkə]
Filiale (f)	degë (f)	[dégə]
Berater (m)	punonjës banke (m)	[punóɲəs bánkɛ]
Leiter (m)	drejtor (m)	[drɛjtór]
Konto (n)	llogari bankare (f)	[ɫogarí bankárɛ]
Kontonummer (f)	numër llogarie (m)	[númər ɫogaríɛ]
Kontokorrent (n)	llogari rrjedhëse (f)	[ɫogarí rjéðəsɛ]
Sparkonto (n)	llogari kursimesh (f)	[ɫogarí kursímɛʃ]
ein Konto eröffnen	hap një llogari	[hap ɲə ɫogarí]
das Konto schließen	mbyll një llogari	[mbýɫ ɲə ɫogarí]
einzahlen (vt)	depozitoj në llogari	[dɛpozitój nə ɫogarí]
abheben (vt)	tërheq	[tərhéc]
Einzahlung (f)	depozitë (f)	[dɛpozítə]
eine Einzahlung machen	kryej një depozitim	[krýɛj ɲə dɛpozitím]
Überweisung (f)	transfer bankar (m)	[transfér bankár]

überweisen (vt)	transferoj para	[transfɛrój pará]
Summe (f)	shumë (f)	[ʃúmə]
Wieviel?	Sa?	[sa?]

| Unterschrift (f) | nënshkrim (m) | [nənʃkrím] |
| unterschreiben (vt) | nënshkruaj | [nənʃkrúaj] |

Kreditkarte (f)	kartë krediti (f)	[kártə krɛdíti]
Code (m)	kodi PIN (m)	[kódi pin]
Kreditkartennummer (f)	numri i kartës së kreditit (m)	[númri i kártəs sə krɛdítit]
Geldautomat (m)	bankomat (m)	[bankomát]

Scheck (m)	çek (m)	[tʃɛk]
einen Scheck schreiben	lëshoj një çek	[ləʃój ɲə tʃék]
Scheckbuch (n)	bllok çeqesh (m)	[bɫók tʃécɛʃ]

Darlehen (m)	kredi (f)	[krɛdí]
ein Darlehen beantragen	aplikoj për kredi	[aplikój pər krɛdí]
ein Darlehen aufnehmen	marr kredi	[mar krɛdí]
ein Darlehen geben	jap kredi	[jap krɛdí]
Sicherheit (f)	garanci (f)	[garantsí]

113. Telefon. Telefongespräche

Telefon (n)	telefon (m)	[tɛlɛfón]
Mobiltelefon (n)	celular (m)	[tsɛlulár]
Anrufbeantworter (m)	sekretari telefonike (f)	[sɛkrɛtarí tɛlɛfoníkɛ]

| anrufen (vt) | telefonoj | [tɛlɛfonój] |
| Anruf (m) | telefonatë (f) | [tɛlɛfonátə] |

eine Nummer wählen	i bie numrit	[i bíɛ númrit]
Hallo!	Përshëndetje!	[pərʃəndétjɛ!]
fragen (vt)	pyes	[pýɛs]
antworten (vi)	përgjigjem	[pərɟíɟɛm]
hören (vt)	dëgjoj	[dəɟój]
gut (~ aussehen)	mirë	[mírə]
schlecht (Adv)	jo mirë	[jo mírə]
Störungen (pl)	zhurmë (f)	[ʒúrmə]

Hörer (m)	marrës (m)	[márəs]
den Hörer abnehmen	ngre telefonin	[ŋré tɛlɛfónin]
auflegen (den Hörer ~)	mbyll telefonin	[mbýɫ tɛlɛfónin]

besetzt	i zënë	[i zə́nə]
läuten (vi)	bie zilja	[bíɛ zílja]
Telefonbuch (n)	numerator telefonik (m)	[numɛratór tɛlɛfoník]

Orts-	lokale	[lokálɛ]
Ortsgespräch (n)	thirrje lokale (f)	[θírjɛ lokálɛ]
Auslands-	ndërkombëtar	[ndərkombətár]
Auslandsgespräch (n)	thirrje ndërkombëtare (f)	[θírjɛ ndərkombətárɛ]
Fern-	distancë e largët	[distántsə ɛ lárgət]
Ferngespräch (n)	thirrje në distancë (f)	[θírjɛ nə distántsə]

114. Mobiltelefon

Mobiltelefon (n)	celular (m)	[tsɛlulár]
Display (n)	ekran (m)	[ɛkrán]
Knopf (m)	buton (m)	[butón]
SIM-Karte (f)	karta SIM (m)	[kárta sim]
Batterie (f)	bateri (f)	[batɛrí]
leer sein (Batterie)	e shkarkuar	[ɛ ʃkarkúar]
Ladegerät (n)	karikues (m)	[karikúɛs]
Menü (n)	menu (f)	[mɛnú]
Einstellungen (pl)	parametra (f)	[paramétra]
Melodie (f)	melodi (f)	[mɛlodí]
auswählen (vt)	përzgjedh	[pərzɟéð]
Rechner (m)	makinë llogaritëse (f)	[makínə ɫogarítəsɛ]
Anrufbeantworter (m)	postë zanore (f)	[póstə zanórɛ]
Wecker (m)	alarm (m)	[alárm]
Kontakte (pl)	kontakte (pl)	[kontáktɛ]
SMS-Nachricht (f)	SMS (m)	[ɛsɛmɛs]
Teilnehmer (m)	abonent (m)	[abonént]

115. Bürobedarf

Kugelschreiber (m)	stilolaps (m)	[stiloláps]
Federhalter (m)	stilograf (m)	[stilográf]
Bleistift (m)	laps (m)	[láps]
Faserschreiber (m)	shënjues (m)	[ʃəɲúɛs]
Filzstift (m)	tushë me bojë (f)	[túʃə mɛ bójə]
Notizblock (m)	bllok shënimesh (m)	[bɫók ʃənímɛʃ]
Terminkalender (m)	agjendë (f)	[aɟéndə]
Lineal (n)	vizore (f)	[vizórɛ]
Rechner (m)	makinë llogaritëse (f)	[makínə ɫogarítəsɛ]
Radiergummi (m)	gomë (f)	[gómə]
Reißzwecke (f)	pineskë (f)	[pinéskə]
Heftklammer (f)	kapëse fletësh (f)	[kápəsɛ flétəʃ]
Klebstoff (m)	ngjitës (m)	[nɟítəs]
Hefter (m)	ngjitës metalik (m)	[nɟítəs mɛtalík]
Locher (m)	hapës vrimash (f)	[hápəs vrímaʃ]
Bleistiftspitzer (m)	mprehëse lapsash (m)	[mpréhəsɛ lápsaʃ]

116. Verschiedene Dokumente

Bericht (m)	raport (m)	[rapórt]
Abkommen (n)	marrëveshje (f)	[marəvéʃɛ]

Anmeldeformular (n)	aplikacion (m)	[aplikatsión]
Original-	autentike	[autɛntíkɛ]
Namensschild (n)	kartë identifikimi (f)	[kártə idɛntifikími]
Visitenkarte (f)	kartëvizitë (f)	[kartəvizítə]

Zertifikat (n)	certifikatë (f)	[tsɛrtifikátə]
Scheck (m)	çek (m)	[tʃɛk]
Rechnung (im Restaurant)	llogari (f)	[ɫogarí]
Verfassung (f)	kushtetutë (f)	[kuʃtɛtútə]

Vertrag (m)	kontratë (f)	[kontrátə]
Kopie (f)	kopje (f)	[kópjɛ]
Kopie (~ des Vertrages)	kopje (f)	[kópjɛ]

Zolldeklaration (f)	deklarim doganor (m)	[dɛklarím doganór]
Dokument (n)	dokument (m)	[dokumént]
Führerschein (m)	patentë shoferi (f)	[paténtə ʃoféri]
Anlage (f)	shtojcë (f)	[ʃtójtsə]
Fragebogen (m)	formular (m)	[formulár]

Ausweis (m)	letërnjoftim (m)	[lɛtərɲoftím]
Anfrage (f)	kërkesë (f)	[kərkésə]
Einladungskarte (f)	ftesë (f)	[ftésə]
Rechnung (von Firma)	faturë (f)	[fatúrə]

Gesetz (n)	ligj (m)	[liɟ]
Brief (m)	letër (f)	[létər]
Briefbogen (n)	kryeradhë (f)	[kryɛráðə]
Liste (schwarze ~)	listë (f)	[lístə]
Manuskript (n)	dorëshkrim (m)	[dorəʃkrím]
Informationsblatt (n)	buletin (m)	[bulɛtín]
Zettel (m)	shënim (m)	[ʃəním]

Passierschein (m)	lejekalim (m)	[lɛjɛkalím]
Pass (m)	pasaportë (f)	[pasapórtə]
Erlaubnis (f)	leje (f)	[léjɛ]
Lebenslauf (m)	resume (f)	[rɛsumé]
Schuldschein (m)	shënim borxhi (m)	[ʃəním bórdʒi]
Quittung (f)	faturë (f)	[fatúrə]

Kassenzettel (m)	faturë shitjesh (f)	[fatúrə ʃítjɛʃ]
Bericht (m)	raport (m)	[rapórt]

vorzeigen (vt)	tregoj	[trɛgój]
unterschreiben (vt)	nënshkruaj	[nənʃkrúaj]
Unterschrift (f)	nënshkrim (m)	[nənʃkrím]
Stempel (m)	vulë (f)	[vúlə]

Text (m)	tekst (m)	[tɛkst]
Eintrittskarte (f)	biletë (f)	[bilétə]

streichen (vt)	fshij	[fʃíj]
ausfüllen (vt)	plotësoj	[plotəsój]

Frachtbrief (m)	faturë dërgese (f)	[fatúrə dərgésɛ]
Testament (n)	testament (m)	[tɛstamént]

117. Geschäftsarten

Buchführung (f)	kontabilitet (m)	[kontabilitét]
Werbung (f)	reklamë (f)	[rɛklámə]
Werbeagentur (f)	agjenci reklamash (f)	[aɟɛntsí rɛklámaʃ]
Klimaanlagen (pl)	kondicioner (m)	[konditsionér]
Fluggesellschaft (f)	kompani ajrore (f)	[kompaní ajróɾɛ]
Spirituosen (pl)	pije alkoolike (pl)	[píjɛ alkoólikɛ]
Antiquitäten (pl)	antikitete (pl)	[antikitétɛ]
Kunstgalerie (f)	galeri e artit (f)	[galɛrí ɛ ártit]
Rechnungsprüfung (f)	shërbime auditimi (pl)	[ʃərbíme auditími]
Bankwesen (n)	industri bankare (f)	[industrí bankárɛ]
Bar (f)	lokal (m)	[lokál]
Schönheitssalon (m)	sallon bukurie (m)	[saɫón bukuríɛ]
Buchhandlung (f)	librari (f)	[librarí]
Bierbrauerei (f)	birrari (f)	[birarí]
Bürogebäude (n)	qendër biznesi (f)	[céndər biznési]
Business-Schule (f)	shkollë biznesi (f)	[ʃkóɫə biznési]
Kasino (n)	kazino (f)	[kazíno]
Bau (m)	ndërtim (m)	[ndərtím]
Beratung (f)	konsulencë (f)	[konsuléntsə]
Stomatologie (f)	klinikë dentare (f)	[kliníkə dɛntárɛ]
Design (n)	dizajn (m)	[dizájn]
Apotheke (f)	farmaci (f)	[farmatsí]
chemische Reinigung (f)	pastrim kimik (m)	[pastrím kimík]
Personalagentur (f)	agjenci punësimi (f)	[aɟɛntsí punəsími]
Finanzdienstleistungen (pl)	shërbime financiare (pl)	[ʃərbíme finantsiárɛ]
Nahrungsmittel (pl)	mallra ushqimore (f)	[máɫra uʃcimórɛ]
Bestattungsinstitut (n)	agjenci funeralesh (f)	[aɟɛntsí funɛráleʃ]
Möbel (n)	orendi (f)	[orɛndí]
Kleidung (f)	rroba (f)	[róba]
Hotel (n)	hotel (m)	[hotél]
Eis (n)	akullore (f)	[akuɫórɛ]
Industrie (f)	industri (f)	[industrí]
Versicherung (f)	sigurim (m)	[sigurím]
Internet (n)	internet (m)	[intɛrnét]
Investitionen (pl)	investim (m)	[invɛstím]
Juwelier (m)	argjendar (m)	[arɟɛndár]
Juwelierwaren (pl)	bizhuteri (f)	[biʒutɛrí]
Wäscherei (f)	lavanteri (f)	[lavantɛrí]
Rechtsberatung (f)	këshilltar ligjor (m)	[kəʃiɫtár liɟór]
Leichtindustrie (f)	industri e lehtë (f)	[industrí ɛ léhtə]
Zeitschrift (f)	revistë (f)	[rɛvístə]
Versandhandel (m)	shitje me katalog (f)	[ʃítjɛ mɛ katalóg]
Medizin (f)	mjekësi (f)	[mjɛkəsí]
Kino (Filmtheater)	kinema (f)	[kinɛmá]
Museum (n)	muze (f)	[muzé]

Nachrichtenagentur (f)	agjenci lajmesh (f)	[aɟɛntsí lájmɛʃ]
Zeitung (f)	gazetë (f)	[gazétə]
Nachtklub (m)	klub nate (m)	[klúb nátɛ]
Erdöl (n)	naftë (f)	[náftə]
Kurierdienst (m)	shërbime postare (f)	[ʃərbímɛ postárɛ]
Pharmaindustrie (f)	industria farmaceutike (f)	[industría farmatsɛutíkɛ]
Druckindustrie (f)	shtyp (m)	[ʃtyp]
Verlag (m)	shtëpi botuese (f)	[ʃtəpí botúɛsɛ]
Rundfunk (m)	radio (f)	[rádio]
Immobilien (pl)	patundshmëri (f)	[patundʃmərí]
Restaurant (n)	restorant (m)	[rɛstoránt]
Sicherheitsagentur (f)	kompani sigurimi (f)	[kompaní sigurími]
Sport (m)	sport (m)	[sport]
Börse (f)	bursë (f)	[búrsə]
Laden (m)	dyqan (m)	[dycán]
Supermarkt (m)	supermarket (m)	[supɛrmarkét]
Schwimmbad (n)	pishinë (f)	[piʃínə]
Atelier (n)	rrobaqepësi (f)	[robacɛpəsí]
Fernsehen (n)	televizor (m)	[tɛlɛvizór]
Theater (n)	teatër (m)	[tɛátər]
Handel (m)	tregti (f)	[trɛgtí]
Transporte (pl)	transport (m)	[transpórt]
Reisen (pl)	udhëtim (m)	[uðətím]
Tierarzt (m)	veteriner (m)	[vɛtɛrinér]
Warenlager (n)	magazinë (f)	[magazínə]
Müllabfuhr (f)	mbledhja e mbeturinave (f)	[mbléðja ɛ mbɛturínavɛ]

Arbeit. Geschäft. Teil 2

118. Show. Ausstellung

Ausstellung (f)	ekspozitë (f)	[ɛkspozítə]
Handelsausstellung (f)	panair (m)	[panaír]
Teilnahme (f)	pjesëmarrje (f)	[pjɛsəmárjɛ]
teilnehmen (vi)	marr pjesë	[mar pjésə]
Teilnehmer (m)	pjesëmarrës (m)	[pjɛsəmárəs]
Direktor (m)	drejtor (m)	[drɛjtór]
Messeverwaltung (f)	zyra drejtuese (f)	[zýra drɛjtúɛsɛ]
Organisator (m)	organizator (m)	[organizatór]
veranstalten (vt)	organizoj	[organizój]
Anmeldeformular (n)	kërkesë për pjesëmarrje (f)	[kərkésə pər pjɛsəmárjɛ]
ausfüllen (vt)	plotësoj	[plotəsój]
Details (pl)	hollësi (pl)	[hoɬəsí]
Information (f)	informacion (m)	[informatsión]
Preis (m)	çmim (m)	[tʃmím]
einschließlich	përfshirë	[pərfʃírə]
einschließen (vt)	përfshij	[pərfʃíj]
zahlen (vt)	paguaj	[pagúaj]
Anmeldegebühr (f)	taksa e regjistrimit (f)	[táksa ɛ rɛɟistrímit]
Eingang (m)	hyrje (f)	[hýrjɛ]
Pavillon (m)	pavijon (m)	[pavijón]
registrieren (vt)	regjistroj	[rɛɟistrój]
Namensschild (n)	kartë identifikimi (f)	[kártə idɛntifikími]
Stand (m)	kioskë (f)	[kióskə]
reservieren (vt)	rezervoj	[rɛzɛrvój]
Vitrine (f)	vitrinë (f)	[vitrínə]
Strahler (m)	dritë (f)	[drítə]
Design (n)	dizajn (m)	[dizájn]
stellen (vt)	vendos	[vɛndós]
gelegen sein	vendosur	[vɛndósur]
Distributor (m)	distributor (m)	[distributór]
Lieferant (m)	furnitor (m)	[furnitór]
liefern (vt)	furnizoj	[furnizój]
Land (n)	shtet (m)	[ʃtɛt]
ausländisch	huaj	[húaj]
Produkt (n)	produkt (m)	[prodúkt]
Assoziation (f)	shoqatë (f)	[ʃocátə]
Konferenzraum (m)	sallë konference (f)	[sáɬə konfɛréntsɛ]

| Kongress (m) | kongres (m) | [koŋrés] |
| Wettbewerb (m) | konkurs (m) | [konkúrs] |

Besucher (m)	vizitor (m)	[vizitór]
besuchen (vt)	vizitoj	[vizitój]
Auftraggeber (m)	klient (m)	[kliént]

119. Massenmedien

Zeitung (f)	gazetë (f)	[gazétə]
Zeitschrift (f)	revistë (f)	[rɛvístə]
Presse (f)	shtyp (m)	[ʃtyp]
Rundfunk (m)	radio (f)	[rádio]
Rundfunkstation (f)	radio stacion (m)	[rádio statsión]
Fernsehen (n)	televizor (m)	[tɛlɛvizór]

Moderator (m)	prezantues (m)	[prɛzantúɛs]
Sprecher (m)	prezantues lajmesh (m)	[prɛzantúɛs lájmɛʃ]
Kommentator (m)	komentues (m)	[komɛntúɛs]

Journalist (m)	gazetar (m)	[gazɛtár]
Korrespondent (m)	reporter (m)	[rɛportér]
Bildberichterstatter (m)	fotograf gazetar (m)	[fotográf gazɛtár]
Reporter (m)	reporter (m)	[rɛportér]

| Redakteur (m) | redaktor (m) | [rɛdaktór] |
| Chefredakteur (m) | kryeredaktor (m) | [kryɛrɛdaktór] |

abonnieren (vt)	abonohem	[abonóhɛm]
Abonnement (n)	abonim (m)	[aboním]
Abonnent (m)	abonent (m)	[abonént]
lesen (vi, vt)	lexoj	[lɛdzój]
Leser (m)	lexues (m)	[lɛdzúɛs]

Auflage (f)	qarkullim (m)	[carkuɬím]
monatlich (Adj)	mujore	[mujórɛ]
wöchentlich (Adj)	javor	[javór]
Ausgabe (Zeitschrift)	edicion (m)	[ɛditsión]
neueste (~ Ausgabe)	i ri	[i rí]

Titel (m)	kryeradhë (f)	[kryɛráðə]
Notiz (f)	artikull i shkurtër (m)	[artíkuɬ i ʃkúrtər]
Rubrik (f)	rubrikë (f)	[rubríkə]
Artikel (m)	artikull (m)	[artíkuɬ]
Seite (f)	faqe (f)	[fácɛ]

Reportage (f)	reportazh (m)	[rɛportáʒ]
Ereignis (n)	ceremoni (f)	[tsɛrɛmoní]
Sensation (f)	ndjesi (f)	[ndjɛsí]
Skandal (m)	skandal (m)	[skandál]
skandalös	skandaloz	[skandalóz]
groß (-er Skandal)	i madh	[i máð]
Sendung (f)	emision (m)	[ɛmisión]
Interview (n)	intervistë (f)	[intɛrvístə]

| Live-Übertragung (f) | lidhje direkte (f) | [líðjɛ dirέktɛ] |
| Kanal (m) | kanal (m) | [kanál] |

120. Landwirtschaft

Landwirtschaft (f)	agrikulturë (f)	[agrikultúrə]
Bauer (m)	fshatar (m)	[fʃatár]
Bäuerin (f)	fshatare (f)	[fʃatárɛ]
Farmer (m)	fermer (m)	[fɛrmér]

| Traktor (m) | traktor (m) | [traktór] |
| Mähdrescher (m) | autokombajnë (f) | [autokombájnə] |

Pflug (m)	plug (m)	[plug]
pflügen (vt)	lëroj	[lərój]
Acker (m)	tokë bujqësore (f)	[tókə bujcəsórɛ]
Furche (f)	brazdë (f)	[brázdə]

säen (vt)	mbjell	[mbjéɫ]
Sämaschine (f)	mbjellës (m)	[mbjéɫəs]
Saat (f)	mbjellje (f)	[mbjéɫjɛ]

| Sense (f) | kosë (f) | [kósə] |
| mähen (vt) | kosit | [kosít] |

| Schaufel (f) | lopatë (f) | [lopátə] |
| graben (vt) | lëroj | [lərój] |

Hacke (f)	shat (m)	[ʃat]
jäten (vt)	prashis	[praʃís]
Unkraut (n)	bar i keq (m)	[bar i kɛc]

Gießkanne (f)	vadítës (m)	[vadítəs]
gießen (vt)	ujis	[ujís]
Bewässerung (f)	vaditje (f)	[vadítjɛ]

| Heugabel (f) | sfurk (m) | [sfúrk] |
| Rechen (m) | grabujë (f) | [grabújə] |

Dünger (m)	pleh (m)	[plɛh]
düngen (vt)	hedh pleh	[hɛð pléh]
Mist (m)	pleh kafshësh (m)	[plɛh káfʃəʃ]

Feld (n)	fushë (f)	[fúʃə]
Wiese (f)	lëndinë (f)	[ləndínə]
Gemüsegarten (m)	kopsht zarzavatesh (m)	[kópʃt zarzavátɛʃ]
Obstgarten (m)	kopsht frutor (m)	[kópʃt frutór]

weiden (vt)	kullos	[kuɫós]
Hirt (m)	bari (m)	[barí]
Weide (f)	kullota (f)	[kuɫóta]

| Viehzucht (f) | mbarështim bagëtish (m) | [mbarəʃtím bagətíʃ] |
| Schafzucht (f) | rritje e deleve (f) | [rítjɛ ɛ délɛvɛ] |

Plantage (f)	plantacion (m)	[plantatsión]
Beet (n)	rresht (m)	[réʃt]
Treibhaus (n)	serë (f)	[sérə]

Dürre (f)	thatësirë (f)	[θatəsírə]
dürr, trocken	e thatë	[ɛ θátə]

Getreide (n)	drithë (m)	[dríθə]
Getreidepflanzen (pl)	drithëra (pl)	[dríθəra]
ernten (vt)	korr	[kor]

Müller (m)	mullixhi (m)	[muɬidʒí]
Mühle (f)	mulli (m)	[muɬí]
mahlen (vt)	bluaj	[blúaj]
Mehl (n)	miell (m)	[míɛɬ]
Stroh (n)	kashtë (f)	[káʃtə]

121. Gebäude. Bauabwicklung

Baustelle (f)	kantier ndërtimi (m)	[kantiér ndərtími]
bauen (vt)	ndërtoj	[ndərtój]
Bauarbeiter (m)	punëtor ndërtimi (m)	[punətór ndərtími]

Projekt (n)	projekt (m)	[projékt]
Architekt (m)	arkitekt (m)	[arkitékt]
Arbeiter (m)	punëtor (m)	[punətór]

Fundament (n)	themel (m)	[θɛmél]
Dach (n)	çati (f)	[tʃatí]
Pfahl (m)	shtyllë themeli (f)	[ʃtýɬə θɛméli]
Wand (f)	mur (m)	[mur]

Bewehrungsstahl (m)	shufra përforcuese (pl)	[ʃúfra pərfortsúɛsɛ]
Gerüst (n)	skela (f)	[skéla]

Beton (m)	beton (m)	[bɛtón]
Granit (m)	granit (m)	[graním]
Stein (m)	gur (m)	[gur]
Ziegel (m)	tullë (f)	[túɬə]

Sand (m)	rërë (f)	[rə́rə]
Zement (m)	çimento (f)	[tʃiménto]
Putz (m)	suva (f)	[súva]
verputzen (vt)	suvatoj	[suvatój]

Farbe (f)	bojë (f)	[bójə]
färben (vt)	lyej	[lýɛj]
Fass (n), Tonne (f)	fuçi (f)	[futʃí]

Kran (m)	vinç (m)	[vintʃ]
aufheben (vt)	ngreh	[ŋréh]
herunterlassen (vt)	ul	[ul]
Planierraupe (f)	buldozer (m)	[buldozér]
Bagger (m)	ekskavator (m)	[ɛkskavatór]

Baggerschaufel (f)	goja e ekskavatorit (f)	[gója ɛ ɛkskavatórit]
graben (vt)	gërmoj	[gərmój]
Schutzhelm (m)	helmetë (f)	[hɛlmétə]

122. Wissenschaft. Forschung. Wissenschaftler

Wissenschaft (f)	shkencë (f)	[ʃkéntsə]
wissenschaftlich	shkencore	[ʃkɛntsórɛ]
Wissenschaftler (m)	shkencëtar (m)	[ʃkɛntsətár]
Theorie (f)	teori (f)	[tɛorí]

Axiom (n)	aksiomë (f)	[aksiómə]
Analyse (f)	analizë (f)	[analízə]
analysieren (vt)	analizoj	[analizój]
Argument (n)	argument (m)	[argumént]
Substanz (f)	substancë (f)	[substántsə]

Hypothese (f)	hipotezë (f)	[hipotézə]
Dilemma (n)	dilemë (f)	[dilémə]
Dissertation (f)	disertacion (m)	[disɛrtatsión]
Dogma (n)	dogma (f)	[dógma]

Doktrin (f)	doktrinë (f)	[doktrínə]
Forschung (f)	kërkim (m)	[kərkím]
forschen (vi)	kërkoj	[kərkój]
Kontrolle (f)	analizë (f)	[analízə]
Labor (n)	laborator (m)	[laboratór]

Methode (f)	metodë (f)	[mɛtódə]
Molekül (n)	molekulë (f)	[molɛkúlə]
Monitoring (n)	monitorim (m)	[monitorím]
Entdeckung (f)	zbulim (m)	[zbulím]

Postulat (n)	postulat (m)	[postulát]
Prinzip (n)	parim (m)	[parím]
Prognose (f)	parashikim (m)	[paraʃikím]
prognostizieren (vt)	parashikoj	[paraʃikój]

Synthese (f)	sintezë (f)	[sintézə]
Tendenz (f)	trend (m)	[trɛnd]
Theorem (n)	teoremë (f)	[tɛorémə]

| Lehre (Doktrin) | mësim (m) | [məsím] |
| Tatsache (f) | fakt (m) | [fakt] |

| Expedition (f) | ekspeditë (f) | [ɛkspɛdítə] |
| Experiment (n) | eksperiment (m) | [ɛkspɛrimént] |

Akademiemitglied (n)	akademik (m)	[akadɛmík]
Bachelor (m)	baçelor (m)	[bátʃelor]
Doktor (m)	doktor shkencash (m)	[doktór ʃkéntsaʃ]
Dozent (m)	Profesor i Asociuar (m)	[profɛsór i asotsiúar]
Magister (m)	Master (m)	[mastér]
Professor (m)	profesor (m)	[profɛsór]

Berufe und Tätigkeiten

123. Arbeitsuche. Kündigung

Arbeit (f), Stelle (f)	punë (f)	[púnə]
Belegschaft (f)	staf (m)	[staf]
Personal (n)	personel (m)	[pɛrsonél]
Karriere (f)	karrierë (f)	[kariérə]
Perspektive (f)	mundësi (f)	[mundəsí]
Können (n)	aftësi (f)	[aftəsí]
Auswahl (f)	përzgjedhje (f)	[pərzɟéðjɛ]
Personalagentur (f)	agjenci punësimi (f)	[aɟɛntsí punəsími]
Lebenslauf (m)	resume (f)	[rɛsumé]
Vorstellungsgespräch (n)	intervistë punësimi (f)	[intɛrvístə punəsími]
Vakanz (f)	vend i lirë pune (m)	[vɛnd i lírə púnɛ]
Gehalt (n)	rrogë (f)	[rógə]
festes Gehalt (n)	rrogë fikse (f)	[rógə fíksɛ]
Arbeitslohn (m)	pagesë (f)	[pagésə]
Stellung (f)	post (m)	[post]
Pflicht (f)	detyrë (f)	[dɛtýrə]
Aufgabenspektrum (n)	lista e detyrave (f)	[lísta ɛ dɛtýravɛ]
beschäftigt	i zënë	[i zénə]
kündigen (vt)	pushoj nga puna	[puʃój ŋa púna]
Kündigung (f)	pushim nga puna (m)	[puʃím ŋa púna]
Arbeitslosigkeit (f)	papunësi (m)	[papunəsí]
Arbeitslose (m)	i papunë (m)	[i papúnə]
Rente (f), Ruhestand (m)	pension (m)	[pɛnsión]
in Rente gehen	dal në pension	[dál nə pɛnsión]

124. Geschäftsleute

Direktor (m)	drejtor (m)	[drɛjtór]
Leiter (m)	drejtor (m)	[drɛjtór]
Boss (m)	bos (m)	[bos]
Vorgesetzte (m)	epror (m)	[ɛprór]
Vorgesetzten (pl)	eprorët (pl)	[ɛprórət]
Präsident (m)	president (m)	[prɛsidént]
Vorsitzende (m)	kryetar (m)	[kryɛtár]
Stellvertreter (m)	zëvendës (m)	[zəvéndəs]
Helfer (m)	ndihmës (m)	[ndíhməs]

| Sekretär (m) | sekretar (m) | [sɛkrɛtár] |
| Privatsekretär (m) | ndihmës personal (m) | [ndíhməs pɛrsonál] |

Geschäftsmann (m)	biznesmen (m)	[biznɛsmén]
Unternehmer (m)	sipërmarrës (m)	[sipərmárəs]
Gründer (m)	themelues (m)	[θɛmɛlúɛs]
gründen (vt)	themeloj	[θɛmɛlój]

Gründungsmitglied (n)	bashkëthemelues (m)	[baʃkəθɛmɛlúɛs]
Partner (m)	partner (m)	[partnér]
Aktionär (m)	aksioner (m)	[aksionér]

Millionär (m)	milioner (m)	[milionér]
Milliardär (m)	bilioner (m)	[bilionér]
Besitzer (m)	pronar (m)	[pronár]
Landbesitzer (m)	pronar tokash (m)	[pronár tókaʃ]

Kunde (m)	klient (m)	[kliént]
Stammkunde (m)	klient i rregullt (m)	[kliént i réguɫt]
Käufer (m)	blerës (m)	[blérəs]
Besucher (m)	vizitor (m)	[vizitór]

Fachmann (m)	profesionist (m)	[profɛsioníst]
Experte (m)	ekspert (m)	[ɛkspért]
Spezialist (m)	specialist (m)	[spɛtsialíst]

| Bankier (m) | bankier (m) | [bankiér] |
| Makler (m) | komisioner (m) | [komisionér] |

Kassierer (m)	arkëtar (m)	[arkətár]
Buchhalter (m)	kontabilist (m)	[kontabilíst]
Wächter (m)	roje sigurimi (m)	[rójɛ sigurími]

Investor (m)	investitor (m)	[invɛstitór]
Schuldner (m)	debitor (m)	[dɛbitór]
Gläubiger (m)	kreditor (m)	[krɛditór]
Kreditnehmer (m)	huamarrës (m)	[huamárəs]

| Importeur (m) | importues (m) | [importúɛs] |
| Exporteur (m) | eksportues (m) | [ɛksportúɛs] |

Hersteller (m)	prodhues (m)	[proðúɛs]
Distributor (m)	distributor (m)	[distributór]
Vermittler (m)	ndërmjetës (m)	[ndərmjétəs]

Berater (m)	këshilltar (m)	[kəʃiɫtár]
Vertreter (m)	përfaqësues i shitjeve (m)	[pərfacəsúɛs i ʃitjévɛ]
Agent (m)	agjent (m)	[aɟént]
Versicherungsagent (m)	agjent sigurimesh (m)	[aɟént sigurímɛʃ]

125. Dienstleistungsberufe

| Koch (m) | kuzhinier (m) | [kuʒiniér] |
| Chefkoch (m) | shef kuzhine (m) | [ʃɛf kuʒínɛ] |

Bäcker (m)	furrtar (m)	[furtár]
Barmixer (m)	banakier (m)	[banakiér]
Kellner (m)	kamerier (m)	[kamɛriér]
Kellnerin (f)	kameriere (f)	[kamɛriérɛ]

Rechtsanwalt (m)	avokat (m)	[avokát]
Jurist (m)	jurist (m)	[juríst]
Notar (m)	noter (m)	[notér]

Elektriker (m)	elektricist (m)	[ɛlɛktritsíst]
Klempner (m)	hidraulik (m)	[hidraulík]
Zimmermann (m)	marangoz (m)	[maraŋóz]

Masseur (m)	masazhist (m)	[masaʒíst]
Masseurin (f)	masazhiste (f)	[masaʒístɛ]
Arzt (m)	mjek (m)	[mjék]

Taxifahrer (m)	shofer taksie (m)	[ʃofér taksíɛ]
Fahrer (m)	shofer (m)	[ʃofér]
Ausfahrer (m)	postier (m)	[postiér]

Zimmermädchen (n)	pastruese (f)	[pastrúɛsɛ]
Wächter (m)	roje sigurimi (m)	[rójɛ sigurími]
Flugbegleiterin (f)	stjuardesë (f)	[stjuardésə]

Lehrer (m)	mësues (m)	[məsúɛs]
Bibliothekar (m)	punonjës biblioteke (m)	[punóɲəs bibliotékɛ]
Übersetzer (m)	përkthyes (m)	[pərkθýɛs]
Dolmetscher (m)	përkthyes (m)	[pərkθýɛs]
Fremdenführer (m)	udhërrëfyes (m)	[uðərəfýɛs]

Friseur (m)	parukiere (f)	[parukiérɛ]
Briefträger (m)	postier (m)	[postiér]
Verkäufer (m)	shitës (m)	[ʃítəs]

Gärtner (m)	kopshtar (m)	[kopʃtár]
Diener (m)	shërbëtor (m)	[ʃərbətór]
Magd (f)	shërbëtore (f)	[ʃərbətórɛ]
Putzfrau (f)	pastruese (f)	[pastrúɛsɛ]

126. Militärdienst und Ränge

einfacher Soldat (m)	ushtar (m)	[uʃtár]
Feldwebel (m)	rreshter (m)	[rɛʃtér]
Leutnant (m)	toger (m)	[togér]
Hauptmann (m)	kapiten (m)	[kapitén]

Major (m)	major (m)	[majór]
Oberst (m)	kolonel (m)	[kolonél]
General (m)	gjeneral (m)	[ɟɛnɛrál]
Marschall (m)	marshall (m)	[marʃáɫ]
Admiral (m)	admiral (m)	[admirál]
Militärperson (f)	ushtri (f)	[uʃtrí]
Soldat (m)	ushtar (m)	[uʃtár]

| Offizier (m) | oficer (m) | [ofitsér] |
| Kommandeur (m) | komandant (m) | [komandánt] |

Grenzsoldat (m)	roje kufiri (m)	[rójɛ kufíri]
Funker (m)	radist (m)	[radíst]
Aufklärer (m)	eksplorues (m)	[ɛksplorúɛs]
Pionier (m)	xhenier (m)	[dʒɛniér]
Schütze (m)	shënjues (m)	[ʃəɲúɛs]
Steuermann (m)	navigues (m)	[navigúɛs]

127. Beamte. Priester

| König (m) | mbret (m) | [mbrét] |
| Königin (f) | mbretëreshë (f) | [mbrɛtəréʃə] |

| Prinz (m) | princ (m) | [prints] |
| Prinzessin (f) | princeshë (f) | [printséʃə] |

| Zar (m) | car (m) | [tsár] |
| Zarin (f) | carina (f) | [tsarína] |

Präsident (m)	president (m)	[prɛsidént]
Minister (m)	ministër (m)	[minístər]
Ministerpräsident (m)	kryeministër (m)	[kryɛminístər]
Senator (m)	senator (m)	[sɛnatór]

Diplomat (m)	diplomat (m)	[diplomát]
Konsul (m)	konsull (m)	[kónsuɫ]
Botschafter (m)	ambasador (m)	[ambasadór]
Ratgeber (m)	këshilltar diplomatik (m)	[kəʃiɫtár diplomatík]

Beamte (m)	zyrtar (m)	[zyrtár]
Präfekt (m)	prefekt (m)	[prɛfékt]
Bürgermeister (m)	kryetar komune (m)	[kryɛtár komúnɛ]

| Richter (m) | gjykatës (m) | [ɟykátəs] |
| Staatsanwalt (m) | prokuror (m) | [prokurór] |

Missionar (m)	misionar (m)	[misionár]
Mönch (m)	murg (m)	[murg]
Abt (m)	abat (m)	[abát]
Rabbiner (m)	rabin (m)	[rabín]

Wesir (m)	vezir (m)	[vɛzír]
Schah (n)	shah (m)	[ʃah]
Scheich (m)	sheik (m)	[ʃéik]

128. Landwirtschaftliche Berufe

Bienenzüchter (m)	bletar (m)	[blɛtár]
Hirt (m)	bari (m)	[barí]
Agronom (m)	agronom (m)	[agronóm]

| Viehzüchter (m) | rritës bagëtish (m) | [rítəs bagətíʃ] |
| Tierarzt (m) | veteriner (m) | [vɛtɛrinér] |

Farmer (m)	fermer (m)	[fɛrmér]
Winzer (m)	prodhues verërash (m)	[proðúɛs vérəraʃ]
Zoologe (m)	zoolog (m)	[zoológ]
Cowboy (m)	lopar (m)	[lopár]

129. Künstler

| Schauspieler (m) | aktor (m) | [aktór] |
| Schauspielerin (f) | aktore (f) | [aktórɛ] |

| Sänger (m) | këngëtar (m) | [kəŋətár] |
| Sängerin (f) | këngëtare (f) | [kəŋətárɛ] |

| Tänzer (m) | valltar (m) | [vaɫtár] |
| Tänzerin (f) | valltare (f) | [vaɫtárɛ] |

| Künstler (m) | artist (m) | [artíst] |
| Künstlerin (f) | artiste (f) | [artístɛ] |

Musiker (m)	muzikant (m)	[muzikánt]
Pianist (m)	pianist (m)	[pianíst]
Gitarrist (m)	kitarist (m)	[kitaríst]

Dirigent (m)	dirigjent (m)	[diriɟént]
Komponist (m)	kompozitor (m)	[kompozitór]
Manager (m)	organizator (m)	[organizatór]

Regisseur (m)	regjisor (m)	[rɛɟisór]
Produzent (m)	producent (m)	[produtsént]
Drehbuchautor (m)	skenarist (m)	[skɛnaríst]
Kritiker (m)	kritik (m)	[kritík]

Schriftsteller (m)	shkrimtar (m)	[ʃkrimtár]
Dichter (m)	poet (m)	[poét]
Bildhauer (m)	skulptor (m)	[skulptór]
Maler (m)	piktor (m)	[piktór]

Jongleur (m)	zhongler (m)	[ʒoŋlér]
Clown (m)	kloun (m)	[kloún]
Akrobat (m)	akrobat (m)	[akrobát]
Zauberkünstler (m)	magjistar (m)	[maɟistár]

130. Verschiedene Berufe

Arzt (m)	mjek (m)	[mjék]
Krankenschwester (f)	infermiere (f)	[infɛrmiérɛ]
Psychiater (m)	psikiatër (m)	[psikiátər]
Zahnarzt (m)	dentist (m)	[dɛntíst]
Chirurg (m)	kirurg (m)	[kirúrg]

Astronaut (m)	astronaut (m)	[astronaút]
Astronom (m)	astronom (m)	[astronóm]
Pilot (m)	pilot (m)	[pilót]

Fahrer (Taxi-)	shofer (m)	[ʃofér]
Lokomotivführer (m)	makinist (m)	[makiníst]
Mechaniker (m)	mekanik (m)	[mɛkaník]

Bergarbeiter (m)	minator (m)	[minatór]
Arbeiter (m)	punëtor (m)	[punətór]
Schlosser (m)	bravandreqës (m)	[bravandrécəs]
Tischler (m)	marangoz (m)	[maraŋóz]
Dreher (m)	tornitor (m)	[tornitór]
Bauarbeiter (m)	punëtor ndërtimi (m)	[punətór ndərtími]
Schweißer (m)	saldator (m)	[saldatór]

Professor (m)	profesor (m)	[profɛsór]
Architekt (m)	arkitekt (m)	[arkitékt]
Historiker (m)	historian (m)	[historián]
Wissenschaftler (m)	shkencëtar (m)	[ʃkɛntsətár]
Physiker (m)	fizikant (m)	[fizikánt]
Chemiker (m)	kimist (m)	[kimíst]

Archäologe (m)	arkeolog (m)	[arkɛológ]
Geologe (m)	gjeolog (m)	[ɟɛológ]
Forscher (m)	studiues (m)	[studiúɛs]

| Kinderfrau (f) | dado (f) | [dádo] |
| Lehrer (m) | mësues (m) | [məsúɛs] |

Redakteur (m)	redaktor (m)	[rɛdaktór]
Chefredakteur (m)	kryeredaktor (m)	[kryɛrɛdaktór]
Korrespondent (m)	korrespondent (m)	[korɛspondént]
Schreibkraft (f)	daktilografiste (f)	[daktilografístɛ]

Designer (m)	projektues (m)	[projɛktúɛs]
Computerspezialist (m)	ekspert kompjuerësh (m)	[ɛkspért kompjutérəʃ]
Programmierer (m)	programues (m)	[programúɛs]
Ingenieur (m)	inxhinier (m)	[indʒiniér]

Seemann (m)	marinar (m)	[marinár]
Matrose (m)	marinar (m)	[marinár]
Retter (m)	shpëtimtar (m)	[ʃpətimtár]

Feuerwehrmann (m)	zjarrfikës (m)	[zjarfíkəs]
Polizist (m)	polic (m)	[políts]
Nachtwächter (m)	roje (f)	[rójɛ]
Detektiv (m)	detektiv (m)	[dɛtɛktív]

Zollbeamter (m)	doganier (m)	[doganiér]
Leibwächter (m)	truprojë (f)	[truprójə]
Gefängniswärter (m)	gardian burgu (m)	[gardián búrgu]
Inspektor (m)	inspektor (m)	[inspɛktór]

| Sportler (m) | sportist (m) | [sportíst] |
| Trainer (m) | trajner (m) | [trajnér] |

Fleischer (m)	kasap (m)	[kasáp]
Schuster (m)	këpucëtar (m)	[kəputsətár]
Geschäftsmann (m)	tregtar (m)	[trɛgtár]
Ladearbeiter (m)	ngarkues (m)	[ŋarkúɛs]
Modedesigner (m)	stilist (m)	[stilíst]
Modell (n)	modele (f)	[modélɛ]

131. Beschäftigung. Sozialstatus

Schüler (m)	nxënës (m)	[ndzénəs]
Student (m)	student (m)	[studént]
Philosoph (m)	filozof (m)	[filozóf]
Ökonom (m)	ekonomist (m)	[ɛkonomíst]
Erfinder (m)	shpikës (m)	[ʃpíkəs]
Arbeitslose (m)	i papunë (m)	[i papúnə]
Rentner (m)	pensionist (m)	[pɛnsioníst]
Spion (m)	spiun (m)	[spiún]
Gefangene (m)	i burgosur (m)	[i burgósur]
Streikender (m)	grevist (m)	[grɛvíst]
Bürokrat (m)	burokrat (m)	[burokrát]
Reisende (m)	udhëtar (m)	[uðətár]
Homosexuelle (m)	homoseksual (m)	[homosɛksuál]
Hacker (m)	haker (m)	[hakér]
Hippie (m)	hipik (m)	[hipík]
Bandit (m)	bandit (m)	[bandít]
Killer (m)	vrasës (m)	[vrásəs]
Drogenabhängiger (m)	narkoman (m)	[narkomán]
Drogenhändler (m)	trafikant droge (m)	[trafikánt drógɛ]
Prostituierte (f)	prostitutë (f)	[prostitútə]
Zuhälter (m)	tutor (m)	[tutór]
Zauberer (m)	magjistar (m)	[maɟistár]
Zauberin (f)	shtrigë (f)	[ʃtrígə]
Seeräuber (m)	pirat (m)	[pirát]
Sklave (m)	skllav (m)	[skłav]
Samurai (m)	samurai (m)	[samurái]
Wilde (m)	i egër (m)	[i égər]

Sport

132. Sportarten. Persönlichkeiten des Sports

Sportler (m)	sportist (m)	[sportíst]
Sportart (f)	lloj sporti (m)	[łoj spórti]
Basketball (m)	basketboll (m)	[baskɛtbół]
Basketballspieler (m)	basketbollist (m)	[baskɛtbołíst]
Baseball (m, n)	bejsboll (m)	[bɛjsbół]
Baseballspieler (m)	lojtar bejsbolli (m)	[lojtár bɛjsbółi]
Fußball (m)	futboll (m)	[futbół]
Fußballspieler (m)	futbollist (m)	[futbołíst]
Torwart (m)	portier (m)	[portiér]
Eishockey (n)	hokej (m)	[hokéj]
Eishockeyspieler (m)	lojtar hokeji (m)	[lojtár hokéji]
Volleyball (m)	volejboll (m)	[volɛjbół]
Volleyballspieler (m)	volejbollist (m)	[volɛjbołíst]
Boxen (n)	boks (m)	[boks]
Boxer (m)	boksier (m)	[boksiér]
Ringen (n)	mundje (f)	[múndjɛ]
Ringkämpfer (m)	mundës (m)	[múndəs]
Karate (n)	karate (f)	[karátɛ]
Karatekämpfer (m)	karateist (m)	[karatɛíst]
Judo (n)	xhudo (f)	[dʒúdo]
Judoka (m)	xhudist (m)	[dʒudíst]
Tennis (n)	tenis (m)	[tɛnís]
Tennisspieler (m)	tenist (m)	[tɛníst]
Schwimmen (n)	not (m)	[not]
Schwimmer (m)	notar (m)	[notár]
Fechten (n)	skerma (f)	[skérma]
Fechter (m)	skermist (m)	[skɛrmíst]
Schach (n)	shah (m)	[ʃah]
Schachspieler (m)	shahist (m)	[ʃahíst]
Bergsteigen (n)	alpinizëm (m)	[alpinízəm]
Bergsteiger (m)	alpinist (m)	[alpiníst]
Lauf (m)	vrapim (m)	[vrapím]

Läufer (m)	vrapues (m)	[vrapúɛs]
Leichtathletik (f)	atletikë (f)	[atlɛtíkə]
Athlet (m)	atlet (m)	[atlét]

| Pferdesport (m) | kalërim (m) | [kalərím] |
| Reiter (m) | kalorës (m) | [kalórəs] |

Eiskunstlauf (m)	patinazh (m)	[patináʒ]
Eiskunstläufer (m)	patinator (m)	[patinatór]
Eiskunstläuferin (f)	patinatore (f)	[patinatórɛ]

| Gewichtheben (n) | peshëngritje (f) | [pɛʃəŋrítjɛ] |
| Gewichtheber (m) | peshëngritës (m) | [pɛʃəŋrítəs] |

| Autorennen (n) | garë me makina (f) | [gárə mɛ makína] |
| Rennfahrer (m) | shofer garash (m) | [ʃofér gáraʃ] |

| Radfahren (n) | çiklizëm (m) | [tʃiklízəm] |
| Radfahrer (m) | çiklist (m) | [tʃiklíst] |

Weitsprung (m)	kërcim së gjati (m)	[kərtsím sə ɟáti]
Stabhochsprung (m)	kërcim së larti (m)	[kərtsím sə lárti]
Springer (m)	kërcyes (m)	[kərtsýɛs]

133. Sportarten. Verschiedenes

American Football (m)	futboll amerikan (m)	[futbóɬ amɛrikán]
Federballspiel (n)	badminton (m)	[bádminton]
Biathlon (n)	biatlon (m)	[biatlón]
Billard (n)	bilardo (f)	[bilárdo]

Bob (m)	bobsled (m)	[bobsléd]
Bodybuilding (n)	bodybuilding (m)	[bodybuildíŋ]
Wasserballspiel (n)	vaterpol (m)	[vatɛrpól]
Handball (m)	hendboll (m)	[hɛndbóɬ]
Golf (n)	golf (m)	[golf]

Rudern (n)	kanotazh (m)	[kanotáʒ]
Tauchen (n)	zhytje (f)	[ʒýtjɛ]
Skilanglauf (m)	skijim nordik (m)	[skijím nordík]
Tischtennis (n)	ping pong (m)	[piŋ póŋ]

Segelsport (m)	lundrim me vela (m)	[lundrím mɛ véla]
Rallye (f, n)	garë rally (f)	[gárə ráɬy]
Rugby (n)	ragbi (m)	[rágbi]
Snowboard (n)	snoubord (m)	[snoubórd]
Bogenschießen (n)	gjuajtje me hark (f)	[ɟúajtjɛ mɛ hárk]

134. Fitnessstudio

| Hantel (f) | peshë (f) | [péʃə] |
| Hanteln (pl) | gira (f) | [gíra] |

Trainingsgerät (n)	makinë trajnimi (f)	[makínǝ trajními]
Fahrradtrainer (m)	biçikletë ushtrimesh (f)	[bitʃiklétǝ uʃtrímɛʃ]
Laufband (n)	makinë vrapi (f)	[makínǝ vrápi]

Reck (n)	tra horizontal (m)	[tra horizontál]
Barren (m)	trarë paralele (pl)	[trárǝ paralélɛ]
Sprungpferd (n)	kaluç (m)	[kalútʃ]
Matte (f)	tapet gjimnastike (m)	[tapét ɟimnastíkɛ]

Sprungseil (n)	litar kërcimi (m)	[litár kǝrtsími]
Aerobic (n)	aerobik (m)	[aɛrobík]
Yoga (m)	joga (f)	[jóga]

135. Hockey

Eishockey (n)	hokej (m)	[hokéj]
Eishockeyspieler (m)	lojtar hokeji (m)	[lojtár hokéji]
Hockey spielen	luaj hokej	[lúaj hokéj]
Eis (n)	akull (m)	[ákuɫ]

Puck (m)	top hokeji (m)	[top hokéji]
Hockeyschläger (m)	shkop hokeji (m)	[ʃkop hokéji]
Schlittschuhe (pl)	patina akulli (pl)	[patína ákuɫi]

| Bord (m) | fushë hokeji (f) | [fúʃǝ hokéji] |
| Schuss (m) | gjuajtje (f) | [ɟúajtjɛ] |

Torwart (m)	portier (m)	[portiér]
Tor (n)	gol (m)	[gol]
ein Tor schießen	shënoj gol	[ʃǝnój gol]

Drittel (n)	pjesë (f)	[pjésǝ]
zweites Drittel (n)	pjesa e dytë	[pjésa ɛ dýtǝ]
Ersatzbank (f)	stol i rezervave (m)	[stol i rɛzérvavɛ]

136. Fußball

Fußball (m)	futboll (m)	[futbóɫ]
Fußballspieler (m)	futbollist (m)	[futboɫíst]
Fußball spielen	luaj futboll	[lúaj futbóɫ]

Oberliga (f)	liga e parë (f)	[líga ɛ párǝ]
Fußballclub (m)	klub futbolli (m)	[klúb futbóɫi]
Trainer (m)	trajner (m)	[trajnér]
Besitzer (m)	pronar (m)	[pronár]

Mannschaft (f)	skuadër (f)	[skuádǝr]
Mannschaftskapitän (m)	kapiteni i skuadrës (m)	[kapiténi i skuádrǝs]
Spieler (m)	lojtar (m)	[lojtár]
Ersatzspieler (m)	zëvendësues (m)	[zǝvɛndǝsúɛs]
Stürmer (m)	sulmues (m)	[sulmúɛs]
Mittelstürmer (m)	qendërsulmues (m)	[cɛndǝrsulmúɛs]

Torjäger (m)	golashënues (m)	[golaʃənúɛs]
Verteidiger (m)	mbrojtës (m)	[mbrójtəs]
Läufer (m)	mesfushor (m)	[mɛsfuʃór]

Spiel (n)	ndeshje (f)	[ndéʃjɛ]
sich begegnen	takoj	[takój]
Finale (n)	finale	[finálɛ]
Halbfinale (n)	gjysmë-finale (f)	[ɟýsmə-finálɛ]
Meisterschaft (f)	kampionat (m)	[kampionát]

Halbzeit (f)	pjesë (f)	[pjésə]
erste Halbzeit (f)	pjesa e parë (f)	[pjésa ɛ párə]
Halbzeit (Pause)	pushim (m)	[puʃím]

Tor (n)	gol (m)	[gol]
Torwart (m)	portier (m)	[portiér]
Torpfosten (m)	shtyllë (f)	[ʃtýɫə]
Torlatte (f)	traversa (f)	[travérsa]
Netz (n)	rrjetë (f)	[rjétə]
ein Tor zulassen	pësoj gol	[pəsój gol]

Ball (m)	top (m)	[top]
Pass (m)	pas (m)	[pas]
Schuss (m)	goditje (f)	[godítjɛ]
schießen (vi)	godas	[godás]
Freistoß (m)	goditje e lirë (f)	[godítjɛ ɛ lírə]
Eckball (m)	goditje nga këndi (f)	[godítjɛ ŋa kəndi]

Attacke (f)	sulm (m)	[sulm]
Gegenangriff (m)	kundërsulm (m)	[kundərsúlm]
Kombination (f)	kombinim (m)	[kombiním]

Schiedsrichter (m)	arbitër (m)	[arbítər]
pfeifen (vi)	i bie bilbilit	[i bíɛ bilbílit]
Pfeife (f)	bilbil (m)	[bilbíl]
Foul (n)	faull (m)	[faúɫ]
foulen (vt)	faulloj	[fauɫój]
vom Platz verweisen	nxjerr nga loja	[ndzjér ŋa lója]

gelbe Karte (f)	karton i verdhë (m)	[kartón i vérðə]
rote Karte (f)	karton i kuq (m)	[kartón i kúc]
Disqualifizierung (f)	diskualifikim (m)	[diskualifikím]
disqualifizieren (vt)	diskualifikoj	[diskualifikój]

Elfmeter (m)	goditje dënimi (f)	[godítjɛ dəními]
Mauer (f)	mur (m)	[mur]
schießen (ein Tor ~)	shënoj	[ʃənój]
Tor (n)	gol (m)	[gol]
ein Tor schießen	shënoj gol	[ʃənój gol]

Wechsel (m)	zëvendësim (m)	[zəvɛndəsím]
ersetzen (vt)	zëvendësoj	[zəvɛndəsój]
Regeln (pl)	rregullat (pl)	[réguɫat]
Taktik (f)	taktikë (f)	[taktíkə]
Stadion (n)	stadium (m)	[stadiúm]
Tribüne (f)	tribunë (f)	[tribúnə]

Anhänger (m)	tifoz (m)	[tifóz]
schreien (vi)	bërtas	[bərtás]
Anzeigetafel (f)	tabela e rezultateve (f)	[tabéla ɛ rɛzultátɛvɛ]
Ergebnis (n)	rezultat (m)	[rɛzultát]
Niederlage (f)	humbje (f)	[húmbjɛ]
verlieren (vt)	humb	[húmb]
Unentschieden (n)	barazim (m)	[barazím]
unentschieden spielen	barazoj	[barazój]
Sieg (m)	fitore (f)	[fitórɛ]
gewinnen (vt)	fitoj	[fitój]
Meister (m)	kampion (m)	[kampión]
der beste	më i miri	[mə i míri]
gratulieren (vi)	përgëzoj	[pərgəzój]
Kommentator (m)	komentues (m)	[komɛntúɛs]
kommentieren (vt)	komentoj	[komɛntój]
Übertragung (f)	transmetim (m)	[transmɛtím]

137. Ski alpin

Ski (pl)	ski (pl)	[ski]
Ski laufen	bëj ski	[bəj skí]
Skiort (m)	resort malor për ski (m)	[rɛsórt malór pər skí]
Skilift (m)	ashensor për ski (m)	[aʃɛnsór pər skí]
Skistöcke (pl)	heshta skish (pl)	[héʃta skíʃ]
Abhang (m)	shpat (m)	[ʃpat]
Slalom (m)	slalom (m)	[slalóm]

138. Tennis Golf

Golf (n)	golf (m)	[golf]
Golfklub (m)	klub golfi (m)	[klúb gólfi]
Golfspieler (m)	golfist (m)	[golfíst]
Loch (n)	vrimë (f)	[vrímə]
Schläger (m)	shkop golfi (m)	[ʃkop gólfi]
Golfwagen (m)	karrocë golfi (f)	[karótsə gólfi]
Tennis (n)	tenis (m)	[tɛnís]
Tennisplatz (m)	fushë tenisi (f)	[fúʃə tɛnísi]
Aufschlag (m)	servim (m)	[sɛrvím]
angeben (vt)	servoj	[sɛrvój]
Tennisschläger (m)	reket (m)	[rɛkét]
Netz (n)	rrjetë (f)	[rjétə]
Ball (m)	top (m)	[top]

139. Schach

Schach (n)	shah (m)	[ʃah]
Schachfiguren (pl)	figura shahu (pl)	[figúra ʃáhu]
Schachspieler (m)	shahist (m)	[ʃahíst]
Schachbrett (n)	fushë shahu (f)	[fúʃə ʃáhu]
Figur (f)	figurë shahu (f)	[figúrə ʃáhu]

Weißen (pl)	të bardhat (pl)	[tə bárðat]
Schwarze (pl)	të zezat (pl)	[tə zézat]

Bauer (m)	ushtar (m)	[uʃtár]
Läufer (m)	oficer (m)	[ofitsér]
Springer (m)	kalorës (m)	[kalórəs]
Turm (m)	top (m)	[top]
Königin (f)	mbretëreshë (f)	[mbrɛtəréʃə]
König (m)	mbret (m)	[mbrét]

Zug (m)	lëvizje (f)	[ləvízjɛ]
einen Zug machen	lëviz	[ləvíz]
opfern (vt)	sakrifikoj	[sakrifikój]
Rochade (f)	rokadë (f)	[rokádə]
Schach (n)	shah (m)	[ʃah]
Matt (n)	shah mat (m)	[ʃah mat]

Schachturnier (n)	turne shahu (m)	[turné ʃáhu]
Großmeister (m)	Mjeshtër i Madh (m)	[mjéʃtər i máð]
Kombination (f)	kombinim (m)	[kombiním]
Partie (f), Spiel (n)	lojë (f)	[lójə]
Damespiel (n)	damë (f)	[dámə]

140. Boxen

Boxen (n)	boks (m)	[boks]
Boxkampf (m)	ndeshje (f)	[ndéʃjɛ]
Zweikampf (m)	ndeshje boksi (f)	[ndéʃjɛ bóksi]
Runde (f)	raund (m)	[ráund]

Ring (m)	ring (m)	[riŋ]
Gong (m, n)	gong (m)	[goŋ]

Schlag (m)	goditje (f)	[godítjɛ]
Knockdown (m)	nokdaun (m)	[nokdáun]

Knockout (m)	nokaut (m)	[nokaút]
k.o. schlagen (vt)	hedh nokaut	[hɛð nokaút]

Boxhandschuh (m)	dorezë boksi (f)	[dorézə bóksi]
Schiedsrichter (m)	arbitër (m)	[arbítər]

Leichtgewicht (n)	peshë e lehtë (f)	[péʃə ɛ léhtə]
Mittelgewicht (n)	peshë e mesme (f)	[péʃə ɛ mésmɛ]
Schwergewicht (n)	peshë e rëndë (f)	[péʃə ɛ rəndə]

141. Sport. Verschiedenes

Olympische Spiele (pl)	Lojërat Olimpike (pl)	[lójərat olimpíkɛ]
Sieger (m)	fitues (m)	[fitúɛs]
siegen (vi)	duke fituar	[dúkɛ fitúar]
gewinnen (Sieger sein)	fitoj	[fitój]
Tabellenführer (m)	lider (m)	[lidér]
führen (vi)	udhëheq	[uðəhéc]
der erste Platz	vendi i parë	[véndi i párə]
der zweite Platz	vendi i dytë	[véndi i dýtə]
der dritte Platz	vendi i tretë	[véndi i trétə]
Medaille (f)	medalje (f)	[mɛdáljɛ]
Trophäe (f)	trofe (f)	[trofé]
Pokal (m)	kupë (f)	[kúpə]
Siegerpreis m (m)	çmim (m)	[tʃmím]
Hauptpreis (m)	çmimi i parë (m)	[tʃmími i párə]
Rekord (m)	rekord (m)	[rɛkórd]
einen Rekord aufstellen	vendos rekord	[vɛndós rɛkórd]
Finale (n)	finale	[finálɛ]
Final-	finale	[finálɛ]
Meister (m)	kampion (m)	[kampión]
Meisterschaft (f)	kampionat (m)	[kampionát]
Stadion (n)	stadium (m)	[stadiúm]
Tribüne (f)	tribunë (f)	[tribúnə]
Fan (m)	tifoz (m)	[tifóz]
Gegner (m)	kundërshtar (m)	[kundərʃtár]
Start (m)	start (m)	[start]
Ziel (n), Finish (n)	cak (m)	[tsák]
Niederlage (f)	humbje (f)	[húmbjɛ]
verlieren (vt)	humb	[húmb]
Schiedsrichter (m)	arbitër (m)	[arbítər]
Jury (f)	juri (f)	[jurí]
Ergebnis (n)	rezultat (m)	[rɛzultát]
Unentschieden (n)	barazim (m)	[barazím]
unentschieden spielen	barazoj	[barazój]
Punkt (m)	pikë (f)	[píkə]
Ergebnis (n)	rezultat (m)	[rɛzultát]
Spielabschnitt (m)	pjesë (f)	[pjésə]
Halbzeit (f), Pause (f)	pushim (m)	[puʃím]
Doping (n)	doping (m)	[dopíŋ]
bestrafen (vt)	penalizoj	[pɛnalizój]
disqualifizieren (vt)	diskualifikoj	[diskualifikój]
Sportgerät (n)	aparat (m)	[aparát]

Speer (m)	hedhje e shtizës (f)	[héðjɛ ɛ ʃtízəs]
Kugel (im Kugelstoßen)	gjyle (f)	[ɟýlɛ]
Kugel (f), Ball (m)	bile (f)	[bílɛ]

Ziel (n)	shënjestër (f)	[ʃəɲéstər]
Zielscheibe (f)	shënjestër (f)	[ʃəɲéstər]
schießen (vi)	qëlloj	[cəɫój]
genau (Adj)	e saktë	[ɛ sáktə]

Trainer (m)	trajner (m)	[trajnér]
trainieren (vt)	stërvit	[stərvít]
trainieren (vi)	stërvitem	[stərvítɛm]
Training (n)	trajnim (m)	[trajním]

Turnhalle (f)	palestër (f)	[paléstər]
Übung (f)	ushtrime (f)	[uʃtrímɛ]
Aufwärmen (n)	ngrohje (f)	[ŋróhjɛ]

Ausbildung

142. Schule

Schule (f)	shkollë (f)	[ʃkótə]
Schulleiter (m)	drejtor shkolle (m)	[drɛjtór ʃkótɛ]
Schüler (m)	nxënës (m)	[ndzénəs]
Schülerin (f)	nxënëse (f)	[ndzénəsɛ]
Schuljunge (m)	nxënës (m)	[ndzénəs]
Schulmädchen (f)	nxënëse (f)	[ndzénəsɛ]
lehren (vt)	jap mësim	[jap məsím]
lernen (Englisch ~)	mësoj	[məsój]
auswendig lernen	mësoj përmendësh	[məsój pərméndəʃ]
lernen (vi)	mësoj	[məsój]
in der Schule sein	jam në shkollë	[jam nə ʃkótə]
die Schule besuchen	shkoj në shkollë	[ʃkoj nə ʃkótə]
Alphabet (n)	alfabet (m)	[alfabét]
Fach (n)	lëndë (f)	[léndə]
Klassenraum (m)	klasë (f)	[klásə]
Stunde (f)	mësim (m)	[məsím]
Pause (f)	pushim (m)	[puʃím]
Schulglocke (f)	zile e shkollës (f)	[zílɛ ɛ ʃkótəs]
Schulbank (f)	bankë e shkollës (f)	[bánkə ɛ ʃkótəs]
Tafel (f)	tabelë e zezë (f)	[tabélə ɛ zézə]
Note (f)	notë (f)	[nótə]
gute Note (f)	notë e mirë (f)	[nótə ɛ mírə]
schlechte Note (f)	notë e keqe (f)	[nótə ɛ kécɛ]
eine Note geben	vendos notë	[vɛndós nótə]
Fehler (m)	gabim (m)	[gabím]
Fehler machen	bëj gabime	[bəj gabímɛ]
korrigieren (vt)	korrigjoj	[koriɟój]
Spickzettel (m)	kopje (f)	[kópjɛ]
Hausaufgabe (f)	detyrë shtëpie (f)	[dɛtýrə ʃtəpíɛ]
Übung (f)	ushtrim (m)	[uʃtrím]
anwesend sein	jam prezent	[jam prɛzént]
fehlen (in der Schule ~)	mungoj	[muŋój]
versäumen (Schule ~)	mungoj në shkollë	[muŋój nə ʃkótə]
bestrafen (vt)	ndëshkoj	[ndəʃkój]
Strafe (f)	ndëshkim (m)	[ndəʃkím]
Benehmen (n)	sjellje (f)	[sjétjɛ]

Zeugnis (n)	**dëftesë** (f)	[dəftésə]
Bleistift (m)	**laps** (m)	[láps]
Radiergummi (m)	**gomë** (f)	[gómə]
Kreide (f)	**shkumës** (m)	[ʃkúməs]
Federkasten (m)	**portofol lapsash** (m)	[portofól lápsaʃ]

Schulranzen (m)	**çantë shkolle** (f)	[tʃántə ʃkóɫɛ]
Kugelschreiber, Stift (m)	**stilolaps** (m)	[stiloláps]
Heft (n)	**fletore** (f)	[fletórɛ]
Lehrbuch (n)	**tekst mësimor** (m)	[tɛkst məsimór]
Zirkel (m)	**kompas** (m)	[kompás]

zeichnen (vt)	**vizatoj**	[vizatój]
Zeichnung (f)	**vizatim teknik** (m)	[vizatím tɛkník]

Gedicht (n)	**poezi** (f)	[poɛzí]
auswendig (Adv)	**përmendësh**	[pərméndəʃ]
auswendig lernen	**mësoj përmendësh**	[məsój pərméndəʃ]

Ferien (pl)	**pushimet e shkollës** (m)	[puʃímɛt ɛ ʃkóɫəs]
in den Ferien sein	**jam me pushime**	[jam mɛ puʃímɛ]
Ferien verbringen	**kaloj pushimet**	[kalój puʃímɛt]

Test (m), Prüfung (f)	**test** (m)	[tɛst]
Aufsatz (m)	**ese** (f)	[ɛsé]
Diktat (n)	**diktim** (m)	[diktím]
Prüfung (f)	**provim** (m)	[provím]
Prüfungen ablegen	**kam provim**	[kam provím]
Experiment (n)	**eksperiment** (m)	[ɛkspɛrimént]

143. Hochschule. Universität

Akademie (f)	**akademi** (f)	[akadɛmí]
Universität (f)	**universitet** (m)	[univɛrsitét]
Fakultät (f)	**fakultet** (m)	[fakultét]

Student (m)	**student** (m)	[studént]
Studentin (f)	**studente** (f)	[studéntɛ]
Lehrer (m)	**pedagog** (m)	[pɛdagóg]

Hörsaal (m)	**auditor** (m)	[auditór]
Hochschulabsolvent (m)	**i diplomuar** (m)	[i diplomúar]

Diplom (n)	**diplomë** (f)	[diplómə]
Dissertation (f)	**disertacion** (m)	[disɛrtatsión]

Forschung (f)	**studim** (m)	[studím]
Labor (n)	**laborator** (m)	[laboratór]

Vorlesung (f)	**leksion** (m)	[lɛksión]
Kommilitone (m)	**shok kursi** (m)	[ʃok kúrsi]

Stipendium (n)	**bursë** (f)	[búrsə]
akademischer Grad (m)	**diplomë akademike** (f)	[diplómə akadɛmíkɛ]

144. Naturwissenschaften. Fächer

Mathematik (f)	matematikë (f)	[matɛmatíkə]
Algebra (f)	algjebër (f)	[alɟébər]
Geometrie (f)	gjeometri (f)	[ɟɛomɛtrí]
Astronomie (f)	astronomi (f)	[astronomí]
Biologie (f)	biologji (f)	[bioloɟí]
Erdkunde (f)	gjeografi (f)	[ɟɛografí]
Geologie (f)	gjeologji (f)	[ɟɛoloɟí]
Geschichte (f)	histori (f)	[historí]
Medizin (f)	mjekësi (f)	[mjɛkəsí]
Pädagogik (f)	pedagogji (f)	[pɛdagoɟí]
Recht (n)	drejtësi (f)	[drɛjtəsí]
Physik (f)	fizikë (f)	[fizíkə]
Chemie (f)	kimi (f)	[kimí]
Philosophie (f)	filozofi (f)	[filozofí]
Psychologie (f)	psikologji (f)	[psikoloɟí]

145. Schrift Rechtschreibung

Grammatik (f)	gramatikë (f)	[gramatíkə]
Lexik (f)	fjalor (m)	[fjalór]
Phonetik (f)	fonetikë (f)	[fonɛtíkə]
Substantiv (n)	emër (m)	[émər]
Adjektiv (n)	mbiemër (m)	[mbiémər]
Verb (n)	folje (f)	[fóljɛ]
Adverb (n)	ndajfolje (f)	[ndajfóljɛ]
Pronomen (n)	përemër (m)	[pərémər]
Interjektion (f)	pasthirrmë (f)	[pasθírrmə]
Präposition (f)	parafjalë (f)	[parafjálə]
Wurzel (f)	rrënjë (f)	[réɲə]
Endung (f)	fundore (f)	[fundórɛ]
Vorsilbe (f)	parashtesë (f)	[paraʃtésə]
Silbe (f)	rrokje (f)	[rókjɛ]
Suffix (n), Nachsilbe (f)	prapashtesë (f)	[prapaʃtésə]
Betonung (f)	theks (m)	[θɛks]
Apostroph (m)	apostrof (m)	[apostróf]
Punkt (m)	pikë (f)	[píkə]
Komma (n)	presje (f)	[présjɛ]
Semikolon (n)	pikëpresje (f)	[pikəprésjɛ]
Doppelpunkt (m)	dy pika (f)	[dy píka]
Auslassungspunkte (pl)	tre pika (f)	[trɛ píka]
Fragezeichen (n)	pikëpyetje (f)	[pikəpýɛtjɛ]
Ausrufezeichen (n)	pikëçuditje (f)	[pikətʃudítjɛ]

Anführungszeichen (pl)	thonjëza (f)	[θóɲəza]
in Anführungszeichen	në thonjëza	[nə θóɲəza]
runde Klammern (pl)	kllapa (f)	[kɫápa]
in Klammern	brenda kllapave	[brénda kɫápavɛ]

Bindestrich (m)	vizë ndarëse (f)	[vízə ndárəsɛ]
Gedankenstrich (m)	vizë (f)	[vízə]
Leerzeichen (n)	hapësirë (f)	[hapəsírə]

| Buchstabe (m) | shkronjë (f) | [ʃkróɲə] |
| Großbuchstabe (m) | shkronjë e madhe (f) | [ʃkróɲə ɛ máðɛ] |

| Vokal (m) | zanore (f) | [zanórɛ] |
| Konsonant (m) | bashkëtingëllore (f) | [baʃkətiɲəɫórɛ] |

Satz (m)	fjali (f)	[fjalí]
Subjekt (n)	kryefjalë (f)	[kryɛfjálə]
Prädikat (n)	kallëzues (m)	[kaɫəzúɛs]

Zeile (f)	rresht (m)	[réʃt]
in einer neuen Zeile	rresht i ri	[réʃt i rí]
Absatz (m)	paragraf (m)	[paragráf]

Wort (n)	fjalë (f)	[fjálə]
Wortverbindung (f)	grup fjalësh (m)	[grup fjáləʃ]
Redensart (f)	shprehje (f)	[ʃpréhjɛ]
Synonym (n)	sinonim (m)	[sinoním]
Antonym (n)	antonim (m)	[antoním]

Regel (f)	rregull (m)	[réguɫ]
Ausnahme (f)	përjashtim (m)	[pərjaʃtím]
richtig (Adj)	saktë	[sáktə]

Konjugation (f)	lakim (m)	[lakím]
Deklination (f)	rasë	[rásə]
Kasus (m)	rasë emërore (f)	[rásə ɛmərórɛ]
Frage (f)	pyetje (f)	[pýɛtjɛ]
unterstreichen (vt)	nënvijëzoj	[nənvijəzój]
punktierte Linie (f)	vijë me ndërprerje (f)	[víjə mɛ ndərprérjɛ]

146. Fremdsprachen

Sprache (f)	gjuhë (f)	[ɟúhə]
Fremd-	huaj	[húaj]
Fremdsprache (f)	gjuhë e huaj (f)	[ɟúhə ɛ húaj]
studieren (z.B. Jura ~)	studioj	[studiój]
lernen (Englisch ~)	mësoj	[məsój]

lesen (vi, vt)	lexoj	[lɛdzój]
sprechen (vi, vt)	flas	[flas]
verstehen (vt)	kuptoj	[kuptój]
schreiben (vi, vt)	shkruaj	[ʃkrúaj]
schnell (Adv)	shpejt	[ʃpɛjt]
langsam (Adv)	ngadalë	[ŋadálə]

fließend (Adv)	rrjedhshëm	[rjéðʃəm]
Regeln (pl)	rregullat (pl)	[réguɫat]
Grammatik (f)	gramatikë (f)	[gramatíkə]
Vokabular (n)	fjalor (m)	[fjalór]
Phonetik (f)	fonetikë (f)	[fonɛtíkə]

Lehrbuch (n)	tekst mësimor (m)	[tɛkst məsimór]
Wörterbuch (n)	fjalor (m)	[fjalór]
Selbstlernbuch (n)	libër i mësimit autodidakt (m)	[líbər i məsímit autodidákt]
Sprachführer (m)	libër frazeologjik (m)	[líbər frazɛoloɟík]

Kassette (f)	kasetë (f)	[kasétə]
Videokassette (f)	videokasetë (f)	[vidɛokasétə]
CD (f)	CD (f)	[tsɛdé]
DVD (f)	DVD (m)	[dividí]

Alphabet (n)	alfabet (m)	[alfabét]
buchstabieren (vt)	gërmëzoj	[gərməzój]
Aussprache (f)	shqiptim (m)	[ʃciptím]

Akzent (m)	aksent (m)	[aksént]
mit Akzent	me aksent	[mɛ aksént]
ohne Akzent	pa aksent	[pa aksént]

Wort (n)	fjalë (f)	[fjálə]
Bedeutung (f)	kuptim (m)	[kuptím]

Kurse (pl)	kurs (m)	[kurs]
sich einschreiben	regjistrohem	[rɛɟistróhɛm]
Lehrer (m)	mësues (m)	[məsúɛs]

Übertragung (f)	përkthim (m)	[pərkθím]
Übersetzung (f)	përkthim (m)	[pərkθím]
Übersetzer (m)	përkthyes (m)	[pərkθýɛs]
Dolmetscher (m)	përkthyes (m)	[pərkθýɛs]

Polyglott (m, f)	poliglot (m)	[poliglót]
Gedächtnis (n)	kujtesë (f)	[kujtésə]

147. Märchenfiguren

Weihnachtsmann (m)	Santa Klaus (m)	[sánta kláus]
Aschenputtel (n)	Hirushja (f)	[hirúʃja]
Nixe (f)	sirenë (f)	[sirénə]
Neptun (m)	Neptuni (m)	[nɛptúni]

Zauberer (m)	magjistar (m)	[maɟistár]
Zauberin (f)	zanë (f)	[zánə]
magisch, Zauber-	magjike	[maɟíkɛ]
Zauberstab (m)	shkop magjik (m)	[ʃkop maɟík]

Märchen (n)	përrallë (f)	[pəráɫə]
Wunder (n)	mrekulli (f)	[mrɛkuɫí]

| Zwerg (m) | xhuxh (m) | [dʒudʒ] |
| sich verwandeln in ... | shndërrohem ... | [ʃndəróhɛm ...] |

Geist (m)	fantazmë (f)	[fantázmə]
Gespenst (n)	fantazmë (f)	[fantázmə]
Ungeheuer (n)	bishë (f)	[bíʃə]
Drache (m)	dragua (m)	[dragúa]
Riese (m)	gjigant (m)	[ɟigánt]

148. Sternzeichen

Widder (m)	Dashi (m)	[dáʃi]
Stier (m)	Demi (m)	[démi]
Zwillinge (pl)	Binjakët (pl)	[biɲákət]
Krebs (m)	Gaforrja (f)	[gafórja]
Löwe (m)	Luani (m)	[luáni]
Jungfrau (f)	Virgjëresha (f)	[virɟəréʃa]

Waage (f)	Peshorja (f)	[pɛʃórja]
Skorpion (m)	Akrepi (m)	[akrépi]
Schütze (m)	Shigjetari (m)	[ʃiɟɛtári]
Steinbock (m)	Bricjapi (m)	[britsjápi]
Wassermann (m)	Ujori (m)	[ujóri]
Fische (pl)	Peshqit (pl)	[péʃcit]

Charakter (m)	karakter (m)	[karaktér]
Charakterzüge (pl)	tipare të karakterit (pl)	[tipárɛ tə karaktérit]
Benehmen (n)	sjellje (f)	[sjéɬjɛ]
wahrsagen (vt)	parashikoj fatin	[paraʃikój fátin]
Wahrsagerin (f)	lexuese e fatit (f)	[lɛdzúɛsɛ ɛ fátit]
Horoskop (n)	horoskop (m)	[horoskóp]

Kunst

149. Theater

Theater (n)	teatër (m)	[tɛátər]
Oper (f)	operë (f)	[opérə]
Operette (f)	operetë (f)	[opɛrétə]
Ballett (n)	balet (m)	[balét]

Theaterplakat (n)	afishe teatri (f)	[afíʃɛ tɛátri]
Truppe (f)	trupë teatrale (f)	[trúpə tɛatrálɛ]
Tournee (f)	turne (f)	[turné]
auf Tournee sein	jam në turne	[jam nə turné]
proben (vt)	bëj prova	[bəj próva]
Probe (f)	provë (f)	[próvə]
Spielplan (m)	repertor (m)	[rɛpɛrtór]

Aufführung (f)	shfaqje (f)	[ʃfácjɛ]
Vorstellung (f)	shfaqje teatrale (f)	[ʃfácjɛ tɛatrálɛ]
Theaterstück (n)	dramë (f)	[drámə]

Karte (f)	biletë (f)	[bilétə]
Theaterkasse (f)	zyrë e shitjeve të biletave (f)	[zýrə ɛ ʃítjɛvɛ tə bilétavɛ]
Halle (f)	holl (m)	[hoɫ]
Garderobe (f)	dhoma e xhaketave (f)	[ðóma ɛ dʒakétavɛ]
Garderobennummer (f)	numri i xhaketës (m)	[númri i dʒakétəs]
Opernglas (n)	dylbi (f)	[dylbí]
Platzanweiser (m)	portier (m)	[portiér]

Parkett (n)	plato (f)	[plató]
Balkon (m)	ballkon (m)	[baɫkón]
der erste Rang	galeria e parë (f)	[galɛría ɛ párə]
Loge (f)	lozhë (f)	[lóʒə]
Reihe (f)	rresht (m)	[réʃt]
Platz (m)	karrige (f)	[karígɛ]

Publikum (n)	publiku (m)	[publíku]
Zuschauer (m)	spektator (m)	[spɛktatór]
klatschen (vi)	duartrokas	[duartrokás]
Applaus (m)	duartrokitje (f)	[duartrokítjɛ]
Ovation (f)	brohoritje (f)	[brohorítjɛ]

Bühne (f)	skenë (f)	[skénə]
Vorhang (m)	perde (f)	[pérdɛ]
Dekoration (f)	skenografi (f)	[skɛnografí]
Kulissen (pl)	prapaskenë (f)	[prapaskénə]

Szene (f)	skenë (f)	[skénə]
Akt (m)	akt (m)	[ákt]
Pause (f)	pushim (m)	[puʃím]

150. Kino

Schauspieler (m)	aktor (m)	[aktór]
Schauspielerin (f)	aktore (f)	[aktóre]
Kino (n)	kinema (f)	[kinεmá]
Film (m)	film (m)	[film]
Folge (f)	episod (m)	[εpisód]
Krimi (m)	triller (m)	[tritér]
Actionfilm (m)	aksion (m)	[aksión]
Abenteuerfilm (m)	aventurë (f)	[avεntúrə]
Science-Fiction-Film (m)	fanta-shkencë (f)	[fánta-ʃkéntsə]
Horrorfilm (m)	film horror (m)	[film horór]
Komödie (f)	komedi (f)	[komεdí]
Melodrama (n)	melodramë (f)	[mεlodrámə]
Drama (n)	dramë (f)	[drámə]
Spielfilm (m)	film fiktiv (m)	[film fiktív]
Dokumentarfilm (m)	dokumentar (m)	[dokumεntár]
Zeichentrickfilm (m)	film vizatimor (m)	[film vizatimór]
Stummfilm (m)	filma pa zë (m)	[fílma pa zə]
Rolle (f)	rol (m)	[rol]
Hauptrolle (f)	rol kryesor (m)	[rol kryεsór]
spielen (Schauspieler)	luaj	[lúaj]
Filmstar (m)	yll kinemaje (m)	[yt kinεmájε]
bekannt	i njohur	[i ɲóhur]
berühmt	i famshëm	[i fámʃəm]
populär	popullor	[poputór]
Drehbuch (n)	skenar (m)	[skεnár]
Drehbuchautor (m)	skenarist (m)	[skεnaríst]
Regisseur (m)	regjisor (m)	[rεɟisór]
Produzent (m)	producent (m)	[produtsént]
Assistent (m)	ndihmës (m)	[ndíhməs]
Kameramann (m)	kameraman (m)	[kamεramán]
Stuntman (m)	dubla (f)	[dúbla]
Double (n)	dubla (f)	[dúbla]
einen Film drehen	xhiroj film	[dʒirój film]
Probe (f)	provë (f)	[próvə]
Dreharbeiten (pl)	xhirim (m)	[dʒirím]
Filmteam (n)	ekip kinematografik (m)	[εkíp kinεmatografík]
Filmset (m)	set kinematografik (m)	[sεt kinεmatografík]
Filmkamera (f)	kamerë (f)	[kamérə]
Kino (n)	kinema (f)	[kinεmá]
Leinwand (f)	ekran (m)	[εkrán]
einen Film zeigen	shfaq film	[ʃfac film]
Tonspur (f)	muzikë e filmit (f)	[muzíkə ε filmit]
Spezialeffekte (pl)	efekte speciale (pl)	[εféktε spεtsiálε]

Untertitel (pl)	titra (pl)	[títra]
Abspann (m)	lista e pjesëmarrësve (f)	[lísta ɛ pjɛsəmárəsvɛ]
Übersetzung (f)	përkthim (m)	[pərkθím]

151. Gemälde

Kunst (f)	art (m)	[art]
schönen Künste (pl)	artet e bukura (pl)	[ártɛt ɛ búkura]
Kunstgalerie (f)	galeri arti (f)	[galɛrí árti]
Kunstausstellung (f)	ekspozitë (f)	[ɛkspozítə]

Malerei (f)	pikturë (f)	[piktúrə]
Graphik (f)	art grafik (m)	[árt grafík]
abstrakte Kunst (f)	art abstrakt (m)	[árt abstrákt]
Impressionismus (m)	impresionizëm (m)	[imprɛsionízəm]

Bild (n)	pikturë (f)	[piktúrə]
Zeichnung (Kohle- usw.)	vizatim (m)	[vizatím]
Plakat (n)	poster (m)	[postér]

Illustration (f)	ilustrim (m)	[ilustrím]
Miniatur (f)	miniaturë (f)	[miniatúrə]
Kopie (f)	kopje (f)	[kópjɛ]
Reproduktion (f)	riprodhim (m)	[riproðím]

Mosaik (n)	mozaik (m)	[mozaík]
Glasmalerei (f)	pikturë në dritare (f)	[piktúrə nə dritárɛ]
Fresko (n)	afresk (m)	[afrésk]
Gravüre (f)	gravurë (f)	[gravúrə]

Büste (f)	bust (m)	[búst]
Skulptur (f)	skulpturë (f)	[skulptúrə]
Statue (f)	statujë (f)	[statújə]
Gips (m)	allçi (f)	[aɫtʃí]
aus Gips	me allçi	[mɛ aɫtʃí]

Porträt (n)	portret (m)	[portrét]
Selbstporträt (n)	autoportret (m)	[autoportrét]
Landschaftsbild (n)	peizazh (m)	[pɛizáʒ]
Stillleben (n)	natyrë e qetë (f)	[natýrə ɛ cétə]
Karikatur (f)	karikaturë (f)	[karikatúrə]
Entwurf (m)	skicë (f)	[skítsə]

Farbe (f)	bojë (f)	[bójə]
Aquarellfarbe (f)	bojë uji (f)	[bójə úji]
Öl (n)	bojë vaji (f)	[bójə váji]
Bleistift (m)	laps (m)	[láps]
Tusche (f)	bojë stilografi (f)	[bójə stilográfi]
Kohle (f)	karbon (m)	[karbón]

zeichnen (vt)	vizatoj	[vizatój]
malen (vi, vt)	pikturoj	[pikturój]
Modell stehen	pozoj	[pozój]
Modell (Mask.)	model (m)	[modél]

Modell (Fem.)	modele (f)	[modélɛ]
Maler (m)	piktor (m)	[piktór]
Kunstwerk (n)	vepër arti (f)	[vépər árti]
Meisterwerk (n)	kryevepër (f)	[kryɛvépər]
Atelier (n), Werkstatt (f)	studio (f)	[stúdio]

Leinwand (f)	kanavacë (f)	[kanavátsə]
Staffelei (f)	këmbalec (m)	[kəmbaléts]
Palette (f)	paletë (f)	[palétə]

Rahmen (m)	kornizë (f)	[kornízə]
Restauration (f)	restaurim (m)	[rɛstaurím]
restaurieren (vt)	restauroj	[rɛstaurój]

152. Literatur und Dichtkunst

Literatur (f)	letërsi (f)	[lɛtərsí]
Autor (m)	autor (m)	[autór]
Pseudonym (n)	pseudonim (m)	[psɛudoním]

Buch (n)	libër (m)	[líbər]
Band (m)	vëllim (m)	[vəɬím]
Inhaltsverzeichnis (n)	tabela e përmbajtjes (f)	[tabéla ɛ pərmbájtjɛs]
Seite (f)	faqe (f)	[fácɛ]
Hauptperson (f)	personazhi kryesor (m)	[pɛrsonáʒi kryɛsór]
Autogramm (n)	autograf (m)	[autográf]

Kurzgeschichte (f)	tregim i shkurtër (m)	[trɛgím i ʃkúrtər]
Erzählung (f)	novelë (f)	[novélə]
Roman (m)	roman (m)	[román]
Werk (Buch usw.)	vepër (m)	[vépər]
Fabel (f)	fabula (f)	[fábula]
Krimi (m)	roman policesk (m)	[román politsésk]

Gedicht (n)	vjershë (f)	[vjérʃə]
Dichtung (f), Poesie (f)	poezi (f)	[poɛzí]
Gedicht (n)	poemë (f)	[poémə]
Dichter (m)	poet (m)	[poét]

schöne Literatur (f)	trillim (m)	[triɬím]
Science-Fiction (f)	fanta-shkencë (f)	[fánta-ʃkéntsə]
Abenteuer (n)	aventurë (f)	[avɛntúrə]
Schülerliteratur (pl)	letërsi edukative (f)	[lɛtərsí ɛdukátívɛ]
Kinderliteratur (f)	letërsi për fëmijë (f)	[lɛtərsí pər fəmíjə]

153. Zirkus

Zirkus (m)	cirk (m)	[tsírk]
Wanderzirkus (m)	cirk udhëtues (m)	[tsírk uðətúɛs]
Programm (n)	program (m)	[prográm]
Vorstellung (f)	shfaqje (f)	[ʃfácjɛ]
Nummer (f)	akt (m)	[ákt]

Manege (f)	arenë cirku (f)	[arénə tsírku]
Pantomime (f)	pantomimë (f)	[pantomímə]
Clown (m)	kloun (m)	[kloún]

Akrobat (m)	akrobat (m)	[akrobát]
Akrobatik (f)	akrobaci (f)	[akrobatsí]
Turner (m)	gjimnast (m)	[ɟimnást]
Turnen (n)	gjimnastikë (f)	[ɟimnastíkə]
Salto (m)	salto (f)	[sálto]

Kraftmensch (m)	atlet (m)	[atlét]
Bändiger, Dompteur (m)	zbutës (m)	[zbútəs]
Reiter (m)	kalorës (m)	[kalórəs]
Assistent (m)	ndihmës (m)	[ndíhməs]

Trick (m)	akrobaci (f)	[akrobatsí]
Zaubertrick (m)	truk magjik (m)	[truk maɟík]
Zauberkünstler (m)	magjistar (m)	[maɟistár]

Jongleur (m)	zhongler (m)	[ʒoŋlér]
jonglieren (vi)	luaj	[lúaj]
Dresseur (m)	zbutës kafshësh (m)	[zbútəs káfʃəʃ]
Dressur (f)	zbutje kafshësh (f)	[zbútjɛ káfʃəʃ]
dressieren (vt)	stërvit	[stərvít]

154. Musik. Popmusik

Musik (f)	muzikë (f)	[muzíkə]
Musiker (m)	muzikant (m)	[muzikánt]
Musikinstrument (n)	instrument muzikor (m)	[instrumént muzikór]
spielen (auf der Gitarre ~)	i bie …	[i bíɛ …]

Gitarre (f)	kitarë (f)	[kitárə]
Geige (f)	violinë (f)	[violínə]
Cello (n)	violonçel (m)	[violontʃél]
Kontrabass (m)	kontrabas (m)	[kontrabás]
Harfe (f)	lira (f)	[líra]

Klavier (n)	piano (f)	[piáno]
Flügel (m)	pianoforte (f)	[pianofórtɛ]
Orgel (f)	organo (f)	[orgáno]

Blasinstrumente (pl)	instrumente frymore (pl)	[instruméntɛ frymórɛ]
Oboe (f)	oboe (f)	[obóɛ]
Saxophon (n)	saksofon (m)	[saksofón]
Klarinette (f)	klarinetë (f)	[klarinétə]
Flöte (f)	flaut (m)	[flaút]
Trompete (f)	trombë (f)	[trómbə]

| Akkordeon (n) | fizarmonikë (f) | [fizarmoníkə] |
| Trommel (f) | daulle (f) | [daúłɛ] |

| Duo (n) | duet (m) | [duét] |
| Trio (n) | trio (f) | [trío] |

Quartett (n)	kuartet (m)	[kuartét]
Chor (m)	kor (m)	[kor]
Orchester (n)	orkestër (f)	[orkéstər]

Popmusik (f)	muzikë pop (f)	[muzíkə pop]
Rockmusik (f)	muzikë rok (m)	[muzíkə rok]
Rockgruppe (f)	grup rok (m)	[grup rók]
Jazz (m)	xhaz (m)	[dʒaz]

| Idol (n) | idhull (m) | [íðuɫ] |
| Verehrer (m) | admirues (m) | [admirúɛs] |

Konzert (n)	koncert (m)	[kontsért]
Sinfonie (f)	simfoni (f)	[simfoní]
Komposition (f)	kompozicion (m)	[kompozitsión]
komponieren (vt)	kompozoj	[kompozój]

Gesang (m)	këndim (m)	[kəndím]
Lied (n)	këngë (f)	[kéŋə]
Melodie (f)	melodi (f)	[mɛlodí]
Rhythmus (m)	ritëm (m)	[rítəm]
Blues (m)	bluz (m)	[blúz]

Noten (pl)	partiturë (f)	[partitúrə]
Taktstock (m)	shkopi i dirigjimit (m)	[ʃkopi i diriɟímit]
Bogen (m)	hark (m)	[hárk]
Saite (f)	tel (m)	[tɛl]
Koffer (Violinen-)	kuti (f)	[kutí]

Erholung. Unterhaltung. Reisen

155. Ausflug. Reisen

Tourismus (m)	turizëm (m)	[turízəm]
Tourist (m)	turist (m)	[turíst]
Reise (f)	udhëtim (m)	[uðətím]
Abenteuer (n)	aventurë (f)	[avɛntúrə]
Fahrt (f)	udhëtim (m)	[uðətím]
Urlaub (m)	pushim (m)	[puʃím]
auf Urlaub sein	jam me pushime	[jam mɛ puʃímɛ]
Erholung (f)	pushim (m)	[puʃím]
Zug (m)	tren (m)	[trɛn]
mit dem Zug	me tren	[mɛ trén]
Flugzeug (n)	avion (m)	[avión]
mit dem Flugzeug	me avion	[mɛ avión]
mit dem Auto	me makinë	[mɛ makínə]
mit dem Schiff	me anije	[mɛ aníjɛ]
Gepäck (n)	bagazh (m)	[bagáʒ]
Koffer (m)	valixhe (f)	[valídʒɛ]
Gepäckwagen (m)	karrocë bagazhesh (f)	[karótsə bagáʒɛʃ]
Pass (m)	pasaportë (f)	[pasapórtə]
Visum (n)	vizë (f)	[vízə]
Fahrkarte (f)	biletë (f)	[bilétə]
Flugticket (n)	biletë avioni (f)	[bilétə avióni]
Reiseführer (m)	guidë turistike (f)	[guídə turistíkɛ]
Landkarte (f)	hartë (f)	[hártə]
Gegend (f)	zonë (f)	[zónə]
Ort (wunderbarer ~)	vend (m)	[vɛnd]
Exotika (pl)	ekzotikë (f)	[ɛkzotíkə]
exotisch	ekzotik	[ɛkzotík]
erstaunlich (Adj)	mahnitëse	[mahnítəsɛ]
Gruppe (f)	grup (m)	[grup]
Ausflug (m)	ekskursion (m)	[ɛkskursión]
Reiseleiter (m)	udhërrëfyes (m)	[uðərəfýɛs]

156. Hotel

Hotel (n), Gasthaus (n)	hotel (m)	[hotél]
Motel (n)	motel (m)	[motél]
drei Sterne	me tre yje	[mɛ trɛ ýjɛ]

| fünf Sterne | me pesë yje | [mɛ pésə ýjɛ] |
| absteigen (vi) | qëndroj | [cəndrój] |

Hotelzimmer (n)	dhomë (f)	[ðómə]
Einzelzimmer (n)	dhomë teke (f)	[ðómə tékɛ]
Zweibettzimmer (n)	dhomë dyshe (f)	[ðómə dýʃɛ]
reservieren (vt)	rezervoj një dhomë	[rɛzɛrvój ɲə ðómə]

| Halbpension (f) | gjysmë-pension (m) | [ɟýsmə-pɛnsión] |
| Vollpension (f) | pension i plotë (m) | [pɛnsión i plótə] |

mit Bad	me banjo	[mɛ báɲo]
mit Dusche	me dush	[mɛ dúʃ]
Satellitenfernsehen (n)	televizor satelitor (m)	[tɛlɛvizór satɛlitór]
Klimaanlage (f)	kondicioner (m)	[konditsionér]
Handtuch (n)	peshqir (m)	[pɛʃcír]
Schlüssel (m)	çelës (m)	[tʃéləs]

Verwalter (m)	administrator (m)	[administratór]
Zimmermädchen (n)	pastruese (f)	[pastrúɛsɛ]
Träger (m)	portier (m)	[portiér]
Portier (m)	portier (m)	[portiér]

Restaurant (n)	restorant (m)	[rɛstoránt]
Bar (f)	pab (m), pijetore (f)	[pab], [pijɛtórɛ]
Frühstück (n)	mëngjes (m)	[mənɟés]
Abendessen (n)	darkë (f)	[dárkə]
Buffet (n)	bufe (f)	[bufé]

| Foyer (n) | holl (m) | [hoł] |
| Aufzug (m), Fahrstuhl (m) | ashensor (m) | [aʃɛnsór] |

| BITTE NICHT STÖREN! | MOS SHQETËSONI | [mos ʃcɛtəsóni] |
| RAUCHEN VERBOTEN! | NDALOHET DUHANI | [ndalóhɛt duháni] |

157. Bücher. Lesen

Buch (n)	libër (m)	[líbər]
Autor (m)	autor (m)	[autór]
Schriftsteller (m)	shkrimtar (m)	[ʃkrimtár]
verfassen (vt)	shkruaj	[ʃkrúaj]

Leser (m)	lexues (m)	[lɛdzúɛs]
lesen (vi, vt)	lexoj	[lɛdzój]
Lesen (n)	lexim (m)	[lɛdzím]

| still (~ lesen) | pa zë | [pa zə] |
| laut (Adv) | me zë | [mɛ zə] |

verlegen (vt)	botoj	[botój]
Ausgabe (f)	botim (m)	[botím]
Herausgeber (m)	botues (m)	[botúɛs]
Verlag (m)	shtëpi botuese (f)	[ʃtəpí botúɛsɛ]
erscheinen (Buch)	botohet	[botóhɛt]

| Erscheinen (n) | botim (m) | [botím] |
| Auflage (f) | edicion (m) | [ɛditsión] |

| Buchhandlung (f) | librari (f) | [librarí] |
| Bibliothek (f) | bibliotekë (f) | [bibliotékə] |

Erzählung (f)	novelë (f)	[novélə]
Kurzgeschichte (f)	tregim i shkurtër (m)	[trɛgím i ʃkúrtər]
Roman (m)	roman (m)	[román]
Krimi (m)	roman policesk (m)	[román politsésk]

Memoiren (pl)	kujtime (pl)	[kujtímɛ]
Legende (f)	legjendë (f)	[lɛɟéndə]
Mythos (m)	mit (m)	[mit]

Gedichte (pl)	poezi (f)	[poɛzí]
Autobiographie (f)	autobiografi (f)	[autobiografí]
ausgewählte Werke (pl)	vepra të zgjedhura (f)	[vépra tə zɟéðura]
Science-Fiction (f)	fanta-shkencë (f)	[fánta-ʃkéntsə]

Titel (m)	titull (m)	[títuɫ]
Einleitung (f)	hyrje (f)	[hýrjɛ]
Titelseite (f)	faqe e titullit (f)	[fácɛ ɛ títuɫit]

Kapitel (n)	kreu (m)	[kréu]
Auszug (m)	ekstrakt (m)	[ɛkstrákt]
Episode (f)	episod (m)	[ɛpisód]

Sujet (n)	fabul (f)	[fábul]
Inhalt (m)	përmbajtje (f)	[pərmbájtjɛ]
Inhaltsverzeichnis (n)	tabela e përmbajtjes (f)	[tabéla ɛ pərmbájtjɛs]
Hauptperson (f)	personazhi kryesor (m)	[pɛrsonáʒi kryɛsór]

Band (m)	vëllim (m)	[vəɫím]
Buchdecke (f)	kopertinë (f)	[kopɛrtínə]
Einband (m)	libërlidhje (f)	[libərlíðjɛ]
Lesezeichen (n)	shënjim (m)	[ʃəɲím]

Seite (f)	faqe (f)	[fácɛ]
blättern (vi)	kaloj faqet	[kalój fácɛt]
Ränder (pl)	margjinat (pl)	[marɟínat]
Notiz (f)	shënim (m)	[ʃəním]
Anmerkung (f)	fusnotë (f)	[fusnótə]

Text (m)	tekst (m)	[tɛkst]
Schrift (f)	lloji i shkrimit (m)	[ɫóji i ʃkrímit]
Druckfehler (m)	gabim ortografik (m)	[gabím ortografík]

Übersetzung (f)	përkthim (m)	[pərkθím]
übersetzen (vt)	përkthej	[pərkθéj]
Original (n)	origjinal (m)	[oriɟinál]

berühmt	i famshëm	[i fámʃəm]
unbekannt	i panjohur	[i paɲóhur]
interessant	interesant	[intɛrɛsánt]
Bestseller (m)	libër më i shitur (m)	[líbər mə i ʃítur]

139

Wörterbuch (n)	fjalor (m)	[fjalór]
Lehrbuch (n)	tekst mësimor (m)	[tɛkst məsimór]
Enzyklopädie (f)	enciklopedi (f)	[ɛntsiklopɛdí]

158. Jagen. Fischen

Jagd (f)	gjueti (f)	[ɟuɛtí]
jagen (vi)	dal për gjah	[dál pər ɟáh]
Jäger (m)	gjahtar (m)	[ɟahtár]

schießen (vi)	qëlloj	[cəłój]
Gewehr (n)	pushkë (f)	[púʃkə]
Patrone (f)	fishek (m)	[fiʃék]
Schrot (n)	plumb (m)	[plúmb]

Falle (f)	grackë (f)	[grátskə]
Schlinge (f)	kurth (m)	[kurθ]
in die Falle gehen	bie në grackë	[bíɛ nə grátskə]
eine Falle stellen	ngre grackë	[ŋré grátskə]

Wilddieb (m)	gjahtar i jashtëligjshëm (m)	[ɟahtár i jaʃtəlíɟʃəm]
Wild (n)	gjah (m)	[ɟáh]
Jagdhund (m)	zagar (m)	[zagár]
Safari (f)	safari (m)	[safári]
ausgestopftes Tier (n)	kafshë e balsamosur (f)	[káfʃə ɛ balsamósur]

Fischer (m)	peshkatar (m)	[pɛʃkatár]
Fischen (n)	peshkim (m)	[pɛʃkím]
angeln, fischen (vt)	peshkoj	[pɛʃkój]

Angel (f)	kallam peshkimi (m)	[kałám pɛʃkími]
Angelschnur (f)	tojë peshkimi (f)	[tójə pɛʃkími]
Haken (m)	grep (m)	[grép]

Schwimmer (m)	tapë (f)	[tápə]
Köder (m)	karrem (m)	[karém]

die Angel auswerfen	hedh grepin	[hɛð grépin]
anbeißen (vi)	bie në grep	[bíɛ nə grép]

Fang (m)	kapje peshku (f)	[kápjɛ péʃku]
Eisloch (n)	vrimë në akull (f)	[vrímə nə ákuł]

Netz (n)	rrjetë peshkimi (f)	[rjétə pɛʃkími]
Boot (n)	varkë (f)	[várkə]
mit dem Netz fangen	peshkoj me rrjeta	[pɛʃkój mɛ rjéta]
das Netz hineinwerfen	hedh rrjetat	[hɛð rjétat]

das Netz einholen	tërheq rrjetat	[tərhéc rjétat]
ins Netz gehen	bie në rrjetë	[bíɛ nə rjétə]

Walfänger (m)	gjuetar balenash (m)	[ɟuɛtár balénaʃ]
Walfangschiff (n)	balenagjuajtëse (f)	[balɛnaɟúajtəsɛ]
Harpune (f)	fuzhnjë (f)	[fúʒɲə]

159. Spiele. Billard

Billard (n)	bilardo (f)	[bilárdo]
Billardzimmer (n)	sallë bilardosh (f)	[sátə bilárdoʃ]
Billardkugel (f)	bile (f)	[bílɛ]
eine Kugel einlochen	fus në vrimë	[fús nə vrímə]
Queue (n)	stekë (f)	[stékə]
Tasche (f), Loch (n)	xhep (m), vrimë (f)	[dʒɛp], [vrímə]

160. Spiele. Kartenspiele

Karo (n)	karo (f)	[káro]
Pik (n)	maç (m)	[matʃ]
Herz (n)	kupë (f)	[kúpə]
Kreuz (n)	spathi (m)	[spáθi]
As (n)	as (m)	[ás]
König (m)	mbret (m)	[mbrét]
Dame (f)	mbretëreshë (f)	[mbrɛtəréʃə]
Bube (m)	fant (m)	[fant]
Spielkarte (f)	letër (f)	[létər]
Karten (pl)	letrat (pl)	[létrat]
Trumpf (m)	letër e fortë (f)	[létər ɛ fórtə]
Kartenspiel (abgenutztes ~)	set letrash (m)	[sɛt létraʃ]
Punkt (m)	pikë (f)	[píkə]
ausgeben (vt)	ndaj	[ndáj]
mischen (vt)	përziej	[pərzíɛj]
Zug (m)	radha (f)	[ráða]
Falschspieler (m)	mashtrues (m)	[maʃtrúɛs]

161. Kasino. Roulette

Kasino (n)	kazino (f)	[kazíno]
Roulette (n)	ruletë (f)	[rulétə]
Einsatz (m)	bast (m)	[bast]
setzen (auf etwas ~)	vë bast	[və bast]
Rot (n)	e kuqe (f)	[ɛ kúcɛ]
Schwarz (n)	e zezë (f)	[ɛ zézə]
auf Rot setzen	vë bast në të kuqe	[və bast nə tə kúcɛ]
auf Schwarz setzen	vë bast në të zezë	[və bast nə tə zézə]
Croupier (m)	krupier (m)	[krupiér]
das Rad drehen	rrotulloj ruletën	[rrotułój rulétən]
Spielregeln (pl)	rregullat (pl)	[régułat]
Spielmarke (f)	fishe (f)	[fíʃɛ]
gewinnen (vt)	fitoj	[fitój]
Gewinn (m)	fitim (m)	[fitím]

verlieren (vt)	humb	[húmb]
Verlust (m)	humbje (f)	[húmbjɛ]

Spieler (m)	lojtar (m)	[lojtár]
Blackjack (n)	blackjack (m)	[blatskjátsk]
Würfelspiel (n)	lojë me zare (f)	[lójə mɛ zárɛ]
Würfeln (pl)	zare (f)	[zárɛ]
Spielautomat (m)	makinë e lojërave të fatit (f)	[makínə ɛ lojərávɛ tə fátit]

162. Erholung. Spiele. Verschiedenes

spazieren gehen (vi)	shëtitem	[ʃətítɛm]
Spaziergang (m)	shëtitje (f)	[ʃətítjɛ]
Fahrt (im Wagen)	xhiro me makinë (f)	[dʒíro mɛ makínə]
Abenteuer (n)	aventurë (f)	[avɛntúrə]
Picknick (n)	piknik (m)	[pikník]

Spiel (n)	lojë (f)	[lójə]
Spieler (m)	lojtar (m)	[lojtár]
Partie (f)	një lojë (f)	[ɲə lójə]

Sammler (m)	koleksionist (m)	[kolɛksioníst]
sammeln (vt)	koleksionoj	[kolɛksionój]
Sammlung (f)	koleksion (m)	[kolɛksión]

Kreuzworträtsel (n)	fjalëkryq (m)	[fjaləkrýc]
Rennbahn (f)	hipodrom (m)	[hipodróm]
Diskothek (f)	disko (f)	[dísko]

Sauna (f)	sauna (f)	[saúna]
Lotterie (f)	lotari (f)	[lotarí]

Wanderung (f)	kamping (m)	[kampíŋ]
Lager (n)	kamp (m)	[kamp]
Zelt (n)	çadër kampingu (f)	[tʃádər kampíŋu]
Kompass (m)	kompas (m)	[kompás]
Tourist (m)	kampinist (m)	[kampiníst]

fernsehen (vi)	shikoj	[ʃikój]
Fernsehzuschauer (m)	teleshikues (m)	[tɛlɛʃikúɛs]
Fernsehsendung (f)	program televiziv (m)	[prográm tɛlɛvizív]

163. Fotografie

Kamera (f)	aparat fotografik (m)	[aparát fotografík]
Foto (n)	foto (f)	[fóto]

Fotograf (m)	fotograf (m)	[fotográf]
Fotostudio (n)	studio fotografike (f)	[stúdio fotografíkɛ]
Fotoalbum (n)	album fotografik (m)	[albúm fotografík]
Objektiv (n)	objektiv (m)	[objɛktív]
Teleobjektiv (n)	teleobjektiv (m)	[tɛlɛobjɛktív]

| Filter (n) | filtër (m) | [fíltər] |
| Linse (f) | lente (f) | [léntɛ] |

Optik (f)	optikë (f)	[optíkə]
Blende (f)	diafragma (f)	[diafrágma]
Belichtungszeit (f)	koha e ekspozimit (f)	[kóha ɛ ɛkspozímit]
Sucher (m)	tregues i kuadrit (m)	[trɛgúɛs i kuádrit]

Digitalkamera (f)	kamerë digjitale (f)	[kamérə diɟitálɛ]
Stativ (n)	tripod (m)	[tripód]
Blitzgerät (n)	blic (m)	[blits]

fotografieren (vt)	fotografoj	[fotografój]
aufnehmen (vt)	bëj foto	[bəj fóto]
sich fotografieren lassen	bëj fotografi	[bəj fotografí]

Fokus (m)	fokus (m)	[fokús]
den Fokus einstellen	fokusoj	[fokusój]
scharf (~ abgebildet)	i qartë	[i cártə]
Schärfe (f)	qartësi (f)	[cartəsí]

| Kontrast (m) | kontrast (m) | [kontrást] |
| kontrastreich | me kontrast | [mɛ kontrást] |

Aufnahme (f)	foto (f)	[fóto]
Negativ (n)	negativ (m)	[nɛgatív]
Rollfilm (m)	film negativash (m)	[fílm nɛgatívaʃ]
Einzelbild (n)	imazh (m)	[imáʒ]
drucken (vt)	printoj	[printój]

164. Strand. Schwimmen

Strand (m)	plazh (m)	[plaʒ]
Sand (m)	rërë (f)	[rérə]
menschenleer	plazh i shkretë	[plaʒ i ʃkrétə]

Bräune (f)	nxirje nga dielli (f)	[ndzírjɛ ŋa díɛti]
sich bräunen	nxihem	[ndzíhɛm]
gebräunt	i nxirë	[i ndzírə]
Sonnencreme (f)	krem dielli (f)	[krɛm díɛti]

Bikini (m)	bikini (m)	[bikíni]
Badeanzug (m)	rrobë banje (f)	[róbə báɲɛ]
Badehose (f)	mbathje banjo (f)	[mbáθjɛ báɲo]

Schwimmbad (n)	pishinë (f)	[piʃínə]
schwimmen (vi)	notoj	[notój]
Dusche (f)	dush (m)	[duʃ]
sich umkleiden	ndërroj	[ndərój]
Handtuch (n)	peshqir (m)	[pɛʃcír]

Boot (n)	varkë (f)	[várkə]
Motorboot (n)	skaf (m)	[skaf]
Wasserski (m)	ski ujor (m)	[ski ujór]

Tretboot (n)	varkë me pedale (f)	[várkə mɛ pɛdálɛ]
Surfen (n)	surf (m)	[surf]
Surfer (m)	surfist (m)	[surfíst]
Tauchgerät (n)	komplet për skuba (f)	[komplét pər skúba]
Schwimmflossen (pl)	këmbale noti (pl)	[kəmbálɛ nóti]
Maske (f)	maskë (f)	[máskə]
Taucher (m)	zhytës (m)	[ʒýtəs]
tauchen (vi)	zhytem	[ʒýtɛm]
unter Wasser	nën ujë	[nən újə]
Sonnenschirm (m)	çadër plazhi (f)	[tʃádər pláʒi]
Liege (f)	shezlong (m)	[ʃɛzlóŋ]
Sonnenbrille (f)	syze dielli (f)	[sýzɛ diéłi]
Schwimmmatratze (f)	dyshek me ajër (m)	[dyʃék mɛ ájər]
spielen (vi, vt)	loz	[loz]
schwimmen gehen	notoj	[notój]
Ball (m)	top plazhi (m)	[top pláʒi]
aufblasen (vt)	fryj	[fryj]
aufblasbar	që fryhet	[cə frýhɛt]
Welle (f)	dallgë (f)	[dáłgə]
Boje (f)	tapë (f)	[tápə]
ertrinken (vi)	mbytem	[mbýtɛm]
retten (vt)	shpëtoj	[ʃpətój]
Schwimmweste (f)	jelek shpëtimi (m)	[jɛlék ʃpətími]
beobachten (vt)	vëzhgoj	[vəʒgój]
Bademeister (m)	rojë bregdetare (m)	[rójə brɛgdɛtárɛ]

TECHNISCHES ZUBEHÖR. TRANSPORT

Technisches Zubehör

165. Computer

Computer (m)	kompjuter (m)	[kompjutér]
Laptop (m), Notebook (n)	laptop (m)	[laptóp]
einschalten (vt)	ndez	[ndɛz]
abstellen (vt)	fik	[fik]
Tastatur (f)	tastiera (f)	[tastiéra]
Taste (f)	çelës (m)	[tʃéləs]
Maus (f)	maus (m)	[máus]
Mousepad (n)	shtroje e mausit (f)	[ʃtrójɛ ɛ máusit]
Knopf (m)	buton (m)	[butón]
Cursor (m)	kursor (m)	[kursór]
Monitor (m)	monitor (m)	[monitór]
Schirm (m)	ekran (m)	[ɛkrán]
Festplatte (f)	hard disk (m)	[hárd dísk]
Festplattengröße (f)	kapaciteti i hard diskut (m)	[kapatsitéti i hárd dískut]
Speicher (m)	memorie (f)	[mɛmóriɛ]
Arbeitsspeicher (m)	memorie operative (f)	[mɛmóriɛ opɛratívɛ]
Datei (f)	skedë (f)	[skédə]
Ordner (m)	dosje (f)	[dósjɛ]
öffnen (vt)	hap	[hap]
schließen (vt)	mbyll	[mbyɫ]
speichern (vt)	ruaj	[rúaj]
löschen (vt)	fshij	[fʃíj]
kopieren (vt)	kopjoj	[kopjój]
sortieren (vt)	sistemoj	[sistɛmój]
transferieren (vt)	transferoj	[transfɛrój]
Programm (n)	program (m)	[prográm]
Software (f)	softuer (f)	[softuér]
Programmierer (m)	programues (m)	[programúɛs]
programmieren (vt)	programoj	[programój]
Hacker (m)	haker (m)	[hakér]
Kennwort (n)	fjalëkalim (m)	[fjaləkalím]
Virus (m, n)	virus (m)	[virús]
entdecken (vt)	zbuloj	[zbulój]
Byte (n)	bajt (m)	[bájt]

Megabyte (n)	megabajt (m)	[mɛgabájt]
Daten (pl)	të dhënat (pl)	[tə ðénat]
Datenbank (f)	databazë (f)	[databázə]

Kabel (n)	kabllo (f)	[kábɫo]
trennen (vt)	shkëpus	[ʃkəpús]
anschließen (vt)	lidh	[lið]

166. Internet. E-Mail

Internet (n)	internet (m)	[intɛrnét]
Browser (m)	shfletues (m)	[ʃflɛtúɛs]
Suchmaschine (f)	makineri kërkimi (f)	[makinɛrí kərkími]
Provider (m)	ofrues (m)	[ofrúɛs]

Webmaster (m)	uebmaster (m)	[uɛbmástɛr]
Website (f)	ueb-faqe (f)	[uéb-fácɛ]
Webseite (f)	ueb-faqe (f)	[uéb-fácɛ]

| Adresse (f) | adresë (f) | [adrésə] |
| Adressbuch (n) | libërth adresash (m) | [líbərθ adrésaʃ] |

Mailbox (f)	kuti postare (f)	[kutí postárɛ]
Post (f)	postë (f)	[póstə]
überfüllt (-er Briefkasten)	i mbushur	[i mbúʃur]

Mitteilung (f)	mesazh (m)	[mɛsáʒ]
eingehenden Nachrichten	mesazhe të ardhura (pl)	[mɛsáʒɛ tə árðura]
ausgehenden Nachrichten	mesazhe të dërguara (pl)	[mɛsáʒɛ tə dərgúara]

Absender (m)	dërguesi (m)	[dərgúɛsi]
senden (vt)	dërgoj	[dərgój]
Absendung (f)	dërgesë (f)	[dərgésə]

| Empfänger (m) | pranues (m) | [pranúɛs] |
| empfangen (vt) | pranoj | [pranój] |

| Briefwechsel (m) | korrespondencë (f) | [korɛspondéntsə] |
| im Briefwechsel stehen | komunikim | [komunikím] |

Datei (f)	skedë (f)	[skédə]
herunterladen (vt)	shkarkoj	[ʃkarkój]
schaffen (vt)	krijoj	[krijój]
löschen (vt)	fshij	[fʃij]
gelöscht (Datei)	e fshirë	[ɛ fʃírə]

Verbindung (f)	lidhje (f)	[líðjɛ]
Geschwindigkeit (f)	shpejtësi (f)	[ʃpɛjtəsí]
Modem (n)	modem (m)	[modém]
Zugang (m)	hyrje (f)	[hýrjɛ]
Port (m)	port (m)	[port]

| Anschluss (m) | lidhje (f) | [líðjɛ] |
| sich anschließen | lidhem me ... | [líðɛm mɛ ...] |

auswählen (vt)	përzgjedh	[pərzɟéð]
suchen (vt)	kërkoj ...	[kərkój ...]

167. Elektrizität

Elektrizität (f)	elektricitet (m)	[ɛlɛktritsitét]
elektrisch	elektrik	[ɛlɛktrík]
Elektrizitätswerk (n)	hidrocentral (m)	[hidrotsɛntrál]
Energie (f)	energji (f)	[ɛnɛɟí]
Strom (m)	energji elektrike (f)	[ɛnɛɟí ɛlɛktríkɛ]

Glühbirne (f)	poç (m)	[potʃ]
Taschenlampe (f)	llambë dore (f)	[ɫámbə dórɛ]
Straßenlaterne (f)	llambë rruge (f)	[ɫámbə rúgɛ]

Licht (n)	dritë (f)	[drítə]
einschalten (vt)	ndez	[ndɛz]
ausschalten (vt)	fik	[fik]
das Licht ausschalten	fik dritën	[fík drítən]

durchbrennen (vi)	digjet	[díɟɛt]
Kurzschluss (m)	qark i shkurtër (m)	[cark i ʃkúrtər]
Riß (m)	tel i prishur (m)	[tɛl i príʃur]
Kontakt (m)	kontakt (m)	[kontákt]

Schalter (m)	çelës drite (m)	[tʃéləs drítɛ]
Steckdose (f)	prizë (f)	[prízə]
Stecker (m)	spinë (f)	[spínə]
Verlängerung (f)	zgjatues (m)	[zɟatúɛs]

Sicherung (f)	siguresë (f)	[sigurésə]
Leitungsdraht (m)	kabllo (f)	[kábɫo]
Verdrahtung (f)	rrjet elektrik (m)	[rjét ɛlɛktrík]

Ampere (n)	amper (m)	[ampér]
Stromstärke (f)	amperazh (f)	[ampɛráʒ]
Volt (n)	volt (m)	[volt]
Voltspannung (f)	voltazh (m)	[voltáʒ]

Elektrogerät (n)	aparat elektrik (m)	[aparát ɛlɛktrík]
Indikator (m)	indikator (m)	[indikatór]

Elektriker (m)	elektricist (m)	[ɛlɛktritsíst]
löten (vt)	saldoj	[saldój]
Lötkolben (m)	pajisje saldimi (f)	[pajísjɛ saldími]
Strom (m)	korrent elektrik (m)	[korént ɛlɛktrík]

168. Werkzeug

Werkzeug (n)	vegël (f)	[végəl]
Werkzeuge (pl)	vegla (pl)	[végla]
Ausrüstung (f)	pajisje (f)	[pajísjɛ]

Hammer (m)	çekiç (m)	[tʃɛkítʃ]
Schraubenzieher (m)	kaçavidë (f)	[katʃavídə]
Axt (f)	sëpatë (f)	[səpátə]

Säge (f)	sharrë (f)	[ʃárə]
sägen (vt)	sharroj	[ʃarój]
Hobel (m)	zdrukthues (m)	[zdrukθúɛs]
hobeln (vt)	zdrukthoj	[zdrukθój]
Lötkolben (m)	pajisje saldimi (f)	[pajísjɛ saldími]
löten (vt)	saldoj	[saldój]

Feile (f)	limë (f)	[límə]
Kneifzange (f)	darë (f)	[dárə]
Flachzange (f)	pinca (f)	[píntsa]
Stemmeisen (n)	daltë (f)	[dáltə]

Bohrer (m)	turjelë (f)	[turjélə]
Bohrmaschine (f)	shpuese elektrike (f)	[ʃpúɛsɛ ɛlɛktríkɛ]
bohren (vt)	shpoj	[ʃpoj]

Messer (n)	thikë (f)	[θíkə]
Taschenmesser (n)	thikë xhepi (f)	[θíkə dʒépi]
Klinge (f)	teh (m)	[tɛh]

scharf (-e Messer usw.)	i mprehtë	[i mpréhtə]
stumpf	i topitur	[i topítur]
stumpf werden (vi)	bëhet e topítur	[bə́hɛt ɛ topítur]
schärfen (vt)	mpreh	[mpréh]

Bolzen (m)	vidë (f)	[vídə]
Mutter (f)	dado (f)	[dádo]
Gewinde (n)	filetë e vidhës (f)	[filétə ɛ víðəs]
Holzschraube (f)	vidhë druri (f)	[víðə drúri]

Nagel (m)	gozhdë (f)	[góʒdə]
Nagelkopf (m)	kokë gozhde (f)	[kókə góʒdɛ]

Lineal (n)	vizore (f)	[vizórɛ]
Metermaß (n)	metër (m)	[métər]
Wasserwaage (f)	nivelizues (m)	[nivɛlizúɛs]
Lupe (f)	lente zmadhuese (f)	[léntɛ zmaðúɛsɛ]

Messinstrument (n)	mjet matës (m)	[mjét mátəs]
messen (vt)	mas	[mas]
Skala (f)	gradë (f)	[grádə]
Ablesung (f)	matjet (pl)	[mátjɛt]

Kompressor (m)	kompresor (m)	[komprɛsór]
Mikroskop (n)	mikroskop (m)	[mikroskóp]

Pumpe (f)	pompë (f)	[pómpə]
Roboter (m)	robot (m)	[robót]
Laser (m)	laser (m)	[lasér]

Schraubenschlüssel (m)	çelës (m)	[tʃéləs]
Klebeband (n)	shirit ngjitës (m)	[ʃirít ɲítəs]

Klebstoff (m)	ngjitës (m)	[nʝítəs]
Sandpapier (n)	letër smeril (f)	[létər smɛríl]
Sprungfeder (f)	sustë (f)	[sústə]
Magnet (m)	magnet (m)	[magnét]
Handschuhe (pl)	dorëza (pl)	[dórəza]

Leine (f)	litar (m)	[litár]
Schnur (f)	kordon (m)	[kordón]
Draht (m)	tel (m)	[tɛl]
Kabel (n)	kabllo (f)	[kábɫo]

schwerer Hammer (m)	çekan i rëndë (m)	[tʃɛkán i rəndə]
Brecheisen (n)	levë (f)	[lévə]
Leiter (f)	shkallë (f)	[ʃkáɫə]
Trittleiter (f)	shkallëz (f)	[ʃkáɫəz]

zudrehen (vt)	vidhos	[viðós]
abdrehen (vt)	zhvidhos	[ʒviðós]
zusammendrücken (vt)	shtrëngoj	[ʃtrəŋój]
ankleben (vt)	ngjes	[nʝés]
schneiden (vt)	pres	[prɛs]

Störung (f)	avari (f)	[avarí]
Reparatur (f)	riparim (m)	[riparím]
reparieren (vt)	riparoj	[riparój]
einstellen (vt)	rregulloj	[rɛguɫój]

prüfen (vt)	kontrolloj	[kontroɫój]
Prüfung (f)	kontroll (m)	[kontróɫ]
Ablesung (f)	matjet (pl)	[mátjɛt]

| sicher (zuverlässigen) | e sigurt | [ɛ sígurt] |
| kompliziert (Adj) | komplekse | [kompléksɛ] |

verrosten (vi)	ndryshket	[ndrýʃkɛt]
rostig	e ndryshkur	[ɛ ndrýʃkur]
Rost (m)	ndryshk (m)	[ndrýʃk]

Transport

169. Flugzeug

Flugzeug (n)	avion (m)	[avión]
Flugticket (n)	biletë avioni (f)	[bilétə avióni]
Fluggesellschaft (f)	kompani ajrore (f)	[kompaní ajrórɛ]
Flughafen (m)	aeroport (m)	[aɛropórt]
Überschall-	supersonik	[supɛrsoník]
Flugkapitän (m)	kapiten (m)	[kapitén]
Besatzung (f)	ekip (m)	[ɛkíp]
Pilot (m)	pilot (m)	[pilót]
Flugbegleiterin (f)	stjuardesë (f)	[stjuardésə]
Steuermann (m)	navigues (m)	[navigúɛs]
Flügel (pl)	krahë (pl)	[kráhə]
Schwanz (m)	bisht (m)	[biʃt]
Kabine (f)	kabinë (f)	[kabínə]
Motor (m)	motor (m)	[motór]
Fahrgestell (n)	karrel (m)	[karél]
Turbine (f)	turbinë (f)	[turbínə]
Propeller (m)	helikë (f)	[hɛlíkə]
Flugschreiber (m)	kuti e zezë (f)	[kutí ɛ zézə]
Steuerrad (n)	timon (m)	[timón]
Treibstoff (m)	karburant (m)	[karburánt]
Sicherheitskarte (f)	udhëzime sigurie (pl)	[uðəzímɛ siguríɛ]
Sauerstoffmaske (f)	maskë oksigjeni (f)	[máskə oksiɟéni]
Uniform (f)	uniformë (f)	[unifórmə]
Rettungsweste (f)	jelek shpëtimi (m)	[jɛlék ʃpətími]
Fallschirm (m)	parashutë (f)	[paraʃútə]
Abflug, Start (m)	ngritje (f)	[ŋrítjɛ]
starten (vi)	fluturon	[fluturón]
Startbahn (f)	pista e fluturimit (f)	[písta ɛ fluturímit]
Sicht (f)	shikueshmëri (f)	[ʃikuɛʃmərí]
Flug (m)	fluturim (m)	[fluturím]
Höhe (f)	lartësi (f)	[lartəsí]
Luftloch (n)	xhep ajri (m)	[dʒɛp ájri]
Platz (m)	karrige (f)	[karígɛ]
Kopfhörer (m)	kufje (f)	[kúfjɛ]
Klapptisch (m)	tabaka (f)	[tabaká]
Bullauge (n)	dritare avioni (f)	[dritárɛ avióni]
Durchgang (m)	korridor (m)	[koridór]

170. Zug

Zug (m)	tren (m)	[trɛn]
elektrischer Zug (m)	tren elektrik (m)	[trɛn ɛlɛktrík]
Schnellzug (m)	tren ekspres (m)	[trɛn ɛksprés]
Diesellok (f)	lokomotivë me naftë (f)	[lokomótivə mɛ náftə]
Dampflok (f)	lokomotivë me avull (f)	[lokomótivə mɛ ávuɫ]
Personenwagen (m)	vagon (m)	[vagón]
Speisewagen (m)	vagon restorant (m)	[vagón rɛstoránt]
Schienen (pl)	shina (pl)	[ʃína]
Eisenbahn (f)	hekurudhë (f)	[hɛkurúðə]
Bahnschwelle (f)	traversë (f)	[travérsə]
Bahnsteig (m)	platformë (f)	[platfórmə]
Gleis (n)	binar (m)	[binár]
Eisenbahnsignal (n)	semafor (m)	[sɛmafór]
Station (f)	stacion (m)	[statsión]
Lokomotivführer (m)	makinist (m)	[makiníst]
Träger (m)	portier (m)	[portiér]
Schaffner (m)	konduktor (m)	[konduktór]
Fahrgast (m)	pasagjer (m)	[pasaɟér]
Fahrkartenkontrolleur (m)	konduktor (m)	[konduktór]
Flur (m)	korridor (m)	[koridór]
Notbremse (f)	frena urgjence (f)	[fréna urɟéntsɛ]
Abteil (n)	ndarje (f)	[ndárjɛ]
Liegeplatz (m), Schlafkoje (f)	kat (m)	[kat]
oberer Liegeplatz (m)	kati i sipërm (m)	[káti i sípərm]
unterer Liegeplatz (m)	kati i poshtëm (m)	[káti i póʃtəm]
Bettwäsche (f)	shtroje shtrati (pl)	[ʃtrójɛ ʃtráti]
Fahrkarte (f)	biletë (f)	[bilétə]
Fahrplan (m)	orar (m)	[orár]
Anzeigetafel (f)	tabelë e informatave (f)	[tabélə ɛ informátavɛ]
abfahren (der Zug)	niset	[nísɛt]
Abfahrt (f)	nisje (f)	[nísjɛ]
ankommen (der Zug)	arrij	[aríj]
Ankunft (f)	arritje (f)	[arítjɛ]
mit dem Zug kommen	arrij me tren	[aríj mɛ trɛn]
in den Zug einsteigen	hip në tren	[hip nə trén]
aus dem Zug aussteigen	zbres nga treni	[zbrɛs ŋa tréni]
Zugunglück (n)	aksident hekurudhor (m)	[aksidént hɛkuruðór]
entgleisen (vi)	del nga shinat	[dɛl ŋa ʃínat]
Dampflok (f)	lokomotivë me avull (f)	[lokomótivə mɛ ávuɫ]
Heizer (m)	mbikëqyrës i zjarrit (m)	[mbikəcýrəs i zjárit]
Feuerbüchse (f)	furrë (f)	[fúrə]
Kohle (f)	qymyr (m)	[cymýr]

171. Schiff

Schiff (n)	anije (f)	[aníjɛ]
Fahrzeug (n)	mjet lundrues (m)	[mjét lundrúɛs]
Dampfer (m)	anije me avull (f)	[aníjɛ mɛ ávuɫ]
Motorschiff (n)	anije lumi (f)	[aníjɛ lúmi]
Kreuzfahrtschiff (n)	krocierë (f)	[krotsiérə]
Kreuzer (m)	anije luftarake (f)	[aníjɛ luftarákɛ]
Jacht (f)	jaht (m)	[jáht]
Schlepper (m)	anije rimorkiuese (f)	[aníjɛ rimorkiúɛsɛ]
Lastkahn (m)	anije transportuese (f)	[aníjɛ transportúɛsɛ]
Fähre (f)	traget (m)	[tragét]
Segelschiff (n)	anije me vela (f)	[aníjɛ mɛ véla]
Brigantine (f)	brigantinë (f)	[brigantínə]
Eisbrecher (m)	akullthyese (f)	[akuɫθýɛsɛ]
U-Boot (n)	nëndetëse (f)	[nəndétəsɛ]
Boot (n)	barkë (f)	[bárkə]
Dingi (n), Beiboot (n)	gomone (f)	[gomónɛ]
Rettungsboot (n)	varkë shpëtimi (f)	[várkə ʃpətími]
Motorboot (n)	skaf (m)	[skaf]
Kapitän (m)	kapiten (m)	[kapitén]
Matrose (m)	marinar (m)	[marinár]
Seemann (m)	marinar (m)	[marinár]
Besatzung (f)	ekip (m)	[ɛkíp]
Bootsmann (m)	kryemarinar (m)	[kryɛmarinár]
Schiffsjunge (m)	djali i anijes (m)	[djáli i aníjɛs]
Schiffskoch (m)	kuzhinier (m)	[kuʒiniér]
Schiffsarzt (m)	doktori i anijes (m)	[doktóri i aníjɛs]
Deck (n)	kuverta (f)	[kuvérta]
Mast (m)	direk (m)	[dirék]
Segel (n)	vela (f)	[véla]
Schiffsraum (m)	bagazh (m)	[bagáʒ]
Bug (m)	harku sipëror (m)	[hárku sipərór]
Heck (n)	pjesa e pasme (f)	[pjésa ɛ pásmɛ]
Ruder (n)	rrem (m)	[rɛm]
Schraube (f)	helikë (f)	[hɛlíkə]
Kajüte (f)	kabinë (f)	[kabínə]
Messe (f)	zyrë e oficerëve (m)	[zýrə ɛ ofitsérəvɛ]
Maschinenraum (m)	salla e motorit (m)	[sáɫa ɛ motórit]
Kommandobrücke (f)	urë komanduese (f)	[úrə komandúɛsɛ]
Funkraum (m)	kabina radiotelegrafike (f)	[kabína radiotɛlɛgrafíkɛ]
Radiowelle (f)	valë (f)	[válə]
Schiffstagebuch (n)	libri i shënimeve (m)	[líbri i ʃənímɛvɛ]
Fernrohr (n)	dylbi (f)	[dylbí]
Glocke (f)	këmbanë (f)	[kəmbánə]

Fahne (f)	flamur (m)	[flamúr]
Seil (n)	pallamar (m)	[paɫamár]
Knoten (m)	nyjë (f)	[nýjə]

| Geländer (n) | parmakë (pl) | [parmákə] |
| Treppe (f) | shkallë (f) | [ʃkáɫə] |

Anker (m)	spirancë (f)	[spirántsə]
den Anker lichten	ngre spirancën	[ŋré spirántsən]
Anker werfen	hedh spirancën	[hɛð spirántsən]
Ankerkette (f)	zinxhir i spirancës (m)	[zindʒír i spirántsəs]

Hafen (m)	port (m)	[port]
Anlegestelle (f)	skelë (f)	[skélə]
anlegen (vi)	ankoroj	[ankorój]
abstoßen (vt)	niset	[nísɛt]

Reise (f)	udhëtim (m)	[uðətím]
Kreuzfahrt (f)	udhëtim me krocierë (f)	[uðətím mɛ krotsiérə]
Kurs.(m), Richtung (f)	kursi i udhëtimit (m)	[kúrsi i uðətímit]
Reiseroute (f)	itinerar (m)	[itinɛrár]

Fahrwasser (n)	ujëra të lundrueshme (f)	[újəra tə lundrúeʃmɛ]
Untiefe (f)	cekëtinë (f)	[tsɛkətínə]
stranden (vi)	bllokohet në rërë	[bɫokóhɛt nə rərə]

Sturm (m)	stuhi (f)	[stuhí]
Signal (n)	sinjal (m)	[siɲál]
untergehen (vi)	fundoset	[fundósɛt]
Mann über Bord!	Njeri në det!	[ɲɛrí nə dɛt!]
SOS	SOS (m)	[sos]
Rettungsring (m)	bovë shpëtuese (f)	[bóvə ʃpətúesɛ]

172. Flughafen

Flughafen (m)	aeroport (m)	[aɛropórt]
Flugzeug (n)	avion (m)	[avión]
Fluggesellschaft (f)	kompani ajrore (f)	[kompaní ajróɾɛ]
Fluglotse (m)	kontroll i trafikut ajror (m)	[kontróɫ i trafíkut ajrór]

Abflug (m)	nisje (f)	[nísjɛ]
Ankunft (f)	arritje (f)	[arítjɛ]
anfliegen (vi)	arrij me avion	[aríj mɛ avión]

| Abflugzeit (f) | nisja (f) | [nísja] |
| Ankunftszeit (f) | arritja (f) | [arítja] |

| sich verspäten | vonesë | [vonésə] |
| Abflugverspätung (f) | vonesë avioni (f) | [vonésə avióni] |

Anzeigetafel (f)	ekrani i informacioneve (m)	[ɛkráni i informatsiónɛvɛ]
Information (f)	informacion (m)	[informatsión]
ankündigen (vt)	njoftoj	[ɲoftój]
Flug (m)	fluturim (m)	[fluturím]

| Zollamt (n) | doganë (f) | [dogánə] |
| Zollbeamter (m) | doganier (m) | [doganiér] |

Zolldeklaration (f)	deklarim doganor (m)	[dɛklarím doganór]
ausfüllen (vt)	plotësoj	[plotəsój]
die Zollerklärung ausfüllen	plotësoj deklaratën	[plotəsój dɛklarátən]
Passkontrolle (f)	kontroll pasaportash (m)	[kontróɫ pasapórtaʃ]

Gepäck (n)	bagazh (m)	[bagáʒ]
Handgepäck (n)	bagazh dore (m)	[bagáʒ dórɛ]
Kofferkuli (m)	karrocë bagazhesh (f)	[karótsə bagáʒɛʃ]

Landung (f)	aterrim (m)	[atɛrím]
Landebahn (f)	pistë aterrimi (f)	[pístə atɛrími]
landen (vi)	aterroj	[atɛrój]
Fluggasttreppe (f)	shkallë avioni (f)	[ʃkáɫə avióni]

Check-in (n)	regjistrim (m)	[rɛɟistrím]
Check-in-Schalter (m)	sportel regjistrimi (m)	[sportél rɛɟistrími]
sich registrieren lassen	regjistrohem	[rɛɟistróhɛm]
Bordkarte (f)	biletë e hyrjes (f)	[bilétə ɛ hýrjɛs]
Abfluggate (n)	porta e nisjes (f)	[pórta ɛ nísjɛs]

Transit (m)	transit (m)	[transít]
warten (vi)	pres	[prɛs]
Wartesaal (m)	salla e nisjes (f)	[sáɫa ɛ nísjɛs]
begleiten (vt)	përcjell	[pərtsjéɫ]
sich verabschieden	përshëndetem	[pərʃəndétɛm]

173. Fahrrad. Motorrad

Fahrrad (n)	biçikletë (f)	[bitʃiklétə]
Motorroller (m)	skuter (m)	[skutér]
Motorrad (n)	motoçikletë (f)	[mototʃiklétə]

Rad fahren	shkoj me biçikletë	[ʃkoj mɛ bitʃiklétə]
Lenkstange (f)	timon (m)	[timón]
Pedal (n)	pedale (f)	[pɛdálɛ]
Bremsen (pl)	frenat (pl)	[frénat]
Sattel (m)	shalë (f)	[ʃálə]

Pumpe (f)	pompë (f)	[pómpə]
Gepäckträger (m)	mbajtëse (f)	[mbájtəsɛ]
Scheinwerfer (m)	drita e përparme (f)	[dríta ɛ pərpármɛ]
Helm (m)	helmetë (f)	[hɛlmétə]

Rad (n)	rrotë (f)	[rótə]
Schutzblech (n)	parafango (f)	[parafáɲo]
Felge (f)	rreth i jashtëm i rrotës (m)	[rɛθ i jáʃtəm i rótəs]
Speiche (f)	telat e diskut (m)	[télat ɛ dískut]

Autos

174. Autotypen

Auto (n)	makinë (f)	[makínə]
Sportwagen (m)	makinë sportive (f)	[makínə sportívɛ]
Limousine (f)	limuzinë (f)	[limuzínə]
Geländewagen (m)	fuoristradë (f)	[fuoristrádə]
Kabriolett (n)	kabriolet (m)	[kabriolét]
Kleinbus (m)	furgon (m)	[furgón]
Krankenwagen (m)	ambulancë (f)	[ambuEántsə]
Schneepflug (m)	borëpastruese (f)	[borəpastrúɛsɛ]
Lastkraftwagen (m)	kamion (m)	[kamión]
Tankwagen (m)	autocisternë (f)	[autotsistérnə]
Kastenwagen (m)	furgon mallrash (m)	[furgón máɬraʃ]
Sattelzug (m)	kamionçinë (f)	[kamiontʃínə]
Anhänger (m)	rimorkio (f)	[rimórkio]
komfortabel	i rehatshëm	[i rɛhátʃəm]
gebraucht	i përdorur	[i pərdórur]

175. Autos. Karosserie

Motorhaube (f)	kofano (f)	[kófano]
Kotflügel (m)	parafango (f)	[parafáŋo]
Dach (n)	çati (f)	[tʃatí]
Windschutzscheibe (f)	xham i përparmë (m)	[dʒam i pərpármə]
Rückspiegel (m)	pasqyrë për prapa (f)	[pascýrə pər prápa]
Scheibenwaschanlage (f)	larëse xhami (f)	[lárəsɛ dʒámi]
Scheibenwischer (m)	fshirëse xhami (f)	[fʃírəsɛ dʒámi]
Seitenscheibe (f)	xham anësor (m)	[dʒam anəsór]
Fensterheber (m)	levë xhami (f)	[léve dʒámi]
Antenne (f)	antenë (f)	[anténə]
Schiebedach (n)	çati diellore (f)	[tʃatí diɛɬórɛ]
Stoßstange (f)	parakolp (m)	[parakólp]
Kofferraum (m)	bagazh (m)	[bagáʒ]
Dachgepäckträger (m)	bagazh mbi çati (m)	[bagáʒ mbi tʃatí]
Wagenschlag (m)	derë (f)	[dérə]
Türgriff (m)	doreza e derës (m)	[doréza ɛ dérəs]
Türschloss (n)	kyç (m)	[kytʃ]
Nummernschild (n)	targë makine (f)	[tárgə makínɛ]
Auspufftopf (m)	silenciator (m)	[silɛntsiatór]

Benzintank (m)	serbator (m)	[sɛrbatór]
Auspuffrohr (n)	tub shkarkimi (m)	[tub ʃkarkími]
Gas (n)	gaz (m)	[gaz]
Pedal (n)	këmbëz (f)	[kémbəz]
Gaspedal (n)	pedal i gazit (m)	[pɛdál i gázit]
Bremse (f)	freni (m)	[fréni]
Bremspedal (n)	pedal i frenave (m)	[pɛdál i frénavɛ]
bremsen (vi)	frenoj	[frɛnój]
Handbremse (f)	freni i dorës (m)	[fréni i dórəs]
Kupplung (f)	friksion (m)	[friksión]
Kupplungspedal (n)	pedal i friksionit (m)	[pɛdál i friksiónit]
Kupplungsscheibe (f)	disk i friksionit (m)	[dísk i friksiónit]
Stoßdämpfer (m)	amortizator (m)	[amortizatór]
Rad (n)	rrotë (f)	[rótə]
Reserverad (n)	gomë rezervë (f)	[gómə rɛzérvə]
Reifen (m)	gomë (f)	[gómə]
Radkappe (f)	mbulesë gome (f)	[mbulésə gómɛ]
Triebräder (pl)	rrota makine (f)	[róta makínɛ]
mit Vorderantrieb	me rrotat e përparme	[mɛ rotat ɛ pərpármɛ]
mit Hinterradantrieb	me rrotat e pasme	[mɛ rótat ɛ pásmɛ]
mit Allradantrieb	me të gjitha rrotat	[mɛ tə ɟíθa rótat]
Getriebe (n)	kutia e marsheve (f)	[kutía ɛ márʃɛvɛ]
Automatik-	automatik	[automatík]
Schalt-	mekanik	[mɛkaník]
Schalthebel (m)	levë e marshit (f)	[lévə ɛ márʃit]
Scheinwerfer (m)	dritë e përparme (f)	[drítə ɛ pərpármɛ]
Scheinwerfer (pl)	dritat e përparme (pl)	[drítat ɛ pərpármɛ]
Abblendlicht (n)	dritat e shkurtra (pl)	[drítat ɛ ʃkúrtra]
Fernlicht (n)	dritat e gjata (pl)	[drítat ɛ ɟáta]
Stopplicht (n)	dritat e frenave (pl)	[drítat ɛ frénavɛ]
Standlicht (n)	dritat për parkim (pl)	[drítat pər parkím]
Warnblinker (m)	sinjal për urgjencë (m)	[siɲál pər urɟéntsə]
Nebelscheinwerfer (pl)	drita mjegulle (pl)	[dríta mjéguɫɛ]
Blinker (m)	sinjali i kthesës (m)	[siɲáli i kθésəs]
Rückfahrscheinwerfer (m)	dritat e prapme (pl)	[drítat ɛ prápmɛ]

176. Autos. Fahrgastraum

Wageninnere (n)	interier (m)	[intɛriér]
Leder-	prej lëkure	[prɛj ləkúrɛ]
aus Velours	kadife	[kadífɛ]
Polster (n)	veshje (f)	[véʃʃɛ]
Instrument (n)	instrument (m)	[instrumént]
Armaturenbrett (n)	panel instrumentesh (m)	[panél instruméntɛʃ]

| Tachometer (m) | matës i shpejtësisë (m) | [mátəs i ʃpɛjtəsísə] |
| Nadel (f) | shigjetë (f) | [ʃijétə] |

Kilometerzähler (m)	kilometrazh (m)	[kilomɛtráʒ]
Anzeige (Temperatur-)	indikator (m)	[indikatór]
Pegel (m)	nivel (m)	[nivél]
Kontrollleuchte (f)	dritë paralajmëruese (f)	[drítə paralajmərúɛsɛ]

Steuerrad (n)	timon (m)	[timón]
Hupe (f)	bori (f)	[borí]
Knopf (m)	buton (m)	[butón]
Umschalter (m)	çelës drite (m)	[tʃéləs drítɛ]

Sitz (m)	karrige (f)	[karígɛ]
Rückenlehne (f)	shpinore (f)	[ʃpinórɛ]
Kopfstütze (f)	mbështetësja e kokës (m)	[mbəʃtétəsja ɛ kókəs]
Sicherheitsgurt (m)	rrip i sigurimit (m)	[rip i sigurímit]
sich anschnallen	lidh rripin e sigurimit	[lið rípin ɛ sigurímit]
Einstellung (f)	rregulloj (m)	[rɛguɫój]

| Airbag (m) | jastëk ajri (m) | [jastək ájri] |
| Klimaanlage (f) | kondicioner (m) | [konditsionér] |

Radio (n)	radio (f)	[rádio]
CD-Spieler (m)	disk CD (m)	[dísk tsɛdé]
einschalten (vt)	ndez	[ndɛz]
Antenne (f)	antenë (f)	[anténə]
Handschuhfach (n)	kroskot (m)	[kroskót]
Aschenbecher (m)	taketuke (f)	[takɛtúkɛ]

177. Autos. Motor

Triebwerk (n), Motor (m)	motor (m)	[motór]
Diesel-	me naftë	[mɛ náftə]
Benzin-	me benzinë	[mɛ bɛnzínə]

Hubraum (m)	vëllim i motorit (m)	[vəɫím i motórit]
Leistung (f)	fuqi (f)	[fucí]
Pferdestärke (f)	kuaj-fuqi (f)	[kúaj-fucí]
Kolben (m)	piston (m)	[pistón]
Zylinder (m)	cilindër (m)	[tsilíndər]
Ventil (n)	valvulë (f)	[valvúlə]

Injektor (m)	injektor (m)	[iɲɛktór]
Generator (m)	gjenerator (m)	[ɟɛnɛratór]
Vergaser (m)	karburator (m)	[karburatór]
Motoröl (n)	vaj i motorit (m)	[vaj i motórit]

Kühler (m)	radiator (m)	[radiatór]
Kühlflüssigkeit (f)	antifriz (m)	[antifríz]
Ventilator (m)	ventilator (m)	[vɛntilatór]

| Autobatterie (f) | bateri (f) | [batɛrí] |
| Anlasser (m) | motorino (f) | [motoríno] |

Zündung (f)	kuadër ndezës (m)	[kuádər ndézəs]
Zündkerze (f)	kandelë (f)	[kandélə]

Klemme (f)	morseta e baterisë (f)	[morséta ɛ batɛrísə]
Pluspol (m)	kahu pozitiv (m)	[káhu pózitiv]
Minuspol (m)	kahu negativ (m)	[káhu négativ]
Sicherung (f)	siguresë (f)	[sigurésə]

Luftfilter (m)	filtri i ajrit (m)	[fíltri i ájrit]
Ölfilter (m)	filtri i vajit (m)	[fíltri i vájit]
Treibstofffilter (m)	filtri i karburantit (m)	[fíltri i karburántit]

178. Autos. Unfall. Reparatur

Unfall (m)	aksident (m)	[aksidént]
Verkehrsunfall (m)	aksident rrugor (m)	[aksidént rúgor]
fahren gegen ...	përplasem në mur	[pərplásɛm nə mur]
verunglücken (vi)	aksident i rëndë	[aksidént i rəndə]
Schaden (m)	dëm (m)	[dəm]
heil (Adj)	pa dëmtime	[pa dəmtímɛ]

Panne (f)	avari (f)	[avarí]
kaputtgehen (vi)	prishet	[príʃɛt]
Abschleppseil (n)	kabllo rimorkimi (f)	[kábło rimorkími]

Reifenpanne (f)	shpim (m)	[ʃpim]
platt sein	shpohet	[ʃpóhɛt]
pumpen (vt)	fryj	[fryj]
Reifendruck (m)	presion (m)	[prɛsión]
prüfen (vt)	kontrolloj	[kontrołój]

Reparatur (f)	riparim (m)	[riparím]
Reparaturwerkstatt (f)	auto servis (m)	[áuto sɛrvís]
Ersatzteil (n)	pjesë këmbimi (f)	[pjésə kəmbími]
Einzelteil (n)	pjesë (f)	[pjésə]

Bolzen (m)	bulona (f)	[bulóna]
Schraube (f)	vida (f)	[vída]
Schraubenmutter (f)	dado (f)	[dádo]
Scheibe (f)	rondelë (f)	[rondélə]
Lager (n)	kushineta (f)	[kuʃinéta]

Rohr (Abgas-)	tub (m)	[tub]
Dichtung (f)	rondelë (f)	[rondélə]
Draht (m)	kabllo (f)	[kábło]

Wagenheber (m)	krik (m)	[krik]
Schraubenschlüssel (m)	çelës (m)	[tʃéləs]
Hammer (m)	çekiç (m)	[tʃɛkítʃ]
Pumpe (f)	pompë (f)	[pómpə]
Schraubenzieher (m)	kaçavidë (f)	[katʃavídə]
Feuerlöscher (m)	bombolë kundër zjarrit (f)	[bombólə kúndər zjárit]
Warndreieck (n)	trekëndësh	[trékəndəʃ]
	paralajmërues (m)	paralajmərúɛs]

abwürgen (Motor)	fiket	[fíkɛt]
Anhalten (~ des Motors)	fikje (f)	[fíkjɛ]
kaputt sein	prishet	[príʃɛt]

überhitzt werden (Motor)	nxehet	[ndzéhɛt]
verstopft sein	bllokohet	[bɫokóhɛt]
einfrieren (Schloss, Rohr)	ngrihet	[ŋríhɛt]
zerplatzen (vi)	plas tubi	[plas túbi]

Druck (m)	presion (m)	[prɛsión]
Pegel (m)	nivel (m)	[nivél]
schlaff (z.B. -e Riemen)	i lirshëm	[i lírʃəm]

Delle (f)	shtypje (f)	[ʃtýpjɛ]
Klopfen (n)	zhurmë motori (f)	[ʒúrmə motóri]
Riß (m)	çarje (f)	[tʃárjɛ]
Kratzer (m)	gërvishtje (f)	[gərvíʃtjɛ]

179. Autos. Straßen

Fahrbahn (f)	rrugë (f)	[rúgə]
Schnellstraße (f)	autostradë (f)	[autostrádə]
Autobahn (f)	autostradë (f)	[autostrádə]
Richtung (f)	drejtim (m)	[drɛjtím]
Entfernung (f)	largësi (f)	[largəsí]

Brücke (f)	urë (f)	[úrə]
Parkplatz (m)	parking (m)	[parkíŋ]
Platz (m)	shesh (m)	[ʃɛʃ]
Autobahnkreuz (n)	kryqëzim rrugësh (m)	[krycəzím rúgəʃ]
Tunnel (m)	tunel (m)	[tunél]

Tankstelle (f)	pikë karburanti (f)	[píkə karburánti]
Parkplatz (m)	parking (m)	[parkíŋ]
Zapfsäule (f)	pompë karburanti (f)	[pómpə karburánti]
Reparaturwerkstatt (f)	auto servis (m)	[áuto sɛrvís]
tanken (vt)	furnizohem me gaz	[furnizóhɛm mɛ gáz]
Treibstoff (m)	karburant (m)	[karburánt]
Kanister (m)	bidon (m)	[bidón]

Asphalt (m)	asfalt (m)	[asfált]
Markierung (f)	vijëzime të rrugës (pl)	[vijəzímɛ tə rúgəs]
Bordstein (m)	bordurë (f)	[bordúrə]
Leitplanke (f)	parmakë të sigurisë (pl)	[parmákə tə sigurísə]
Graben (m)	kanal (m)	[kanál]
Straßenrand (m)	shpatull rrugore (f)	[ʃpátuɫ rugórɛ]
Straßenlaterne (f)	shtyllë dritash (f)	[ʃtýɫə drítaʃ]

fahren (vt)	ngas	[ŋas]
abbiegen (nach links ~)	kthej	[kθɛj]
umkehren (vi)	marr kthesë U	[mar kθésə u]
Rückwärtsgang (m)	marsh prapa (m)	[marʃ prápa]
hupen (vi)	i bie borisë	[i bíɛ borísə]
Hupe (f)	tyt (m)	[tyt]

stecken (im Schlamm ~)	ngec në baltë	[ŋɛts nə báltə]
durchdrehen (Räder)	xhiroj gomat	[dʒirój gómat]
abstellen (Motor ~)	fik	[fik]

Geschwindigkeit (f)	shpejtësi (f)	[ʃpɛjtəsí]
Geschwindigkeit überschreiten	kaloj minimumin e shpejtësisë	[kalój minimúmin ɛ ʃpɛjtəsísə]
bestrafen (vt)	vë gjobë	[və ɟóbə]
Ampel (f)	semafor (m)	[sɛmafór]
Führerschein (m)	patentë shoferi (f)	[paténtə ʃoféri]

Bahnübergang (m)	kalim hekurudhor (m)	[kalím hɛkuruðór]
Straßenkreuzung (f)	kryqëzim (m)	[krycəzím]
Fußgängerüberweg (m)	kalim për këmbësorë (m)	[kalím pər kəmbəsórə]
Kehre (f)	kthesë (f)	[kθésə]
Fußgängerzone (f)	zonë këmbësorësh (f)	[zónə kəmbəsórəʃ]

180. Verkehrszeichen

Verkehrsregeln (pl)	rregullat e trafikut rrugor (pl)	[réguɫat ɛ trafíkut rugór]
Verkehrszeichen (n)	shenjë trafiku (f)	[ʃéɲə trafíku]
Überholen (n)	tejkalim	[tɛjkalím]
Kurve (f)	kthesë	[kθésə]
Wende (f)	kthesë U	[kθésə u]
Kreisverkehr (m)	rrethrrotullim	[rɛθrotuɫím]

Einfahrt verboten	Ndalohet hyrja	[ndalóhɛt hýrja]
Verkehr verboten	Ndalohen automjetet	[ndalóhɛn automjétɛt]
Überholverbot	Ndalohet tejkalimi	[ndalóhɛt tɛjkalími]
Parken verboten	Ndalohet parkimi	[ndalóhɛt parkími]
Halteverbot	Ndalohet qëndrimi	[ndalóhɛt cəndrími]

gefährliche Kurve (f)	kthesë e rrezikshme	[kθésə ɛ rɛzíkʃmɛ]
Gefälle (n)	pjerrësi e fortë	[pjɛrəsí ɛ fórtə]
Einbahnstraße (f)	rrugë me një drejtim	[rúgə mɛ ɲə drɛjtím]
Fußgängerüberweg (m)	kalim për këmbësorë (m)	[kalím pər kəmbəsórə]
Schleudergefahr	rrugë e rrëshqitshme	[rúgə ɛ rəʃcítʃmɛ]
Vorfahrt gewähren!	HAP UDHËN	[hap úðən]

MENSCHEN. LEBENSEREIGNISSE

Lebensereignisse

181. Feiertage. Ereignis

Fest (n)	festë (f)	[féstə]
Nationalfeiertag (m)	festë kombëtare (f)	[féstə kombətárɛ]
Feiertag (m)	festë publike (f)	[féstə publíkɛ]
feiern (vt)	festoj	[fɛstój]
Ereignis (n)	ceremoni (f)	[tsɛrɛmoní]
Veranstaltung (f)	eveniment (m)	[ɛvɛnimént]
Bankett (n)	banket (m)	[bankét]
Empfang (m)	pritje (f)	[prítjɛ]
Festmahl (n)	aheng (m)	[ahéŋ]
Jahrestag (m)	përvjetor (m)	[pərvjɛtór]
Jubiläumsfeier (f)	jubile (m)	[jubilé]
begehen (vt)	festoj	[fɛstój]
Neujahr (n)	Viti i Ri (m)	[víti i rí]
Frohes Neues Jahr!	Gëzuar Vitin e Ri!	[gəzúar vítin ɛ rí!]
Weihnachtsmann (m)	Santa Klaus (m)	[sánta kláus]
Weihnachten (n)	Krishtlindje (f)	[kriʃtlíndjɛ]
Frohe Weihnachten!	Gëzuar Krishtlindjen!	[gəzúar kriʃtlíndjɛn!]
Tannenbaum (m)	péma e Krishtlindjes (f)	[péma ɛ kriʃtlíndjɛs]
Feuerwerk (n)	fishekzjarrë (m)	[fiʃɛkzjárə]
Hochzeit (f)	dasmë (f)	[dásmə]
Bräutigam (m)	dhëndër (m)	[ðéndər]
Braut (f)	nuse (f)	[núsɛ]
einladen (vt)	ftoj	[ftoj]
Einladung (f)	ftesë (f)	[ftésə]
Gast (m)	mysafir (m)	[mysafír]
besuchen (vt)	vizitoj	[vizitój]
Gäste empfangen	takoj të ftuarit	[takój tə ftúarit]
Geschenk (n)	dhuratë (f)	[ðurátə]
schenken (vt)	dhuroj	[ðurój]
Geschenke bekommen	marr dhurata	[mar ðuráta]
Blumenstrauß (m)	buqetë (f)	[bucétə]
Glückwunsch (m)	urime (f)	[urímɛ]
gratulieren (vi)	përgëzoj	[pərgəzój]
Glückwunschkarte (f)	kartolinë (f)	[kartolínə]

| eine Karte abschicken | dërgoj kartolinë | [dərgój kartolínə] |
| eine Karte erhalten | marr kartolinë | [mar kartolínə] |

Trinkspruch (m)	dolli (f)	[dotí]
anbieten (vt)	qeras	[cɛrás]
Champagner (m)	shampanjë (f)	[ʃampáɲə]

sich amüsieren	kënaqem	[kənácɛm]
Fröhlichkeit (f)	gëzim (m)	[gəzím]
Freude (f)	gëzim (m)	[gəzím]

| Tanz (m) | vallëzim (m) | [vatəzím] |
| tanzen (vi, vt) | vallëzoj | [vatəzój] |

| Walzer (m) | vals (m) | [vals] |
| Tango (m) | tango (f) | [táŋo] |

182. Bestattungen. Begräbnis

Friedhof (m)	varreza (f)	[varéza]
Grab (n)	varr (m)	[var]
Kreuz (n)	kryq (m)	[kryc]
Grabstein (m)	gur varri (m)	[gur vári]
Zaun (m)	gardh (m)	[garð]
Kapelle (f)	kishëz (m)	[kíʃəz]

Tod (m)	vdekje (f)	[vdékjɛ]
sterben (vi)	vdes	[vdɛs]
Verstorbene (m)	i vdekuri (m)	[i vdékuri]
Trauer (f)	zi (f)	[zi]

begraben (vt)	varros	[varós]
Bestattungsinstitut (n)	agjenci funeralesh (f)	[aɟɛntsí funɛrálɛʃ]
Begräbnis (n)	funeral (m)	[funɛrál]

Kranz (m)	kurorë (f)	[kurórə]
Sarg (m)	arkivol (m)	[arkivól]
Katafalk (m)	makinë funebre (f)	[makínə funébrɛ]
Totenhemd (n)	qefin (m)	[cɛfín]

Trauerzug (m)	kortezh (m)	[kortéʒ]
Urne (f)	urnë (f)	[úrnə]
Krematorium (n)	kremator (m)	[krɛmatór]

Nachruf (m)	përkujtim (m)	[pərkujtím]
weinen (vi)	qaj	[caj]
schluchzen (vi)	qaj me dënesë	[caj mɛ dənésə]

183. Krieg. Soldaten

| Zug (m) | togë (f) | [tógə] |
| Kompanie (f) | kompani (f) | [kompaní] |

Regiment (n)	regjiment (m)	[rɛɟimént]
Armee (f)	ushtri (f)	[uʃtrí]
Division (f)	divizion (m)	[divizión]

| Abteilung (f) | skuadër (f) | [skuádər] |
| Heer (n) | armatë (f) | [armátə] |

| Soldat (m) | ushtar (m) | [uʃtár] |
| Offizier (m) | oficer (m) | [ofitsér] |

Soldat (m)	ushtar (m)	[uʃtár]
Feldwebel (m)	rreshter (m)	[rɛʃtér]
Leutnant (m)	toger (m)	[togér]
Hauptmann (m)	kapiten (m)	[kapitén]
Major (m)	major (m)	[majór]
Oberst (m)	kolonel (m)	[kolonél]
General (m)	gjeneral (m)	[ɟɛnɛrál]

Matrose (m)	marinar (m)	[marinár]
Kapitän (m)	kapiten (m)	[kapitén]
Bootsmann (m)	kryemarinar (m)	[kryɛmarinár]

Artillerist (m)	artiljer (m)	[artiljér]
Fallschirmjäger (m)	parashutist (m)	[paraʃutíst]
Pilot (m)	pilot (m)	[pilót]
Steuermann (m)	navigues (m)	[navigúɛs]
Mechaniker (m)	mekanik (m)	[mɛkaník]

Pionier (m)	xhenier (m)	[dʒɛniér]
Fallschirmspringer (m)	parashutist (m)	[paraʃutíst]
Aufklärer (m)	agjent zbulimi (m)	[aɟént zbulími]
Scharfschütze (m)	snajper (m)	[snajpér]

Patrouille (f)	patrullë (f)	[patrúɫə]
patrouillieren (vi)	patrulloj	[patruɫój]
Wache (f)	rojë (f)	[rójə]

| Krieger (m) | luftëtar (m) | [luftətár] |
| Patriot (m) | patriot (m) | [patriót] |

| Held (m) | hero (m) | [hɛró] |
| Heldin (f) | heroinë (f) | [hɛroínə] |

| Verräter (m) | tradhtar (m) | [traðtár] |
| verraten (vt) | tradhtoj | [traðtój] |

| Deserteur (m) | dezertues (m) | [dɛzɛrtúɛs] |
| desertieren (vi) | dezertoj | [dɛzɛrtój] |

Söldner (m)	mercenar (m)	[mɛrtsɛnár]
Rekrut (m)	rekrut (m)	[rɛkrút]
Freiwillige (m)	vullnetar (m)	[vuɫnɛtár]

Getoetete (m)	vdekur (m)	[vdékur]
Verwundete (m)	i plagosur (m)	[i plagósur]
Kriegsgefangene (m)	rob lufte (m)	[rob lúftɛ]

184. Krieg. Militärische Aktionen. Teil 1

Krieg (m)	luftë (f)	[lúftə]
Krieg führen	në luftë	[nə lúftə]
Bürgerkrieg (m)	luftë civile (f)	[lúftə tsivílɛ]
heimtückisch (Adv)	pabesisht	[pabɛsíʃt]
Kriegserklärung (f)	shpallje lufte (f)	[ʃpátjɛ lúftɛ]
erklären (den Krieg ~)	shpall	[ʃpat]
Aggression (f)	agresion (m)	[agrɛsión]
einfallen (Staat usw.)	sulmoj	[sulmój]
einfallen (in ein Land ~)	pushtoj	[puʃtój]
Invasoren (pl)	pushtues (m)	[puʃtúɛs]
Eroberer (m), Sieger (m)	pushtues (m)	[puʃtúɛs]
Verteidigung (f)	mbrojtje (f)	[mbrójtjɛ]
verteidigen (vt)	mbroj	[mbrój]
sich verteidigen	mbrohem	[mbróhɛm]
Feind (m)	armik (m)	[armík]
Gegner (m)	kundërshtar (m)	[kundərʃtár]
Feind-	armike	[armíkɛ]
Strategie (f)	strategji (f)	[stratɛɟí]
Taktik (f)	taktikë (f)	[taktíkə]
Befehl (m)	urdhër (m)	[úrðər]
Anordnung (f)	komandë (f)	[komándə]
befehlen (vt)	urdhëroj	[urðərój]
Auftrag (m)	mision (m)	[misión]
geheim (Adj)	sekret	[sɛkrét]
Schlacht (f), Kampf (m)	betejë (f)	[bɛtéjə]
Kampf (m)	luftim (m)	[luftím]
Angriff (m)	sulm (m)	[sulm]
Sturm (m)	sulm (m)	[sulm]
stürmen (vt)	sulmoj	[sulmój]
Belagerung (f)	nën rrethim (m)	[nən rɛθím]
Angriff (m)	sulm (m)	[sulm]
angreifen (vt)	kaloj në sulm	[kalój nə súlm]
Rückzug (m)	tërheqje (f)	[tərhécjɛ]
sich zurückziehen	tërhiqem	[tərhícɛm]
Einkesselung (f)	rrethim (m)	[rɛθím]
einkesseln (vt)	rrethoj	[rɛθój]
Bombenangriff (m)	bombardim (m)	[bombardím]
eine Bombe abwerfen	hedh bombë	[hɛð bómbə]
bombardieren (vt)	bombardoj	[bombardój]
Explosion (f)	shpërthim (m)	[ʃpərθím]
Schuss (m)	e shtënë (f)	[ɛ ʃténə]

| schießen (vt) | qëlloj | [cətój] |
| Schießerei (f) | të shtëna (pl) | [tə ʃténa] |

zielen auf ...	vë në shënjestër	[və nə ʃɲéstər]
richten (die Waffe)	drejtoj armën	[drɛjtój ármən]
treffen (ins Schwarze ~)	qëlloj	[cətój]

versenken (vt)	fundos	[fundós]
Loch (im Schiffsrumpf)	vrimë (f)	[vrímə]
versinken (Schiff)	fundoset	[fundósɛt]

Front (f)	front (m)	[front]
Evakuierung (f)	evakuim (m)	[ɛvakuím]
evakuieren (vt)	evakuoj	[ɛvakuój]

Schützengraben (m)	llogore (f)	[ɫogórɛ]
Stacheldraht (m)	tel me gjemba (m)	[tɛl mɛ ɟémba]
Sperre (z.b. Panzersperre)	pengesë (f)	[pɛɲésə]
Wachtturm (m)	kullë vrojtuese (f)	[kúɫə vrojtúɛsɛ]

Lazarett (n)	spital ushtarak (m)	[spitál uʃtarák]
verwunden (vt)	plagos	[plagós]
Wunde (f)	plagë (f)	[plágə]
Verwundete (m)	i plagosur (m)	[i plagósur]
verletzt sein	jam i plagosur	[jam i plagósur]
schwer (-e Verletzung)	rëndë	[réndə]

185. Krieg. Militärische Aktionen. Teil 2

Gefangenschaft (f)	burgosje (f)	[burgósjɛ]
gefangen nehmen (vt)	zë rob	[zə rob]
in Gefangenschaft sein	mbahem rob	[mbáhɛm rób]
in Gefangenschaft geraten	zihem rob	[zíhɛm rob]

Konzentrationslager (n)	kamp përqendrimi (m)	[kamp pərcɛndrími]
Kriegsgefangene (m)	rob lufte (m)	[rob lúftɛ]
fliehen (vi)	arratisem	[aratísɛm]

verraten (vt)	tradhtoj	[traðtój]
Verräter (m)	tradhtar (m)	[traðtár]
Verrat (m)	tradhti (f)	[traðtí]

| erschießen (vt) | ekzekutoj | [ɛkzɛkutój] |
| Erschießung (f) | ekzekutim (m) | [ɛkzɛkutím] |

Ausrüstung (persönliche ~)	armatim (m)	[armatím]
Schulterstück (n)	spaletë (f)	[spalétə]
Gasmaske (f)	maskë antigaz (f)	[máskə antigáz]

Funkgerät (n)	radiomarrëse (f)	[radiomárəsɛ]
Chiffre (f)	kod sekret (m)	[kód sɛkrét]
Geheimhaltung (f)	komplot (m)	[komplót]
Kennwort (n)	fjalëkalim (m)	[fjaləkalím]
Mine (f)	minë tokësore (f)	[mínə tokəsórɛ]

Minen legen	minoj	[minój]
Minenfeld (n)	fushë e minuar (f)	[fúʃə ɛ minúar]

Luftalarm (m)	alarm sulmi ajror (m)	[alárm súlmi ajrór]
Alarm (m)	alarm (m)	[alárm]
Signal (n)	sinjal (m)	[siɲál]
Signalrakete (f)	sinjalizues (m)	[siɲalizúɛs]

Hauptquartier (n)	selia qendrore (f)	[sɛlía cɛndrórɛ]
Aufklärung (f)	zbulim (m)	[zbulím]
Lage (f)	gjendje (f)	[ɟéndjɛ]
Bericht (m)	raport (m)	[rapórt]
Hinterhalt (m)	pritë (f)	[prítə]
Verstärkung (f)	përforcim (m)	[pərfortsím]

Zielscheibe (f)	shënjestër (f)	[ʃəɲéstər]
Schießplatz (m)	poligon (m)	[poligón]
Manöver (n)	manovra ushtarake (f)	[manóvra uʃtarákɛ]

Panik (f)	panik (m)	[paník]
Verwüstung (f)	shkatërrim (m)	[ʃkatərím]
Trümmer (pl)	gërmadha (pl)	[gərmáða]
zerstören (vt)	shkatërroj	[ʃkatərój]

überleben (vi)	mbijetoj	[mbijɛtój]
entwaffnen (vt)	çarmatos	[tʃarmatós]
handhaben (vt)	manovroj	[manovrój]

Stillgestanden!	Gatitu!	[gatitú!]
Rühren!	Qetësohu!	[cɛtəsóhu!]

Heldentat (f)	akt heroik (m)	[ákt hɛroík]
Eid (m), Schwur (m)	betim (m)	[bɛtím]
schwören (vi, vt)	betohem	[bɛtóhɛm]

Lohn (Orden, Medaille)	dekoratë (f)	[dɛkorátə]
auszeichnen (mit Orden)	dekoroj	[dɛkorój]
Medaille (f)	medalje (f)	[mɛdáljɛ]
Orden (m)	urdhër medalje (m)	[úrðər mɛdáljɛ]

Sieg (m)	fitore (f)	[fitórɛ]
Niederlage (f)	humbje (f)	[húmbjɛ]
Waffenstillstand (m)	armëpushim (m)	[arməpuʃím]

Fahne (f)	flamur beteje (m)	[flamúr bɛtéjɛ]
Ruhm (m)	famë (f)	[fámə]
Parade (f)	paradë (f)	[parádə]
marschieren (vi)	marshoj	[marʃój]

186. Waffen

Waffe (f)	armë (f)	[ármə]
Schusswaffe (f)	armë zjarri (f)	[ármə zjári]
blanke Waffe (f)	armë të ftohta (pl)	[ármə tə ftóhta]

chemischen Waffen (pl)	armë kimike (f)	[ár.mə kimíkɛ]
Kern-, Atom-	nukleare	[nuklɛárɛ]
Kernwaffe (f)	armë nukleare (f)	[ár.mə nuklɛárɛ]
Bombe (f)	bombë (f)	[bómbə]
Atombombe (f)	bombë atomike (f)	[bómbə atomíkɛ]
Pistole (f)	pistoletë (f)	[pistolétə]
Gewehr (n)	pushkë (f)	[púʃkə]
Maschinenpistole (f)	mitraloz (m)	[mitralóz]
Maschinengewehr (n)	mitraloz (m)	[mitralóz]
Mündung (f)	grykë (f)	[grýkə]
Lauf (Gewehr-)	tytë pushke (f)	[týtə púʃkɛ]
Kaliber (n)	kalibër (m)	[kalíbər]
Abzug (m)	këmbëz (f)	[kémbəz]
Visier (n)	shënjestër (f)	[ʃəɲéstər]
Magazin (n)	karikator (m)	[karikatór]
Kolben (m)	qytë (f)	[cýtə]
Handgranate (f)	bombë dore (f)	[bómbə dórɛ]
Sprengstoff (m)	eksploziv (m)	[ɛksplozív]
Kugel (f)	plumb (m)	[plúmb]
Patrone (f)	fishek (m)	[fiʃék]
Ladung (f)	karikim (m)	[karikím]
Munition (f)	municion (m)	[munitsión]
Bomber (m)	avion bombardues (m)	[avión bombardúɛs]
Kampfflugzeug (n)	avion luftarak (m)	[avión luftarák]
Hubschrauber (m)	helikopter (m)	[hɛlikoptér]
Flugabwehrkanone (f)	armë anti-ajrore (f)	[ár.mə ánti-ajrórɛ]
Panzer (m)	tank (m)	[tank]
Panzerkanone (f)	top tanku (m)	[top tánku]
Artillerie (f)	artileri (f)	[artilɛrí]
Kanone (f)	top (m)	[top]
richten (die Waffe)	vë në shënjestër	[və nə ʃəɲéstər]
Geschoß (n)	mortajë (f)	[mortájə]
Wurfgranate (f)	bombë mortaje (f)	[bómbə mortájɛ]
Granatwerfer (m)	mortajë (f)	[mortájə]
Splitter (m)	copëz mortaje (f)	[tsópəz mortájɛ]
U-Boot (n)	nëndetëse (f)	[nəndétəsɛ]
Torpedo (m)	silurë (f)	[silúrə]
Rakete (f)	raketë (f)	[rakétə]
laden (Gewehr)	mbush	[mbúʃ]
schießen (vi)	qëlloj	[cətój]
zielen auf …	drejtoj	[drɛjtój]
Bajonett (n)	bajonetë (f)	[bajonétə]
Degen (m)	shpatë (f)	[ʃpátə]
Säbel (m)	shpatë (f)	[ʃpátə]

Speer (m)	shtizë (f)	[ʃtízə]
Bogen (m)	hark (m)	[hárk]
Pfeil (m)	shigjetë (f)	[ʃiɟétə]
Muskete (f)	musketë (f)	[muskétə]
Armbrust (f)	pushkë-shigjetë (f)	[púʃkə-ʃiɟétə]

187. Menschen der Antike

vorzeitlich	prehistorik	[prɛhistorík]
prähistorisch	prehistorike	[prɛhistoríkɛ]
alt (antik)	i lashtë	[i láʃtə]

Steinzeit (f)	Epoka e Gurit (f)	[ɛpóka ɛ gúrit]
Bronzezeit (f)	Epoka e Bronzit (f)	[ɛpóka ɛ brónzit]
Eiszeit (f)	Epoka e akullit (f)	[ɛpóka ɛ ákuɫit]

Stamm (m)	klan (m)	[klan]
Kannibale (m)	kanibal (m)	[kanibál]
Jäger (m)	gjahtar (m)	[ɟahtár]
jagen (vi)	dal për gjah	[dál pər ɟáh]
Mammut (n)	mamut (m)	[mamút]

Höhle (f)	shpellë (f)	[ʃpéɫə]
Feuer (n)	zjarr (m)	[zjar]
Lagerfeuer (n)	zjarr kampingu (m)	[zjar kampíŋu]
Höhlenmalerei (f)	vizatim në shpella (m)	[vizatím nə ʃpéɫa]

Werkzeug (n)	vegël (f)	[végəl]
Speer (m)	shtizë (f)	[ʃtízə]
Steinbeil (n), Steinaxt (f)	sëpatë guri (f)	[səpátə gúri]

Krieg führen	në luftë	[nə lúftə]
domestizieren (vt)	zbus	[zbus]

Idol (n)	idhull (m)	[íðuɫ]
anbeten (vt)	adhuroj	[aðurój]

Aberglaube (m)	besëtytni (f)	[bɛsətytní]
Brauch (m), Ritus (m)	rit (m)	[rit]

Evolution (f)	evolucion (m)	[ɛvolutsión]
Entwicklung (f)	zhvillim (m)	[ʒviɫím]

Verschwinden (n)	zhdukje (f)	[ʒdúkjɛ]
sich anpassen	përshtatem	[pərʃtátɛm]

Archäologie (f)	arkeologji (f)	[arkɛoloɟí]
Archäologe (m)	arkeolog (m)	[arkɛológ]
archäologisch	arkeologjike	[arkɛoloɟíkɛ]

Ausgrabungsstätte (f)	vendi i gërmimeve (m)	[véndi i gərmímɛvɛ]
Ausgrabungen (pl)	gërmime (pl)	[gərmímɛ]
Fund (m)	zbulim (m)	[zbulím]
Fragment (n)	fragment (m)	[fragmént]

188. Mittelalter

Volk (n)	popull (f)	[pópuɫ]
Völker (pl)	popuj (pl)	[pópuj]
Stamm (m)	klan (m)	[klan]
Stämme (pl)	klane (pl)	[klánɛ]
Barbaren (pl)	barbarë (pl)	[barbárə]
Gallier (pl)	Galët (pl)	[gálət]
Goten (pl)	Gotët (pl)	[gótət]
Slawen (pl)	Sllavët (pl)	[sɫávət]
Wikinger (pl)	Vikingët (pl)	[vikíŋət]
Römer (pl)	Romakët (pl)	[romákət]
römisch	romak	[romák]
Byzantiner (pl)	Bizantinët (pl)	[bizantínət]
Byzanz (n)	Bizanti (m)	[bizánti]
byzantinisch	bizantine	[bizantínɛ]
Kaiser (m)	perandor (m)	[pɛrandór]
Häuptling (m)	prijës (m)	[príjəs]
mächtig (Kaiser usw.)	i fuqishëm	[i fucíʃəm]
König (m)	mbret (m)	[mbrét]
Herrscher (Monarch)	sundimtar (m)	[sundimtár]
Ritter (m)	kalorës (m)	[kalórəs]
Feudalherr (m)	lord feudal (m)	[lórd fɛudál]
feudal, Feudal-	feudal	[fɛudál]
Vasall (m)	vasal (m)	[vasál]
Herzog (m)	dukë (f)	[dúkə]
Graf (m)	kont (m)	[kont]
Baron (m)	baron (m)	[barón]
Bischof (m)	peshkop (m)	[pɛʃkóp]
Rüstung (f)	parzmore (f)	[parzmórɛ]
Schild (m)	mburojë (f)	[mburójə]
Schwert (n)	shpatë (f)	[ʃpátə]
Visier (n)	ballnik (m)	[baɫník]
Panzerhemd (n)	thurak (m)	[θurák]
Kreuzzug (m)	Kryqëzata (f)	[krycəzáta]
Kreuzritter (m)	kryqtar (m)	[kryctár]
Territorium (n)	territor (m)	[tɛritór]
einfallen (vt)	sulmoj	[sulmój]
erobern (vt)	mposht	[mpóʃt]
besetzen (Land usw.)	pushtoj	[puʃtój]
Belagerung (f)	nën rrethim (m)	[nən rɛθím]
belagert	i rrethuar	[i rɛθúar]
belagern (vt)	rrethoj	[rɛθój]
Inquisition (f)	inkuizicion (m)	[inkuizitsión]
Inquisitor (m)	inkuizitor (m)	[inkuizitór]

Folter (f)	torturë (f)	[tortúrǝ]
grausam (-e Folter)	mizor	[mizór]
Häretiker (m)	heretik (m)	[hɛrɛtík]
Häresie (f)	herezi (f)	[hɛrɛzí]

Seefahrt (f)	lundrim (m)	[lundrím]
Seeräuber (m)	pirat (m)	[pirát]
Seeräuberei (f)	pirateri (f)	[piratɛrí]
Enterung (f)	sulm me anije (m)	[sulm mɛ aníjɛ]
Beute (f)	plaçkë (f)	[plátʃkǝ]
Schätze (pl)	thesare (pl)	[θɛsárɛ]

Entdeckung (f)	zbulim (m)	[zbulím]
entdecken (vt)	zbuloj	[zbulój]
Expedition (f)	ekspeditë (f)	[ɛkspɛdítǝ]

Musketier (m)	musketar (m)	[muskɛtár]
Kardinal (m)	kardinal (m)	[kardinál]
Heraldik (f)	heraldikë (f)	[hɛraldíkǝ]
heraldisch	heraldik	[hɛraldík]

189. Führungspersonen. Chef. Behörden

König (m)	mbret (m)	[mbrét]
Königin (f)	mbretëreshë (f)	[mbrɛtǝréʃǝ]
königlich	mbretërore	[mbrɛtǝrórɛ]
Königreich (n)	mbretëri (f)	[mbrɛtǝrí]

| Prinz (m) | princ (m) | [prints] |
| Prinzessin (f) | princeshë (f) | [printséʃǝ] |

Präsident (m)	president (m)	[prɛsidént]
Vizepräsident (m)	zëvendës president (m)	[zǝvéndǝs prɛsidént]
Senator (m)	senator (m)	[sɛnatór]

Monarch (m)	monark (m)	[monárk]
Herrscher (m)	sundimtar (m)	[sundimtár]
Diktator (m)	diktator (m)	[diktatór]
Tyrann (m)	tiran (m)	[tirán]
Magnat (m)	manjat (m)	[maɲát]

Direktor (m)	drejtor (m)	[drɛjtór]
Chef (m)	udhëheqës (m)	[uðǝhécǝs]
Leiter (einer Abteilung)	drejtor (m)	[drɛjtór]
Boss (m)	bos (m)	[bos]
Eigentümer (m)	pronar (m)	[pronár]

Führer (m)	lider (m)	[lidér]
Leiter (Delegations-)	kryetar (m)	[kryɛtár]
Behörden (pl)	autoritetet (pl)	[autoritétɛt]
Vorgesetzten (pl)	eprorët (pl)	[ɛprórǝt]

| Gouverneur (m) | guvernator (m) | [guvɛrnatór] |
| Konsul (m) | konsull (m) | [kónsuɫ] |

Diplomat (m)	diplomat (m)	[diplomát]
Bürgermeister (m)	kryetar komune (m)	[kryɛtár komúnɛ]
Sheriff (m)	sherif (m)	[ʃɛríf]

Kaiser (m)	perandor (m)	[pɛrandór]
Zar (m)	car (m)	[tsár]
Pharao (m)	faraon (m)	[faraón]
Khan (m)	khan (m)	[khán]

190. Straße. Weg. Richtungen

| Fahrbahn (f) | rrugë (f) | [rúgə] |
| Weg (m) | drejtim (m) | [drɛjtím] |

Autobahn (f)	autostradë (f)	[autostrádə]
Schnellstraße (f)	autostradë (f)	[autostrádə]
Bundesstraße (f)	rrugë nacionale (f)	[rúgə natsionálɛ]

| Hauptstraße (f) | rrugë kryesore (f) | [rúgə kryɛsórɛ] |
| Feldweg (m) | rrugë fushe (f) | [rúgə fúʃɛ] |

| Pfad (m) | shteg (m) | [ʃtɛg] |
| Fußweg (m) | shteg (m) | [ʃtɛg] |

Wo?	Ku?	[ku?]
Wohin?	Për ku?	[pər ku?]
Woher?	Nga ku?	[ŋa ku?]

| Richtung (f) | drejtim (m) | [drɛjtím] |
| zeigen (vt) | tregoj | [trɛgój] |

nach links	në të majtë	[nə tə májtə]
nach rechts	në të djathtë	[nə tə djáθtə]
geradeaus	drejt	[dréjt]
zurück	pas	[pas]

Kurve (f)	kthesë (f)	[kθésə]
abbiegen (nach links ~)	kthej	[kθɛj]
umkehren (vi)	marr kthesë U	[mar kθésə u]

| sichtbar sein | të dukshme | [tə dúkʃmɛ] |
| erscheinen (vi) | shfaq | [ʃfac] |

Aufenthalt (m)	ndalesë (f)	[ndalésə]
sich erholen	pushoj	[puʃój]
Erholung (f)	pushim (m)	[puʃím]

sich verirren	humb rrugën	[húmb rúgən]
führen nach ... (Straße usw.)	të çon	[tə tʃon]
ankommen in ...	dal	[dal]
Strecke (f)	copëz (m)	[tsópəz]

| Asphalt (m) | asfalt (m) | [asfált] |
| Bordstein (m) | bordurë (f) | [bordúrə] |

Graben (m)	kanal (m)	[kanál]
Gully (m)	pusetë (f)	[pusétə]
Straßenrand (m)	shpatull rrugore (f)	[ʃpátuɫ rugórɛ]
Schlagloch (n)	gropë (f)	[grópə]

| gehen (zu Fuß gehen) | ec në këmbë | [ɛts nə kə́mbə] |
| überholen (vt) | tejkaloj | [tɛjkalój] |

| Schritt (m) | hap (m) | [hap] |
| zu Fuß | në këmbë | [nə kə́mbə] |

blockieren (Straße usw.)	bllokoj	[bɫokój]
Schlagbaum (m)	postbllok (m)	[postbɫók]
Sackgasse (f)	rrugë pa krye (f)	[rúgə pa krýɛ]

191. Gesetzesverstoß Verbrecher. Teil 1

Bandit (m)	bandit (m)	[bandít]
Verbrechen (n)	krim (m)	[krim]
Verbrecher (m)	kriminel (m)	[kriminél]

Dieb (m)	hajdut (m)	[hajdút]
stehlen (vt)	vjedh	[vjɛð]
Diebstahl (m), Stehlen (n)	vjedhje (f)	[vjéðjɛ]

kidnappen (vt)	rrëmbej	[rəmbéj]
Kidnapping (n)	rrëmbim (m)	[rəmbím]
Kidnapper (m)	rrëmbyes (m)	[rəmbýɛs]

| Lösegeld (n) | shpërblesë (f) | [ʃpərblésə] |
| Lösegeld verlangen | kërkoj shpërblesë | [kərkój ʃpərblésə] |

rauben (vt)	grabis	[grabís]
Raub (m)	grabitje (f)	[grabítjɛ]
Räuber (m)	grabitës (m)	[grabítəs]

erpressen (vt)	zhvat	[ʒvat]
Erpresser (m)	zhvatës (m)	[ʒvátəs]
Erpressung (f)	zhvatje (f)	[ʒvátjɛ]

morden (vt)	vras	[vras]
Mord (m)	vrasje (f)	[vrásjɛ]
Mörder (m)	vrasës (m)	[vrásəs]

Schuss (m)	e shtënë (f)	[ɛ ʃtə́nə]
schießen (vt)	qëlloj	[cəɫój]
erschießen (vt)	qëlloj për vdekje	[cəɫój pər vdékjɛ]
feuern (vi)	qëlloj	[cəɫój]
Schießerei (f)	të shtëna (pl)	[tə ʃtə́na]

Vorfall (m)	incident (m)	[intsidént]
Schlägerei (f)	përleshje (f)	[pərléʃjɛ]
Hilfe!	Ndihmë!	[ndíhmə!]
Opfer (n)	viktimë (f)	[viktímə]

beschädigen (vt)	dëmtoj	[dəmtój]
Schaden (m)	dëm (m)	[dəm]
Leiche (f)	kufomë (f)	[kufómə]
schwer (-es Verbrechen)	i rëndë	[i réndə]

angreifen (vt)	sulmoj	[sulmój]
schlagen (vt)	rrah	[rah]
verprügeln (vt)	sakatoj	[sakatój]
wegnehmen (vt)	rrëmbej	[rəmbéj]
erstechen (vt)	ther për vdekje	[θɛr pər vdékjɛ]
verstümmeln (vt)	gjymtoj	[ɟymtój]
verwunden (vt)	plagos	[plagós]

Erpressung (f)	shantazh (m)	[ʃantáʒ]
erpressen (vt)	bëj shantazh	[bəj ʃantáʒ]
Erpresser (m)	shantazhist (m)	[ʃantaʒíst]

Schutzgelderpressung (f)	rrjet mashtrimi (m)	[rjét maʃtrími]
Erpresser (Racketeer)	mashtrues (m)	[maʃtrúɛs]
Gangster (m)	gangster (m)	[gaŋstér]
Mafia (f)	mafia (f)	[máfia]

Taschendieb (m)	vjedhës xhepash (m)	[vjéðəs dʒépaʃ]
Einbrecher (m)	hajdut (m)	[hajdút]
Schmuggel (m)	trafikim (m)	[trafikím]
Schmuggler (m)	trafikues (m)	[trafikúɛs]

Fälschung (f)	falsifikim (m)	[falsifikím]
fälschen (vt)	falsifikoj	[falsifikój]
gefälscht	fals	[fáls]

192. Gesetzesbruch. Verbrecher. Teil 2

Vergewaltigung (f)	përdhunim (m)	[pərðuním]
vergewaltigen (vt)	përdhunoj	[pərðunój]
Gewalttäter (m)	përdhunues (m)	[pərðunúɛs]
Besessene (m)	maniak (m)	[maniák]

Prostituierte (f)	prostitutë (f)	[prostitútə]
Prostitution (f)	prostitucion (m)	[prostitutsión]
Zuhälter (m)	tutor (m)	[tutór]

Drogenabhängiger (m)	narkoman (m)	[narkomán]
Drogenhändler (m)	trafikant droge (m)	[trafikánt drógɛ]

sprengen (vt)	shpërthej	[ʃpərθéj]
Explosion (f)	shpërthim (m)	[ʃpərθím]
in Brand stecken	vë flakën	[və flákən]
Brandstifter (m)	zjarrvënës (m)	[zjarvénəs]

Terrorismus (m)	terrorizëm (m)	[tɛrorízəm]
Terrorist (m)	terrorist (m)	[tɛroríst]
Geisel (m, f)	peng (m)	[pɛŋ]
betrügen (vt)	mashtroj	[maʃtrój]

173

| Betrug (m) | mashtrim (m) | [maʃtrím] |
| Betrüger (m) | mashtrues (m) | [maʃtrúɛs] |

bestechen (vt)	jap ryshfet	[jap ryʃfét]
Bestechlichkeit (f)	ryshfet (m)	[ryʃfét]
Bestechungsgeld (n)	ryshfet (m)	[ryʃfét]

Gift (n)	helm (m)	[hɛlm]
vergiften (vt)	helmoj	[hɛlmój]
sich vergiften	helmohem	[hɛlmóhɛm]

| Selbstmord (m) | vetëvrasje (f) | [vɛtəvrásjɛ] |
| Selbstmörder (m) | vetëvrasës (m) | [vɛtəvrásəs] |

drohen (vi)	kërcënoj	[kərtsənój]
Drohung (f)	kërcënim (m)	[kərtsəním]
versuchen (vt)	tentoj	[tɛntój]
Attentat (n)	atentat (m)	[atɛntát]

| stehlen (Auto ~) | vjedh | [vjɛð] |
| entführen (Flugzeug ~) | rrëmbej | [rəmbéj] |

| Rache (f) | hakmarrje (f) | [hakmárjɛ] |
| sich rächen | hakmerrem | [hakmérɛm] |

foltern (vt)	torturoj	[torturój]
Folter (f)	torturë (f)	[tortúrə]
quälen (vt)	torturoj	[torturój]

Seeräuber (m)	pirat (m)	[pirát]
Rowdy (m)	huligan (m)	[huligán]
bewaffnet	i armatosur	[i armatósur]
Gewalt (f)	dhunë (f)	[ðúnə]
ungesetzlich	ilegal	[ilɛgál]

| Spionage (f) | spiunazh (m) | [spiunáʒ] |
| spionieren (vi) | spiunoj | [spiunój] |

193. Polizei Recht. Teil 1

| Justiz (f) | drejtësi (f) | [drɛjtəsí] |
| Gericht (n) | gjykatë (f) | [jykátə] |

Richter (m)	gjykatës (m)	[jykátəs]
Geschworenen (pl)	anëtar jurie (m)	[anətár juríɛ]
Geschworenengericht (n)	gjyq me juri (m)	[jýc mɛ jurí]
richten (vt)	gjykoj	[jykój]

Rechtsanwalt (m)	avokat (m)	[avokát]
Angeklagte (m)	pandehur (m)	[pandéhur]
Anklagebank (f)	bankë e të pandehurit (f)	[bánkə ɛ tə pandéhurit]

| Anklage (f) | akuzë (f) | [akúzə] |
| Beschuldigte (m) | i akuzuar (m) | [i akuzúar] |

Urteil (n)	vendim (m)	[vɛndím]
verurteilen (vt)	dënoj	[dənój]
Schuldige (m)	fajtor (m)	[fajtór]
bestrafen (vt)	ndëshkoj	[ndəʃkój]
Strafe (f)	ndëshkim (m)	[ndəʃkím]
Geldstrafe (f)	gjobë (f)	[ɟóbə]
lebenslange Haft (f)	burgim i përjetshëm (m)	[burgím i pərjétʃəm]
Todesstrafe (f)	dënim me vdekje (m)	[dəním mɛ vdékjɛ]
elektrischer Stuhl (m)	karrige elektrike (f)	[karígɛ ɛlɛktríkɛ]
Galgen (m)	varje (f)	[várjɛ]
hinrichten (vt)	ekzekutoj	[ɛkzɛkutój]
Hinrichtung (f)	ekzekutim (m)	[ɛkzɛkutím]
Gefängnis (n)	burg (m)	[búrg]
Zelle (f)	qeli (f)	[cɛlí]
Eskorte (f)	eskortë (f)	[ɛskórtə]
Gefängniswärter (m)	gardian burgu (m)	[gardián búrgu]
Gefangene (m)	i burgosur (m)	[i burgósur]
Handschellen (pl)	pranga (f)	[práŋa]
Handschellen anlegen	vë prangat	[və práŋat]
Ausbruch (Flucht)	arratisje nga burgu (f)	[aratísjɛ ŋa búrgu]
ausbrechen (vi)	arratisem	[aratísɛm]
verschwinden (vi)	zhduk	[ʒduk]
aus … entlassen	dal nga burgu	[dál ŋa búrgu]
Amnestie (f)	amnisti (f)	[amnistí]
Polizei (f)	polici (f)	[politsí]
Polizist (m)	polic (m)	[políts]
Polizeiwache (f)	komisariat (m)	[komisariát]
Gummiknüppel (m)	shkop gome (m)	[ʃkop gómɛ]
Sprachrohr (n)	altoparlant (m)	[altoparlánt]
Streifenwagen (m)	makinë patrullimi (f)	[makínə patruɬími]
Sirene (f)	alarm (m)	[alárm]
die Sirene einschalten	ndez sirenën	[ndɛz sirénən]
Sirenengeheul (n)	zhurmë alarmi (f)	[ʒúrmə alármi]
Tatort (m)	skenë krimi (f)	[skénə krími]
Zeuge (m)	dëshmitar (m)	[dəʃmitár]
Freiheit (f)	liri (f)	[lirí]
Komplize (m)	bashkëpunëtor (m)	[baʃkəpunətór]
verschwinden (vi)	zhdukem	[ʒdúkɛm]
Spur (f)	gjurmë (f)	[ɟúrmə]

194. Polizei. Recht. Teil 2

Fahndung (f)	kërkim (m)	[kərkím]
suchen (vt)	kërkoj …	[kərkój …]

Verdacht (m)	dyshim (m)	[dyʃím]
verdächtig (Adj)	i dyshuar	[i dyʃúar]
anhalten (Polizei)	ndaloj	[ndalój]
verhaften (vt)	mbaj të ndaluar	[mbáj tə ndalúar]

Fall (m), Klage (f)	padi (f)	[padí]
Untersuchung (f)	hetim (m)	[hɛtím]
Detektiv (m)	detektiv (m)	[dɛtɛktív]
Ermittlungsrichter (m)	hetues (m)	[hɛtúɛs]
Version (f)	hipotezë (f)	[hipotézə]

Motiv (n)	motiv (m)	[motív]
Verhör (n)	marrje në pyetje (f)	[márjɛ nə pýɛtjɛ]
verhören (vt)	marr në pyetje	[mar nə pýɛtjɛ]
vernehmen (vt)	pyes	[pýɛs]
Kontrolle (Personen-)	verifikim (m)	[vɛrifikím]

Razzia (f)	kontroll në grup (m)	[kontróɫ nə grúp]
Durchsuchung (f)	bastisje (f)	[bastísjɛ]
Verfolgung (f)	ndjekje (f)	[ndjékjɛ]
nachjagen (vi)	ndjek	[ndjék]
verfolgen (vt)	ndjek	[ndjék]

Verhaftung (f)	arrestim (m)	[arɛstím]
verhaften (vt)	arrestoj	[arɛstój]
fangen (vt)	kap	[kap]
Festnahme (f)	kapje (f)	[kápjɛ]

Dokument (n)	dokument (m)	[dokumént]
Beweis (m)	provë (f)	[próvə]
beweisen (vt)	dëshmoj	[dəʃmój]
Fußspur (f)	gjurmë (f)	[ɟúrmə]
Fingerabdrücke (pl)	shenja gishtash (pl)	[ʃéɲa gíʃtaʃ]
Beweisstück (n)	provë (f)	[próvə]

Alibi (n)	alibi (f)	[alibí]
unschuldig	i pafajshëm	[i pafájʃəm]
Ungerechtigkeit (f)	padrejtësi (f)	[padrɛjtəsí]
ungerecht	i padrejtë	[i padréjtə]

Kriminal-	kriminale	[kriminálɛ]
beschlagnahmen (vt)	konfiskoj	[konfiskój]
Droge (f)	drogë (f)	[drógə]
Waffe (f)	armë (f)	[ármə]
entwaffnen (vt)	çarmatos	[tʃarmatós]
befehlen (vt)	urdhëroj	[urðərój]
verschwinden (vi)	zhduk	[ʒduk]

Gesetz (n)	ligj (m)	[liɟ]
gesetzlich	ligjor	[liɟór]
ungesetzlich	i paligjshëm	[i palíɟʃəm]

| Verantwortlichkeit (f) | përgjegjësi (f) | [pərɟɛɟəsí] |
| verantwortlich | përgjegjës | [pərɟéɟəs] |

NATUR

Die Erde. Teil 1

195. Weltall

Kosmos (m)	hapësirë (f)	[hapəsírə]
kosmisch, Raum-	hapësinor	[hapəsinór]
Weltraum (m)	kozmos (m)	[kozmós]
All (n)	botë (f)	[bótə]
Universum (n)	univers	[univérs]
Galaxie (f)	galaksi (f)	[galaksí]
Stern (m)	yll (m)	[yɫ]
Gestirn (n)	yllësi (f)	[yɫəsí]
Planet (m)	planet (m)	[planét]
Satellit (m)	satelit (m)	[satɛlít]
Meteorit (m)	meteor (m)	[mɛtɛór]
Komet (m)	kometë (f)	[kométə]
Asteroid (m)	asteroid (m)	[astɛroíd]
Umlaufbahn (f)	orbitë (f)	[orbítə]
sich drehen	rrotullohet	[rotuɫóhɛt]
Atmosphäre (f)	atmosferë (f)	[atmosférə]
Sonne (f)	Dielli (m)	[diéɫi]
Sonnensystem (n)	sistemi diellor (m)	[sistémi diɛɫór]
Sonnenfinsternis (f)	eklips diellor (m)	[ɛklíps diɛɫór]
Erde (f)	Toka (f)	[tóka]
Mond (m)	Hëna (f)	[hǝna]
Mars (m)	Marsi (m)	[mársi]
Venus (f)	Venera (f)	[vɛnéra]
Jupiter (m)	Jupiteri (m)	[jupitéri]
Saturn (m)	Saturni (m)	[satúrni]
Merkur (m)	Merkuri (m)	[mɛrkúri]
Uran (m)	Urani (m)	[uráni]
Neptun (m)	Neptuni (m)	[nɛptúni]
Pluto (m)	Pluto (f)	[plúto]
Milchstraße (f)	Rruga e Qumështit (f)	[rúga ɛ cúməʃtit]
Der Große Bär	Arusha e Madhe (f)	[arúʃa ɛ máðɛ]
Polarstern (m)	ylli i Veriut (m)	[yɫi i vériut]
Marsbewohner (m)	Marsian (m)	[marsián]
Außerirdischer (m)	jashtëtokësor (m)	[jaʃtǝtokəsór]

außerirdisches Wesen (n)	alien (m)	[alién]
fliegende Untertasse (f)	disk fluturues (m)	[dísk fluturúɛs]

Raumschiff (n)	anije kozmike (f)	[aníjɛ kozmíkɛ]
Raumstation (f)	stacion kozmik (m)	[statsión kozmík]
Raketenstart (m)	ngritje (f)	[ŋrítjɛ]

Triebwerk (n)	motor (m)	[motór]
Düse (f)	dizë (f)	[dízə]
Treibstoff (m)	karburant (m)	[karburánt]

Kabine (f)	kabinë pilotimi (f)	[kabínə pilotími]
Antenne (f)	antenë (f)	[anténə]
Bullauge (n)	dritare anësore (f)	[dritárɛ anəsórɛ]
Sonnenbatterie (f)	panel solar (m)	[panél solár]
Raumanzug (m)	veshje astronauti (f)	[véʃjɛ astronáuti]

Schwerelosigkeit (f)	mungesë graviteti (f)	[muŋésə gravitéti]
Sauerstoff (m)	oksigjen (m)	[oksiɟén]

Ankopplung (f)	ndërlidhje në hapësirë (f)	[ndərlíðjɛ nə hapəsírə]
koppeln (vi)	stacionohem	[statsionóhɛm]

Observatorium (n)	observator (m)	[obsɛrvatór]
Teleskop (n)	teleskop (m)	[tɛlɛskóp]
beobachten (vt)	vëzhgoj	[vəʒgój]
erforschen (vt)	eksploroj	[ɛksplorój]

196. Die Erde

Erde (f)	Toka (f)	[tóka]
Erdkugel (f)	globi (f)	[glóbi]
Planet (m)	planet (m)	[planét]

Atmosphäre (f)	atmosferë (f)	[atmosférə]
Geographie (f)	gjeografi (f)	[ɟɛografí]
Natur (f)	natyrë (f)	[natýrə]

Globus (m)	glob (m)	[glob]
Landkarte (f)	hartë (f)	[hártə]
Atlas (m)	atlas (m)	[atlás]

Europa (n)	Evropa (f)	[ɛvrópa]
Asien (n)	Azia (f)	[azía]

Afrika (n)	Afrika (f)	[afríka]
Australien (n)	Australia (f)	[australía]

Amerika (n)	Amerika (f)	[amɛríka]
Nordamerika (n)	Amerika Veriore (f)	[amɛríka vɛriórɛ]
Südamerika (n)	Amerika Jugore (f)	[amɛríka jugórɛ]

Antarktis (f)	Antarktika (f)	[antarktíka]
Arktis (f)	Arktiku (m)	[arktíku]

197. Himmelsrichtungen

Norden (m)	veri (m)	[vɛrí]
nach Norden	drejt veriut	[dréjt vériut]
im Norden	në veri	[nə vɛrí]
nördlich	verior	[vɛriór]
Süden (m)	jug (m)	[jug]
nach Süden	drejt jugut	[dréjt júgut]
im Süden	në jug	[nə jug]
südlich	jugor	[jugór]
Westen (m)	perëndim (m)	[pɛrəndím]
nach Westen	drejt perëndimit	[dréjt pɛrəndímit]
im Westen	në perëndim	[nə pɛrəndím]
westlich, West-	perëndimor	[pɛrəndimór]
Osten (m)	lindje (f)	[líndjɛ]
nach Osten	drejt lindjes	[dréjt líndjɛs]
im Osten	në lindje	[nə líndjɛ]
östlich	lindor	[lindór]

198. Meer. Ozean

Meer (n), See (f)	det (m)	[dét]
Ozean (m)	oqean (m)	[ocɛán]
Golf (m)	gji (m)	[ɟi]
Meerenge (f)	ngushticë (f)	[ŋuʃtítsə]
Festland (n)	tokë (f)	[tókə]
Kontinent (m)	kontinent (m)	[kontinént]
Insel (f)	ishull (m)	[íʃuɫ]
Halbinsel (f)	gadishull (m)	[gadíʃuɫ]
Archipel (m)	arkipelag (m)	[arkipɛlág]
Bucht (f)	gji (m)	[ɟi]
Hafen (m)	port (m)	[port]
Lagune (f)	lagunë (f)	[lagúnə]
Kap (n)	kep (m)	[kɛp]
Atoll (n)	atol (m)	[atól]
Riff (n)	shkëmb nënujor (m)	[ʃkəmb nənujór]
Koralle (f)	koral (m)	[korál]
Korallenriff (n)	korale nënujorë (f)	[korálɛ nənujórə]
tief (Adj)	i thellë	[i θéɫə]
Tiefe (f)	thellësi (f)	[θɛɫəsí]
Abgrund (m)	humnerë (f)	[humnérə]
Graben (m)	hendek (m)	[hɛndék]
Strom (m)	rrymë (f)	[rýmə]
umspülen (vt)	rrethohet	[rɛθóhɛt]

Ufer (n)	breg (m)	[brɛg]
Küste (f)	bregdet (m)	[brɛgdét]
Flut (f)	batica (f)	[batítsa]
Ebbe (f)	zbaticë (f)	[zbatítsə]
Sandbank (f)	cekëtinë (f)	[tsɛkətínə]
Boden (m)	fund i detit (m)	[fúnd i détit]
Welle (f)	dallgë (f)	[dáɫgə]
Wellenkamm (m)	kreshtë (f)	[kréʃtə]
Schaum (m)	shkumë (f)	[ʃkúmə]
Sturm (m)	stuhi (f)	[stuhí]
Orkan (m)	uragan (m)	[uragán]
Tsunami (m)	cunam (m)	[tsunám]
Windstille (f)	qetësi (f)	[cɛtəsí]
ruhig	i qetë	[i cétə]
Pol (m)	pol (m)	[pol]
Polar-	polar	[polár]
Breite (f)	gjerësi (f)	[ɟɛrəsí]
Länge (f)	gjatësi (f)	[ɟatəsí]
Breitenkreis (m)	paralele (f)	[paralélɛ]
Äquator (m)	ekuator (m)	[ɛkuatór]
Himmel (m)	qiell (m)	[cíɛɫ]
Horizont (m)	horizont (m)	[horizónt]
Luft (f)	ajër (m)	[ájər]
Leuchtturm (m)	fanar (m)	[fanár]
tauchen (vi)	zhytem	[ʒýtɛm]
versinken (vi)	fundosje	[fundósjɛ]
Schätze (pl)	thesare (pl)	[θɛsárɛ]

199. Namen der Meere und Ozeane

Atlantischer Ozean (m)	Oqeani Atlantik (m)	[ocɛáni atlantík]
Indischer Ozean (m)	Oqeani Indian (m)	[ocɛáni indián]
Pazifischer Ozean (m)	Oqeani Paqësor (m)	[ocɛáni pacəsór]
Arktischer Ozean (m)	Oqeani Arktik (m)	[ocɛáni arktík]
Schwarzes Meer (n)	Deti i Zi (m)	[déti i zí]
Rotes Meer (n)	Deti i Kuq (m)	[déti i kúc]
Gelbes Meer (n)	Deti i Verdhë (m)	[déti i vérðə]
Weißes Meer (n)	Deti i Bardhë (m)	[déti i bárðə]
Kaspisches Meer (n)	Deti Kaspik (m)	[déti kaspík]
Totes Meer (n)	Deti i Vdekur (m)	[déti i vdékur]
Mittelmeer (n)	Deti Mesdhe (m)	[déti mɛsðé]
Ägäisches Meer (n)	Deti Egje (m)	[déti ɛɟé]
Adriatisches Meer (n)	Deti Adriatik (m)	[déti adriatík]
Arabisches Meer (n)	Deti Arab (m)	[déti aráb]

Japanisches Meer (n)	Deti i Japonisë (m)	[déti i japonísə]
Beringmeer (n)	Deti Bering (m)	[déti bériŋ]
Südchinesisches Meer (n)	Deti i Kinës Jugore (m)	[déti i kínəs jugórɛ]
Korallenmeer (n)	Deti Koral (m)	[déti korál]
Tasmansee (f)	Deti Tasman (m)	[déti tasmán]
Karibisches Meer (n)	Deti i Karaibeve (m)	[déti i karaíbɛvɛ]
Barentssee (f)	Deti Barents (m)	[déti barénts]
Karasee (f)	Deti Kara (m)	[déti kára]
Nordsee (f)	Deti i Veriut (m)	[déti i vériut]
Ostsee (f)	Deti Baltik (m)	[déti baltík]
Nordmeer (n)	Deti Norvegjez (m)	[déti norvɛɟéz]

200. Berge

Berg (m)	mal (m)	[mal]
Gebirgskette (f)	vargmal (m)	[vargmál]
Bergrücken (m)	kresht malor (m)	[kréʃt malór]
Gipfel (m)	majë (f)	[májə]
Spitze (f)	maja më e lartë (f)	[mája mə ɛ lártə]
Bergfuß (m)	rrëza e malit (f)	[rəza ɛ málit]
Abhang (m)	shpat (m)	[ʃpat]
Vulkan (m)	vullkan (m)	[vuɬkán]
tätiger Vulkan (m)	vullkan aktiv (m)	[vuɬkán aktív]
schlafender Vulkan (m)	vullkan i fjetur (m)	[vuɬkán i fjétur]
Ausbruch (m)	shpërthim (m)	[ʃpərθím]
Krater (m)	krater (m)	[kratér]
Magma (n)	magmë (f)	[mágmə]
Lava (f)	llavë (f)	[ɬávə]
glühend heiß (-e Lava)	i shkrirë	[i ʃkrírə]
Cañon (m)	kanion (m)	[kanión]
Schlucht (f)	grykë (f)	[grýkə]
Spalte (f)	çarje (f)	[tʃárjɛ]
Abgrund (m) (steiler ~)	humnerë (f)	[humnérə]
Gebirgspass (m)	kalim (m)	[kalím]
Plateau (n)	pllajë (f)	[pɬájə]
Fels (m)	shkëmb (m)	[ʃkəmb]
Hügel (m)	kodër (f)	[kódər]
Gletscher (m)	akullnajë (f)	[akuɬnájə]
Wasserfall (m)	ujëvarë (f)	[ujəvárə]
Geiser (m)	gejzer (m)	[gɛjzér]
See (m)	liqen (m)	[licén]
Ebene (f)	fushë (f)	[fúʃə]
Landschaft (f)	peizazh (m)	[pɛizáʒ]
Echo (n)	jehonë (f)	[jɛhónə]

Bergsteiger (m)	alpinist (m)	[alpiníst]
Kletterer (m)	alpinist shkëmbßinjsh (m)	[alpiníst ʃkəmbiɲʃ]
bezwingen (vt)	pushtoj majën	[puʃtój májən]
Aufstieg (m)	ngjitje (f)	[ɲítjɛ]

201. Namen der Berge

Alpen (pl)	Alpet (pl)	[alpét]
Montblanc (m)	Montblanc (m)	[montblánk]
Pyrenäen (pl)	Pirenejet (pl)	[pirɛnéjɛt]

Karpaten (pl)	Karpatet (m)	[karpátɛt]
Uralgebirge (n)	Malet Urale (pl)	[málɛt urálɛ]
Kaukasus (m)	Malet Kaukaze (pl)	[málɛt kaukázɛ]
Elbrus (m)	Mali Elbrus (m)	[máli ɛlbrús]

Altai (m)	Malet Altai (pl)	[málɛt altái]
Tian Shan (m)	Tian Shani (m)	[tían ʃáni]
Pamir (m)	Malet e Pamirit (m)	[málɛt ɛ pamírit]
Himalaja (m)	Himalajet (pl)	[himalájɛt]
Everest (m)	Mali Everest (m)	[máli ɛvɛrést]

| Anden (pl) | andet (pl) | [ándɛt] |
| Kilimandscharo (m) | Mali Kilimanxharo (m) | [máli kilimandʒáro] |

202. Flüsse

Fluss (m)	lum (m)	[lum]
Quelle (f)	burim (m)	[burím]
Flussbett (n)	shtrat lumi (m)	[ʃtrat lúmi]
Stromgebiet (n)	basen (m)	[basén]
einmünden in ...	rrjedh ...	[rjéð ...]

| Nebenfluss (m) | derdhje (f) | [dérðjɛ] |
| Ufer (n) | breg (m) | [brɛg] |

Strom (m)	rrymë (f)	[rýmə]
stromabwärts	rrjedhje e poshtme	[rjéðjɛ ɛ póʃtmɛ]
stromaufwärts	rrjedhje e sipërme	[rjéðjɛ ɛ sípərmɛ]

Überschwemmung (f)	vërshim (m)	[vərʃím]
Hochwasser (n)	përmbytje (f)	[pərmbýtjɛ]
aus den Ufern treten	vërshon	[vərʃón]
überfluten (vt)	përmbytet	[pərmbýtɛt]

| Sandbank (f) | cekëtinë (f) | [tsɛkətínə] |
| Stromschnelle (f) | rrjedhë (f) | [rjéðə] |

Damm (m)	digë (f)	[dígə]
Kanal (m)	kanal (m)	[kanál]
Stausee (m)	rezervuar (m)	[rɛzɛrvuár]
Schleuse (f)	pendë ujore (f)	[péndə ujórɛ]

Gewässer (n)	plan hidrik (m)	[plan hidrík]
Sumpf (m), Moor (n)	kënetë (f)	[kənétə]
Marsch (f)	moçal (m)	[motʃ ál]
Strudel (m)	vorbull (f)	[vórbuɫ]

Bach (m)	përrua (f)	[pərúa]
Trink- (z.B. Trinkwasser)	i pijshëm	[i píjʃəm]
Süß- (Wasser)	i freskët	[i fréskət]

Eis (n)	akull (m)	[ákuɫ]
zufrieren (vi)	ngrihet	[ŋríhɛt]

203. Namen der Flüsse

Seine (f)	Sena (f)	[séna]
Loire (f)	Loire (f)	[luar]

Themse (f)	Temza (f)	[témza]
Rhein (m)	Rajnë (m)	[rájnə]
Donau (f)	Danubi (m)	[danúbi]

Wolga (f)	Volga (f)	[vólga]
Don (m)	Doni (m)	[dóni]
Lena (f)	Lena (f)	[léna]

Gelber Fluss (m)	Lumi i Verdhë (m)	[lúmi i vérðə]
Jangtse (m)	Jangce (f)	[jaŋtsé]
Mekong (m)	Mekong (m)	[mɛkóŋ]
Ganges (m)	Gang (m)	[gaŋ]

Nil (m)	Lumi Nil (m)	[lúmi nil]
Kongo (m)	Lumi Kongo (m)	[lúmi kóŋo]
Okavango (m)	Lumi Okavango (m)	[lúmi okaváŋo]
Sambesi (m)	Lumi Zambezi (m)	[lúmi zambézi]
Limpopo (m)	Lumi Limpopo (m)	[lúmi limpópo]
Mississippi (m)	Lumi Misisipi (m)	[lúmi misisípi]

204. Wald

Wald (m)	pyll (m)	[pyɫ]
Wald-	pyjor	[pyjór]

Dickicht (n)	pyll i ngjeshur (m)	[pyɫ i nɟéʃur]
Gehölz (n)	zabel (m)	[zabél]
Lichtung (f)	lëndinë (f)	[ləndínə]

Dickicht (n)	pyllëz (m)	[pýɫəz]
Gebüsch (n)	shkurre (f)	[ʃkúrɛ]

Fußweg (m)	shteg (m)	[ʃtɛg]
Erosionsrinne (f)	hon (m)	[hon]
Baum (m)	pemë (f)	[pémə]

| Blatt (n) | gjeth (m) | [μεθ] |
| Laub (n) | gjethe (pl) | [μéθɛ] |

Laubfall (m)	rënie e gjetheve (f)	[rəníɛ ɛ ɟéθɛvɛ]
fallen (Blätter)	bien	[bíɛn]
Wipfel (m)	maje (f)	[májɛ]

Zweig (m)	degë (f)	[dégə]
Ast (m)	degë (f)	[dégə]
Knospe (f)	syth (m)	[syθ]
Nadel (f)	shtiza pishe (f)	[ʃtíza píʃɛ]
Zapfen (m)	lule pishe (f)	[lúlɛ píʃɛ]

Höhlung (f)	zgavër (f)	[zgávər]
Nest (n)	fole (f)	[folé]
Höhle (f)	strofull (f)	[strófuł]

Stamm (m)	trung (m)	[truŋ]
Wurzel (f)	rrënjë (f)	[réɲə]
Rinde (f)	lëvore (f)	[ləvórɛ]
Moos (n)	myshk (m)	[myʃk]

entwurzeln (vt)	shkul	[ʃkul]
fällen (vt)	pres	[prɛs]
abholzen (vt)	shpyllëzoj	[ʃpyłəzój]
Baumstumpf (m)	cung (m)	[tsúŋ]

Lagerfeuer (n)	zjarr kampingu (m)	[zjar kampíŋu]
Waldbrand (m)	zjarr në pyll (m)	[zjar nə pył]
löschen (vt)	shuaj	[ʃúaj]

Förster (m)	roje pyjore (f)	[rójɛ pyjórɛ]
Schutz (m)	mbrojtje (f)	[mbrójtjɛ]
beschützen (vt)	mbroj	[mbrój]
Wilddieb (m)	gjahtar i jashtëligjshëm (m)	[ɟahtár i jaʃtəlíɟʃəm]
Falle (f)	grackë (f)	[grátskə]

| sammeln, pflücken (vt) | mbledh | [mbléð] |
| sich verirren | humb rrugën | [húmb rúgən] |

205. natürliche Lebensgrundlagen

Naturressourcen (pl)	burime natyrore (pl)	[burímɛ natyrórɛ]
Bodenschätze (pl)	minerale (pl)	[minɛrálɛ]
Vorkommen (n)	depozita (pl)	[dɛpozíta]
Feld (Ölfeld usw.)	fushë (f)	[fúʃə]

gewinnen (vt)	nxjerr	[ndzjér]
Gewinnung (f)	nxjerrje mineralesh (f)	[ndzjérjɛ minɛrálɛʃ]
Erz (n)	xehe (f)	[dzéhɛ]
Bergwerk (n)	minierë (f)	[miniérə]
Schacht (m)	nivel (m)	[nivél]
Bergarbeiter (m)	minator (m)	[minatór]
Erdgas (n)	gaz (m)	[gaz]

Gasleitung (f)	gazsjellës (m)	[gazsjéɫəs]
Erdöl (n)	naftë (f)	[náftə]
Erdölleitung (f)	naftësjellës (f)	[naftəsjéɫəs]
Ölquelle (f)	pus nafte (m)	[pus náftɛ]
Bohrturm (m)	burim nafte (m)	[burím náftɛ]
Tanker (m)	anije-cisternë (f)	[aníjɛ-tsistérnə]

Sand (m)	rërë (f)	[rérə]
Kalkstein (m)	gur gëlqeror (m)	[gur gəlcɛrór]
Kies (m)	zhavorr (m)	[ʒavór]
Torf (m)	torfë (f)	[tórfə]
Ton (m)	argjilë (f)	[arɟílə]
Kohle (f)	qymyr (m)	[cymýr]

Eisen (n)	hekur (m)	[hékur]
Gold (n)	ar (m)	[ár]
Silber (n)	argjend (m)	[arɟénd]
Nickel (n)	nikel (m)	[nikél]
Kupfer (n)	bakër (m)	[bákər]

Zink (n)	zink (m)	[zink]
Mangan (n)	mangan (m)	[maŋán]
Quecksilber (n)	merkur (m)	[mɛrkúr]
Blei (n)	plumb (m)	[plúmb]

Mineral (n)	mineral (m)	[minɛrál]
Kristall (m)	kristal (m)	[kristál]
Marmor (m)	mermer (m)	[mɛrmér]
Uran (n)	uranium (m)	[uraniúm]

Die Erde. Teil 2

206. Wetter

Wetter (n)	moti (m)	[móti]
Wetterbericht (m)	parashikimi i motit (m)	[paraʃikími i mótit]
Temperatur (f)	temperaturë (f)	[tɛmpɛratúrə]
Thermometer (n)	termometër (m)	[tɛrmométər]
Barometer (n)	barometër (m)	[barométər]
feucht	i lagësht	[i lágəʃt]
Feuchtigkeit (f)	lagështi (f)	[lagəʃtí]
Hitze (f)	vapë (f)	[vápə]
glutheiß	shumë nxehtë	[ʃúmə ndzéhtə]
ist heiß	është nxehtë	[əʃtə ndzéhtə]
ist warm	është ngrohtë	[əʃtə ŋróhtə]
warm (Adj)	ngrohtë	[ŋróhtə]
ist kalt	bën ftohtë	[bən ftóhtə]
kalt (Adj)	i ftohtë	[i ftóhtə]
Sonne (f)	diell (m)	[díɛɫ]
scheinen (vi)	ndriçon	[ndritʃón]
sonnig (Adj)	me diell	[mɛ díɛɫ]
aufgehen (vi)	agon	[agón]
untergehen (vi)	perëndon	[pɛrəndón]
Wolke (f)	re (f)	[rɛ]
bewölkt, wolkig	vranët	[vránət]
Regenwolke (f)	re shiu (f)	[rɛ ʃíu]
trüb (-er Tag)	vranët	[vránət]
Regen (m)	shi (m)	[ʃi]
Es regnet	bie shi	[bíɛ ʃi]
regnerisch (-er Tag)	me shi	[mɛ ʃi]
nieseln (vi)	shi i imët	[ʃi i ímət]
strömender Regen (m)	shi litar (m)	[ʃi litár]
Regenschauer (m)	stuhi shiu (f)	[stuhí ʃíu]
stark (-er Regen)	i fortë	[i fórtə]
Pfütze (f)	brakë (f)	[brákə]
nass werden (vi)	lagem	[lágɛm]
Nebel (m)	mjegull (f)	[mjéguɫ]
neblig (-er Tag)	e mjegullt	[ɛ mjéguɫt]
Schnee (m)	borë (f)	[bórə]
Es schneit	bie borë	[bíɛ bórə]

207. Unwetter Naturkatastrophen

Gewitter (n)	stuhi (f)	[stuhĺ]
Blitz (m)	vetëtimë (f)	[vɛtətímə]
blitzen (vi)	vetëton	[vɛtətón]
Donner (m)	bubullimë (f)	[bubuɫímə]
donnern (vi)	bubullon	[bubuɫón]
Es donnert	bubullon	[bubuɫón]
Hagel (m)	breshër (m)	[bréʃər]
Es hagelt	po bie breshër	[po biɛ bréʃər]
überfluten (vt)	përmbytet	[pərmbýtɛt]
Überschwemmung (f)	përmbytje (f)	[pərmbýtjɛ]
Erdbeben (n)	tërmet (m)	[tərmét]
Erschütterung (f)	lëkundje (f)	[ləkúndjɛ]
Epizentrum (n)	epiqendër (f)	[ɛpicéndər]
Ausbruch (m)	shpërthim (m)	[ʃpərθím]
Lava (f)	llavë (f)	[ɫávə]
Wirbelsturm (m)	vorbull (f)	[vórbuɫ]
Tornado (m)	tornado (f)	[tornádo]
Taifun (m)	tajfun (m)	[tajfún]
Orkan (m)	uragan (m)	[uragán]
Sturm (m)	stuhi (f)	[stuhĺ]
Tsunami (m)	cunam (m)	[tsunám]
Zyklon (m)	ciklon (m)	[tsiklón]
Unwetter (n)	mot i keq (m)	[mot i kɛc]
Brand (m)	zjarr (m)	[zjar]
Katastrophe (f)	fatkeqësi (f)	[fatkɛcəsĺ]
Meteorit (m)	meteor (m)	[mɛtɛór]
Lawine (f)	ortek (m)	[orték]
Schneelawine (f)	rrëshqitje bore (f)	[rəʃcítjɛ bórɛ]
Schneegestöber (n)	stuhi bore (f)	[stuhĺ bórɛ]
Schneesturm (m)	stuhi bore (f)	[stuhĺ bórɛ]

208. Geräusche. Klänge

Stille (f)	qetësi (f)	[cɛtəsĺ]
Laut (m)	tingull (m)	[tíŋuɫ]
Lärm (m)	zhurmë (f)	[ʒúrmə]
lärmen (vi)	bëj zhurmë	[bəj ʒúrmə]
lärmend (Adj)	i zhurmshëm	[i ʒúrmʃəm]
laut (in lautemTon)	me zë të lartë	[mɛ zə tə lártə]
laut (eine laute Stimme)	i lartë	[i lártə]
ständig (Adj)	e përhershme	[ɛ pərhérʃmɛ]

Schrei (m)	britmë (f)	[brítmə]
schreien (vi)	bërtas	[bərtás]
Flüstern (n)	pëshpërimë (f)	[pəʃpərímə]
flüstern (vt)	pëshpëris	[pəʃpərís]

| Gebell (n) | lehje (f) | [léhjɛ] |
| bellen (vi) | leh | [lɛh] |

Stöhnen (n)	rënkim (m)	[rənkím]
stöhnen (vi)	rënkoj	[rənkój]
Husten (m)	kollë (f)	[kółə]
husten (vi)	kollitem	[kołítɛm]

Pfiff (m)	fishkëllimë (f)	[fiʃkətímə]
pfeifen (vi)	fishkëlloj	[fiʃkətój]
Klopfen (n)	trokitje (f)	[trokítjɛ]
klopfen (vi)	trokas	[trokás]

| krachen (Laut) | çahet | [tʃáhɛt] |
| Krachen (n) | krisje (f) | [krísjɛ] |

Sirene (f)	alarm (m)	[alárm]
Pfeife (Zug usw.)	fishkëllimë (f)	[fiʃkətímə]
pfeifen (vi)	fishkëllen	[fiʃkətén]
Hupe (f)	bori (f)	[borí]
hupen (vi)	i bie borisë	[i bíɛ borísə]

209. Winter

Winter (m)	dimër (m)	[dímər]
Winter-	dimëror	[dimərór]
im Winter	në dimër	[nə dímər]

Schnee (m)	borë (f)	[bórə]
Es schneit	bie borë	[bíɛ bórə]
Schneefall (m)	reshje bore (f)	[réʃjɛ bórɛ]
Schneewehe (f)	mal dëbore (m)	[mal dəbórɛ]

Schneeflocke (f)	flok bore (m)	[flók bórɛ]
Schneeball (m)	top bore (m)	[top bórɛ]
Schneemann (m)	dordolec (m)	[dordoléts]
Eiszapfen (m)	akull (m)	[ákuł]

Dezember (m)	Dhjetor (m)	[ðjɛtór]
Januar (m)	Janar (m)	[janár]
Februar (m)	Shkurt (m)	[ʃkurt]

| Frost (m) | ngricë (f) | [ŋrítsə] |
| frostig, Frost- | me ngrica | [mɛ ŋrítsa] |

unter Null	nën zero	[nən zéro]
leichter Frost (m)	ngrica e parë (f)	[ŋrítsa ɛ párə]
Reif (m)	brymë (f)	[brýmə]
Kälte (f)	ftohtë (f)	[ftóhtə]

Es ist kalt	bën ftohtë	[bən ftóhtə]
Pelzmantel (m)	gëzof (m)	[gəzóf]
Fausthandschuhe (pl)	doreza (f)	[doréza]
erkranken (vi)	sëmurem	[səmúrɛm]
Erkältung (f)	ftohje (f)	[ftóhjɛ]
sich erkälten	ftohem	[ftóhɛm]
Eis (n)	akull (m)	[ákuɫ]
Glatteis (n)	akull transparent (m)	[ákuɫ transparént]
zufrieren (vi)	ngrihet	[ŋríhɛt]
Eisscholle (f)	bllok akulli (m)	[bɫók ákuɫi]
Ski (pl)	ski (pl)	[ski]
Skiläufer (m)	skiator (m)	[skiatór]
Ski laufen	bëj ski	[bəj skí]
Schlittschuh laufen	bëj patinazh	[bəj patináʒ]

Fauna

210. Säugetiere. Raubtiere

Raubtier (n)	grabitqar (m)	[grabitcár]
Tiger (m)	tigër (m)	[tígər]
Löwe (m)	luan (m)	[luán]
Wolf (m)	ujk (m)	[ujk]
Fuchs (m)	dhelpër (f)	[ðélpər]
Jaguar (m)	jaguar (m)	[jaguár]
Leopard (m)	leopard (m)	[lɛopárd]
Gepard (m)	gepard (m)	[gɛpárd]
Panther (m)	panterë e zezë (f)	[pantérə ɛ zézə]
Puma (m)	puma (f)	[púma]
Schneeleopard (m)	leopard i borës (m)	[lɛopárd i bórəs]
Luchs (m)	rrëqebull (m)	[rəcébuɬ]
Kojote (m)	kojotë (f)	[kojótə]
Schakal (m)	çakall (m)	[tʃakáɬ]
Hyäne (f)	hienë (f)	[hiénə]

211. Tiere in freier Wildbahn

Tier (n)	kafshë (f)	[káfʃə]
Bestie (f)	bishë (f)	[bíʃə]
Eichhörnchen (n)	ketër (m)	[kétər]
Igel (m)	iriq (m)	[iríc]
Hase (m)	lepur i egër (m)	[lépur i égər]
Kaninchen (n)	lepur (m)	[lépur]
Dachs (m)	vjedull (f)	[vjéduɬ]
Waschbär (m)	rakun (m)	[rakún]
Hamster (m)	hamster (m)	[hamstér]
Murmeltier (n)	marmot (m)	[marmót]
Maulwurf (m)	urith (m)	[uríθ]
Maus (f)	mi (m)	[mi]
Ratte (f)	mi (m)	[mi]
Fledermaus (f)	lakuriq (m)	[lakuríc]
Hermelin (n)	herminë (f)	[hɛrmínə]
Zobel (m)	kunadhe (f)	[kunáðɛ]
Marder (m)	shqarth (m)	[ʃcarθ]
Wiesel (n)	nuselalë (f)	[nusɛlálə]
Nerz (m)	vizon (m)	[vizón]

| Biber (m) | kastor (m) | [kastór] |
| Fischotter (m) | vidër (f) | [vídər] |

Pferd (n)	kali (m)	[káli]
Elch (m)	dre brilopatë (m)	[drɛ brilopátə]
Hirsch (m)	dre (f)	[drɛ]
Kamel (n)	deve (f)	[dévɛ]

Bison (m)	bizon (m)	[bizón]
Wisent (m)	bizon evropian (m)	[bizón ɛvropián]
Büffel (m)	buall (m)	[búaɫ]

Zebra (n)	zebër (f)	[zébər]
Antilope (f)	antilopë (f)	[antilópə]
Reh (n)	dre (f)	[drɛ]
Damhirsch (m)	dre ugar (m)	[drɛ ugár]
Gämse (f)	kamosh (m)	[kamóʃ]
Wildschwein (n)	derr i egër (m)	[dér i égər]

Wal (m)	balenë (f)	[balénə]
Seehund (m)	fokë (f)	[fókə]
Walroß (n)	lopë deti (f)	[lópə déti]
Seebär (m)	fokë (f)	[fókə]
Delfin (m)	delfin (m)	[dɛlfín]

Bär (m)	ari (m)	[arí]
Eisbär (m)	ari polar (m)	[arí polár]
Panda (m)	panda (f)	[pánda]

Affe (m)	majmun (m)	[majmún]
Schimpanse (m)	shimpanze (f)	[ʃimpánzɛ]
Orang-Utan (m)	orangutan (m)	[oraŋután]
Gorilla (m)	gorillë (f)	[gorítə]
Makak (m)	majmun makao (m)	[majmún makáo]
Gibbon (m)	gibon (m)	[gibón]

Elefant (m)	elefant (m)	[ɛlɛfánt]
Nashorn (n)	rinoqeront (m)	[rinocɛrónt]
Giraffe (f)	gjirafë (f)	[ɟiráfə]
Flusspferd (n)	hipopotam (m)	[hipopotám]

| Känguru (n) | kangur (m) | [kaŋúr] |
| Koala (m) | koala (f) | [koála] |

Manguste (f)	mangustë (f)	[maŋústə]
Chinchilla (n)	çinçila (f)	[tʃintʃíla]
Stinktier (n)	qelbës (m)	[célbəs]
Stachelschwein (n)	ferrëgjatë (m)	[fɛrəɟátə]

212. Haustiere

Katze (f)	mace (f)	[mátsɛ]
Kater (m)	maçok (m)	[matʃók]
Hund (m)	qen (m)	[cɛn]

Pferd (n)	kali (m)	[káli]
Hengst (m)	hamshor (m)	[hamʃór]
Stute (f)	pelë (f)	[pélə]

Kuh (f)	lopë (f)	[lópə]
Stier (m)	dem (m)	[dém]
Ochse (m)	ka (m)	[ka]

Schaf (n)	dele (f)	[délɛ]
Widder (m)	dash (m)	[daʃ]
Ziege (f)	dhi (f)	[ði]
Ziegenbock (m)	cjap (m)	[tsjáp]

| Esel (m) | gomar (m) | [gomár] |
| Maultier (n) | mushkë (f) | [múʃkə] |

Schwein (n)	derr (m)	[dɛr]
Ferkel (n)	derrkuc (m)	[dɛrkúts]
Kaninchen (n)	lepur (m)	[lépur]

| Huhn (n) | pulë (f) | [púlə] |
| Hahn (m) | gjel (m) | [ɟél] |

Ente (f)	rosë (f)	[rósə]
Enterich (m)	rosak (m)	[rosák]
Gans (f)	patë (f)	[pátə]

| Puter (m) | gjel deti i egër (m) | [ɟél déti i égər] |
| Pute (f) | gjel deti (m) | [ɟél déti] |

Haustiere (pl)	kafshë shtëpiake (f)	[káfʃə ʃtəpiákɛ]
zahm	i zbutur	[i zbútur]
zähmen (vt)	zbus	[zbus]
züchten (vt)	rrit	[rit]

Farm (f)	fermë (f)	[férmə]
Geflügel (n)	pulari (f)	[pularí]
Vieh (n)	bagëti (f)	[bagətí]
Herde (f)	kope (f)	[kopé]

Pferdestall (m)	stallë (f)	[stáɬə]
Schweinestall (m)	stallë e derrave (f)	[stáɬə ɛ déravɛ]
Kuhstall (m)	stallë e lopëve (f)	[stáɬə ɛ lópəvɛ]
Kaninchenstall (m)	kolibe lepujsh (f)	[kolíbɛ lépujʃ]
Hühnerstall (m)	kotec (m)	[kotéts]

213. Hunde. Hunderassen

Hund (m)	qen (m)	[cɛn]
Schäferhund (m)	qen dhensh (m)	[cɛn ðɛnʃ]
Deutsche Schäferhund (m)	pastor gjerman (m)	[pastór ɟɛrmán]
Pudel (m)	pudël (f)	[púdəl]
Dachshund (m)	dakshund (m)	[dákshund]
Bulldogge (f)	bulldog (m)	[buɬdóg]

Boxer (m)	bokser (m)	[boksér]
Mastiff (m)	mastif (m)	[mastíf]
Rottweiler (m)	rotvailer (m)	[rotvailér]
Dobermann (m)	doberman (m)	[dobɛrmán]

Basset (m)	baset (m)	[basét]
Bobtail (m)	bishtshkurtër (m)	[biʃtʃkúrtər]
Dalmatiner (m)	dalmat (m)	[dalmát]
Cocker-Spaniel (m)	koker spaniel (m)	[kokér spaniél]

| Neufundländer (m) | terranova (f) | [tɛranóva] |
| Bernhardiner (m) | Seint-Bernard (m) | [séint-bɛrnárd] |

Eskimohund (m)	haski (m)	[háski]
Chow-Chow (m)	çau çau (m)	[tʃáu tʃáu]
Spitz (m)	dhelpërush (m)	[ðɛlpərúʃ]
Mops (m)	karlino (m)	[karlíno]

214. Tierlaute

Gebell (n)	lehje (f)	[léhjɛ]
bellen (vi)	leh	[lɛh]
miauen (vi)	mjaullin	[mjauɫín]
schnurren (Katze)	gërhimë	[gərhímə]

muhen (vi)	bën mu	[bən mú]
brüllen (Stier)	pëllet	[pəɫét]
knurren (Hund usw.)	hungërin	[huŋərín]

Heulen (n)	hungërimë (f)	[huŋərímə]
heulen (vi)	hungëroj	[huŋərój]
winseln (vi)	angullin	[aŋuɫín]

meckern (Ziege)	blegërin	[blɛgərín]
grunzen (vi)	hungërin	[huŋərín]
kreischen (vi)	klith	[kliθ]

quaken (vi)	bën kuak	[bən kuák]
summen (Insekt)	zukat	[zukát]
zirpen (vi)	gumëzhin	[guməʒín]

215. Jungtiere

Tierkind (n)	këlysh (m)	[kəlýʃ]
Kätzchen (n)	kotele (f)	[kotélɛ]
Mausjunge (n)	miush (m)	[miúʃ]
Hündchen (n), Welpe (m)	këlysh qeni (m)	[kəlýʃ céni]

Häschen (n)	lepurush (m)	[lɛpurúʃ]
Kaninchenjunge (n)	lepurush i butë (m)	[lɛpurúʃ i bútə]
Wolfsjunge (n)	këlysh ujku (m)	[kəlýʃ újku]
Fuchsjunge (n)	këlysh dhelpre (m)	[kəlýʃ ðélprɛ]

Bärenjunge (n)	këlysh ariu (m)	[kəlýʃ aríu]
Löwenjunge (n)	këlysh luani (m)	[kəlýʃ luáni]
junger Tiger (m)	këlysh tigri (m)	[kəlýʃ tígri]
Elefantenjunge (n)	këlysh elefanti (m)	[kəlýʃ ɛlɛfánti]

Ferkel (n)	derrkuc (m)	[dɛrkúts]
Kalb (junge Kuh)	viç (m)	[vitʃ]
Ziegenkitz (n)	kec (m)	[kéts]
Lamm (n)	qengj (m)	[cɛɲj]
Hirschkalb (n)	kaproll (m)	[kaprół]
Kamelfohlen (n)	këlysh deveje (m)	[kəlýʃ dɛvéjɛ]

junge Schlange (f)	gjarpër i vogël (m)	[ɟárpər i vógəl]
Fröschlein (n)	këlysh bretkose (m)	[kəlýʃ brɛtkósɛ]

junger Vogel (m)	zog i vogël (m)	[zog i vógəl]
Küken (n)	zog pule (m)	[zog púlɛ]
Entlein (n)	zog rose (m)	[zog rósɛ]

216. Vögel

Vogel (m)	zog (m)	[zog]
Taube (f)	pëllumb (m)	[pəłúmb]
Spatz (m)	harabel (m)	[harabél]
Meise (f)	xhixhimës (m)	[dʒidʒiməs]
Elster (f)	laraskë (f)	[laráskə]

Rabe (m)	korb (m)	[korb]
Krähe (f)	sorrë (f)	[sórə]
Dohle (f)	galë (f)	[gálə]
Saatkrähe (f)	sorrë (f)	[sórə]

Ente (f)	rosë (f)	[rósə]
Gans (f)	patë (f)	[pátə]
Fasan (m)	fazan (m)	[fazán]

Adler (m)	shqiponjë (f)	[ʃcipóɲə]
Habicht (m)	gjeraqinë (f)	[ɟɛracínə]
Falke (m)	fajkua (f)	[fajkúa]
Greif (m)	hutë (f)	[hútə]
Kondor (m)	kondor (m)	[kondór]

Schwan (m)	mjellmë (f)	[mjéłmə]
Kranich (m)	lejlek (m)	[lɛjlék]
Storch (m)	lejlek (m)	[lɛjlék]

Papagei (m)	papagall (m)	[papagáł]
Kolibri (m)	kolibri (m)	[kolíbri]
Pfau (m)	pallua (m)	[pałúa]

Strauß (m)	struc (m)	[struts]
Reiher (m)	çafkë (f)	[tʃáfkə]
Flamingo (m)	flamingo (m)	[flamíŋo]
Pelikan (m)	pelikan (m)	[pɛlikán]

Nachtigall (f)	bilbil (m)	[bilbíl]
Schwalbe (f)	dallëndyshe (f)	[daɫəndýʃɛ]
Drossel (f)	mëllenjë (f)	[məténə]
Singdrossel (f)	grifsha (f)	[grífʃa]
Amsel (f)	mëllenjë (f)	[məténə]
Segler (m)	dallëndyshe (f)	[daɫəndýʃɛ]
Lerche (f)	thëllëzë (f)	[θəɫézə]
Wachtel (f)	trumcak (m)	[trumtsák]
Specht (m)	qukapik (m)	[cukapík]
Kuckuck (m)	kukuvajkë (f)	[kukuvájkə]
Eule (f)	buf (m)	[buf]
Uhu (m)	buf mbretëror (m)	[buf mbrɛtərór]
Auerhahn (m)	fazan i pyllit (m)	[fazán i pýɫit]
Birkhahn (m)	fazan i zi (m)	[fazán i zí]
Rebhuhn (n)	thëllëzë (f)	[θəɫézə]
Star (m)	gargull (m)	[gárguɫ]
Kanarienvogel (m)	kanarinë (f)	[kanarínə]
Haselhuhn (n)	fazan mali (m)	[fazán máli]
Buchfink (m)	trishtil (m)	[triʃtíl]
Gimpel (m)	trishtil dimri (m)	[triʃtíl dímri]
Möwe (f)	pulëbardhë (f)	[puləbárðe]
Albatros (m)	albatros (m)	[albatrós]
Pinguin (m)	penguin (m)	[pɛŋuín]

217. Vögel. Gesang und Laute

singen (vt)	këndoj	[kəndój]
schreien (vi)	thërras	[θərás]
kikeriki schreien	kakaris	[kakarís]
kikeriki	kikiriku	[kikiríku]
gackern (vi)	kakaris	[kakarís]
krächzen (vi)	krokas	[krokás]
schnattern (Ente)	bën kuak kuak	[bən kuák kuák]
piepsen (vi)	pisket	[piskét]
zwitschern (vi)	cicëroj	[tsitsərój]

218. Fische. Meerestiere

Brachse (f)	krapuliq (m)	[krapulíc]
Karpfen (m)	krap (m)	[krap]
Barsch (m)	perç (m)	[pɛrtʃ]
Wels (m)	mustak (m)	[musták]
Hecht (m)	mlysh (m)	[mlýʃ]
Lachs (m)	salmon (m)	[salmón]
Stör (m)	bli (m)	[blí]

Hering (m)	harengë (f)	[haréŋə]
atlantische Lachs (m)	salmon Atlantiku (m)	[salmón atlantíku]
Makrele (f)	skumbri (m)	[skúmbri]
Scholle (f)	shojzë (f)	[ʃójzə]

Zander (m)	troftë (f)	[tróftə]
Dorsch (m)	merluc (m)	[mɛrlúts]
Tunfisch (m)	tunë (f)	[túnə]
Forelle (f)	troftë (f)	[tróftə]

Aal (m)	ngjalë (f)	[nɟálə]
Zitterrochen (m)	peshk elektrik (m)	[pɛʃk ɛlɛktrík]
Muräne (f)	ngjalë morel (f)	[nɟálə morél]
Piranha (m)	piranja (f)	[pirápa]

Hai (m)	peshkaqen (m)	[pɛʃkacén]
Delfin (m)	delfin (m)	[dɛlfín]
Wal (m)	balenë (f)	[balénə]

Krabbe (f)	gaforre (f)	[gafórɛ]
Meduse (f)	kandil deti (m)	[kandíl déti]
Krake (m)	oktapod (m)	[oktapód]

Seestern (m)	yll deti (m)	[yɬ déti]
Seeigel (m)	iriq deti (m)	[iríc déti]
Seepferdchen (n)	kalë deti (m)	[kálə déti]

Auster (f)	midhje (f)	[míðjɛ]
Garnele (f)	karkalec (m)	[karkaléts]
Hummer (m)	karavidhe (f)	[karavíðɛ]
Languste (f)	karavidhe (f)	[karavíðɛ]

219. Amphibien Reptilien

Schlange (f)	gjarpër (m)	[ɟárpər]
Gift-, giftig	helmues	[hɛlmúɛs]

Viper (f)	nepërka (f)	[nɛpérka]
Kobra (f)	kobra (f)	[kóbra]
Python (m)	piton (m)	[pitón]
Boa (f)	boa (f)	[bóa]

Ringelnatter (f)	kular (m)	[kulár]
Klapperschlange (f)	gjarpër me zile (m)	[ɟárpər mɛ zílɛ]
Anakonda (f)	anakonda (f)	[anakónda]

Eidechse (f)	hardhucë (f)	[harðútsə]
Leguan (m)	iguana (f)	[iguána]
Waran (m)	varan (m)	[varán]
Salamander (m)	salamandër (f)	[salamándər]
Chamäleon (n)	kameleon (m)	[kamɛlɛón]
Skorpion (m)	akrep (m)	[akrép]
Schildkröte (f)	breshkë (f)	[bréʃkə]
Frosch (m)	bretkosë (f)	[brɛtkósə]

| Kröte (f) | zhabë (f) | [ʒábə] |
| Krokodil (n) | krokodil (m) | [krokodíl] |

220. Insekten

Insekt (n)	insekt (m)	[insékt]
Schmetterling (m)	flutur (f)	[flútur]
Ameise (f)	milingonë (f)	[miliŋónə]
Fliege (f)	mizë (f)	[mízə]
Mücke (f)	mushkonjë (f)	[muʃkóɲə]
Käfer (m)	brumbull (m)	[brúmbuɫ]

Wespe (f)	grerëz (f)	[grérəz]
Biene (f)	bletë (f)	[blétə]
Hummel (f)	greth (m)	[grɛθ]
Bremse (f)	zekth (m)	[zɛkθ]

| Spinne (f) | merimangë (f) | [mɛrimáɲə] |
| Spinnennetz (n) | rrjetë merimange (f) | [rjétə mɛrimáɲɛ] |

Libelle (f)	pilivesë (f)	[pilivésə]
Grashüpfer (m)	karkalec (m)	[karkaléts]
Schmetterling (m)	molë (f)	[mólə]

Schabe (f)	kacabu (f)	[katsabú]
Zecke (f)	rriqër (m)	[rícər]
Floh (m)	plesht (m)	[plɛʃt]
Kriebelmücke (f)	mushicë (f)	[muʃítsə]

Heuschrecke (f)	gjinkallë (f)	[ɟinkáɫə]
Schnecke (f)	kërmill (m)	[kərmíɫ]
Heimchen (n)	bulkth (m)	[búlkθ]
Leuchtkäfer (m)	xixëllonjë (f)	[dzidzəɫóɲə]
Marienkäfer (m)	mollëkuqe (f)	[moɫəkúcɛ]
Maikäfer (m)	vizhë (f)	[víʒə]

Blutegel (m)	shushunjë (f)	[ʃuʃúɲə]
Raupe (f)	vemje (f)	[vémjɛ]
Wurm (m)	krimb toke (m)	[krímb tókɛ]
Larve (f)	larvë (f)	[lárvə]

221. Tiere. Körperteile

Schnabel (m)	sqep (m)	[scɛp]
Flügel (pl)	flatra (pl)	[flátra]
Fuß (m)	këmbë (f)	[kémbə]
Gefieder (n)	pupla (pl)	[púpla]
Feder (f)	pupël (f)	[púpəl]
Haube (f)	kreshtë (f)	[kréʃtə]

| Kiemen (pl) | velëz (f) | [véləz] |
| Laich (m) | vezë peshku (f) | [vézə péʃku] |

Larve (f)	larvë (f)	[lárvə]
Flosse (f)	krah (m)	[krah]
Schuppe (f)	luspë (f)	[lúspə]

Stoßzahn (m)	dhëmb prerës (m)	[ðəmb prérəs]
Pfote (f)	shputë (f)	[ʃpútə]
Schnauze (f)	turi (m)	[turí]
Rachen (m)	gojë (f)	[gójə]
Schwanz (m)	bisht (m)	[biʃt]
Barthaar (n)	mustaqe (f)	[mustácɛ]

| Huf (m) | thundër (f) | [θúndər] |
| Horn (n) | bri (m) | [brí] |

Panzer (m)	karapaks (m)	[karapáks]
Muschel (f)	guaskë (f)	[guáskə]
Schale (f)	lëvozhgë veze (f)	[ləvóʒgə vézɛ]

| Fell (n) | qime (f) | [címɛ] |
| Haut (f) | lëkurë kafshe (f) | [ləkúrə káfʃɛ] |

222. Tierverhalten

| fliegen (vi) | fluturoj | [fluturój] |
| herumfliegen (vi) | fluturoj përreth | [fluturój pəréθ] |

| wegfliegen (vi) | fluturoj tutje | [fluturój tútjɛ] |
| schlagen (mit den Flügeln ~) | rrah | [rah] |

| picken (vt) | qukas | [cukás] |
| bebrüten (vt) | ngroh vezët | [ŋróh vézət] |

| ausschlüpfen (vi) | çelin vezët | [tʃélin vézət] |
| ein Nest bauen | ngre fole | [ŋré folé] |

kriechen (vi)	gjarpëroj	[ɟarpərój]
stechen (Insekt)	pickoj	[pitskój]
beißen (vt)	kafshoj	[kafʃój]

schnüffeln (vt)	nuhas	[nuhás]
bellen (vi)	leh	[lɛh]
zischen (vi)	fërshëllej	[fərʃəɫéj]

| erschrecken (vt) | tremb | [trɛmb] |
| angreifen (vt) | sulmoj | [sulmój] |

nagen (vi)	brej	[brɛj]
kratzen (vt)	gërvisht	[gərvíʃt]
sich verstecken	fsheh	[fʃéh]

spielen (vi)	luaj	[lúaj]
jagen (vi)	dal për gjah	[dál pər ɟáh]
Winterschlaf halten	fle gjumë letargjik	[flɛ ɟúmə lɛtarɟík]
aussterben (vi)	zhdukem	[ʒdúkɛm]

223. Tiere. Lebensräume

| Lebensraum (f) | banesë (f) | [banésə] |
| Wanderung (f) | migrim (m) | [migrím] |

Berg (m)	mal (m)	[mal]
Riff (n)	shkëmb nënujor (m)	[ʃkəmb nənujór]
Fels (m)	shkëmb (m)	[ʃkəmb]

Wald (m)	pyll (m)	[pyɫ]
Dschungel (m, n)	xhungël (f)	[dʒúŋəl]
Savanne (f)	savana (f)	[savána]
Tundra (f)	tundra (f)	[túndra]

Steppe (f)	stepa (f)	[stépa]
Wüste (f)	shkretëtirë (f)	[ʃkrɛtətírə]
Oase (f)	oazë (f)	[oázə]

Meer (n), See (f)	det (m)	[dét]
See (m)	liqen (m)	[licén]
Ozean (m)	oqean (m)	[ocɛán]

Sumpf (m)	kënetë (f)	[kənétə]
Süßwasser-	ujëra të ëmbla	[újəra tə əmbla]
Teich (m)	pellg (m)	[pɛɫg]
Fluss (m)	lum (m)	[lum]

Höhle (f), Bau (m)	strofull (f)	[strófuɫ]
Nest (n)	fole (f)	[folé]
Höhlung (f)	zgavër (f)	[zgávər]
Loch (z.B. Wurmloch)	strofull (f)	[strófuɫ]
Ameisenhaufen (m)	mal milingonash (m)	[mal miliŋónaʃ]

224. Tierpflege

| Zoo (m) | kopsht zoologjik (m) | [kópʃt zooloɟík] |
| Schutzgebiet (n) | rezervat natyror (m) | [rɛzɛrvát natyrór] |

Zucht (z.B. Hunde~)	mbarështues (m)	[mbarəʃtúɛs]
Freigehege (n)	kafaz i hapur (m)	[kafáz i hápur]
Käfig (m)	kafaz (m)	[kafáz]
Hundehütte (f)	kolibe qeni (f)	[kolíbɛ céni]

Taubenschlag (m)	kafaz pëllumbash (m)	[kafáz pəɫúmbaʃ]
Aquarium (n)	akuarium (m)	[akuariúm]
Delphinarium (n)	akuarium për delfinë (m)	[akuariúm pər dɛlfínə]

züchten (vt)	mbarështoj	[mbarəʃtój]
Wurf (m)	këlysh (m)	[kəlýʃ]
zähmen (vt)	zbus	[zbus]
dressieren (vt)	stërvit	[stərvít]
Futter (n)	ushqim (m)	[uʃcím]
füttern (vt)	ushqej	[uʃcéj]

Zoohandlung (f)	dyqan kafshësh (m)	[dycán káfʃəʃ]
Maulkorb (m)	maskë turiri (f)	[máskə turíri]
Halsband (n)	kollare (f)	[koɫárɛ]
Rufname (m)	emri (m)	[émri]
Stammbaum (m)	raca (f)	[rátsa]

225. Tiere. Verschiedenes

Rudel (Wölfen)	tufë (f)	[túfə]
Vogelschwarm (m)	tufë (f)	[túfə]
Schwarm (~ Heringe usw.)	grup (m)	[grup]
Pferdeherde (f)	tufë (f)	[túfə]
Männchen (n)	mashkull (m)	[máʃkuɫ]
Weibchen (n)	femër (f)	[fémər]
hungrig	i uritur	[i urítur]
wild	i egër	[i égər]
gefährlich	i rrezikshëm	[i rɛzíkʃəm]

226. Pferde

Pferd (n)	kali (m)	[káli]
Rasse (f)	raca (f)	[rátsa]
Fohlen (n)	mëzi (m)	[mézi]
Stute (f)	pelë (f)	[pélə]
Mustang (m)	kalë mustang (m)	[kálə mustáŋ]
Pony (n)	poni (m)	[póni]
schweres Zugpferd (n)	kalë pune (f)	[kálə púnɛ]
Mähne (f)	kreshtë (f)	[kréʃtə]
Schwanz (m)	bisht (m)	[biʃt]
Huf (m)	thundër (f)	[θúndər]
Hufeisen (n)	patkua (f)	[patkúa]
beschlagen (vt)	mbath	[mbáθ]
Schmied (m)	farkëtar (m)	[farkətár]
Sattel (m)	shalë (f)	[ʃálə]
Steigbügel (m)	yzengji (f)	[yzɛnʝí]
Zaum (m)	gojëz (f)	[gójəz]
Zügel (pl)	frenat (pl)	[frénat]
Peitsche (f)	kamxhik (m)	[kamdʒík]
Reiter (m)	kalorës (m)	[kalórəs]
satteln (vt)	shaloj	[ʃalój]
besteigen (vt)	hip në kalë	[hip nə kálə]
Galopp (m)	galop (m)	[galóp]
galoppieren (vi)	ec me galop	[ɛts mɛ galóp]

Trab (m)	trok (m)	[trok]
im Trab	me trok	[mɛ trók]
traben (vi)	ec me trok	[ɛts mɛ trók]

| Rennpferd (n) | kalë garash (m) | [kálə gáraʃ] |
| Rennen (n) | garë kuajsh (f) | [gárə kúajʃ] |

Pferdestall (m)	stallë (f)	[státə]
füttern (vt)	ushqej	[uʃcéj]
Heu (n)	kashtë (f)	[káʃtə]
tränken (vt)	i jap ujë	[i jap újə]
striegeln (vt)	laj	[laj]

Pferdewagen (m)	karrocë me kalë (f)	[karótsə mɛ kálə]
weiden (vi)	kullos	[kuɫós]
wiehern (vi)	hingëlloj	[hiŋəɫój]
ausschlagen (Pferd)	gjuaj me shkelma	[ɟúaj mɛ ʃkélma]

Flora

227. Bäume

Baum (m)	pemë (f)	[pémə]
Laub-	gjethor	[ɟɛθór]
Nadel-	halor	[halór]
immergrün	përherë të gjelbra	[pərhérə tə ɟélbra]

Apfelbaum (m)	pemë molle (f)	[pémə mótɛ]
Birnbaum (m)	pemë dardhe (f)	[pémə dárðɛ]
Süßkirschbaum (m)	pemë qershie (f)	[pémə cɛrʃíɛ]
Sauerkirschbaum (m)	pemë qershi vishnje (f)	[pémə cɛrʃí víʃnɛ]
Pflaumenbaum (m)	pemë kumbulle (f)	[pémə kúmbutɛ]

Birke (f)	mështekna (f)	[məʃtékna]
Eiche (f)	lis (m)	[lis]
Linde (f)	bli (m)	[blí]
Espe (f)	plep i egër (m)	[plɛp i égər]
Ahorn (m)	panjë (f)	[pájɲə]
Fichte (f)	bredh (m)	[brɛð]
Kiefer (f)	pishë (f)	[píʃə]
Lärche (f)	larsh (m)	[lárʃ]
Tanne (f)	bredh i bardhë (m)	[brɛð i bárðə]
Zeder (f)	kedër (m)	[kédər]

Pappel (f)	plep (m)	[plɛp]
Vogelbeerbaum (m)	vadhë (f)	[váðə]
Weide (f)	shelg (m)	[ʃɛlg]
Erle (f)	verr (m)	[vɛr]
Buche (f)	ah (m)	[ah]
Ulme (f)	elm (m)	[élm]
Esche (f)	shelg (m)	[ʃɛlg]
Kastanie (f)	gështenjë (f)	[gəʃtéɲə]

Magnolie (f)	manjolia (f)	[maɲólia]
Palme (f)	palma (f)	[pálma]
Zypresse (f)	qiparis (m)	[ciparís]

Mangrovenbaum (m)	rizoforë (f)	[rizofórə]
Baobab (m)	baobab (m)	[baobáb]
Eukalyptus (m)	eukalipt (m)	[ɛukalípt]
Mammutbaum (m)	sekuojë (f)	[sɛkuójə]

228. Büsche

Strauch (m)	shkurre (f)	[ʃkúrɛ]
Gebüsch (n)	kaçube (f)	[katʃúbɛ]

| Weinstock (m) | hardhi (f) | [harðí] |
| Weinberg (m) | vreshtë (f) | [vréʃtə] |

Himbeerstrauch (m)	mjedër (f)	[mjédər]
schwarze Johannisbeere (f)	kaliboba e zezë (f)	[kalibóba ɛ zézə]
rote Johannisbeere (f)	kaliboba e kuqe (f)	[kalibóba ɛ kúcɛ]
Stachelbeerstrauch (m)	shkurre kulumbrie (f)	[ʃkúrɛ kulumbríɛ]

Akazie (f)	akacie (f)	[akátsiɛ]
Berberitze (f)	krespinë (f)	[krɛspínə]
Jasmin (m)	jasemin (m)	[jasɛmín]

Wacholder (m)	dëllinjë (f)	[dəłíɲə]
Rosenstrauch (m)	trëndafil (m)	[trəndafíl]
Heckenrose (f)	trëndafil i egër (m)	[trəndafíl i égər]

229. Pilze

Pilz (m)	kërpudhë (f)	[kərpúðə]
essbarer Pilz (m)	kërpudhë ushqyese (f)	[kərpúðə uʃcýɛsɛ]
Giftpilz (m)	kërpudhë helmuese (f)	[kərpúðə hɛlmúɛsɛ]
Hut (m)	koka e kërpudhës (f)	[kóka ɛ kərpúðəs]
Stiel (m)	bishti i kërpudhës (m)	[bíʃti i kərpúðəs]

Steinpilz (m)	porcini (m)	[portsíni]
Rotkappe (f)	kërpudhë kapuç-verdhë (f)	[kərpúðə kapútʃ-vérðə]
Birkenpilz (m)	porcinela (f)	[portsinéla]
Pfifferling (m)	shanterele (f)	[ʃantɛrélɛ]
Täubling (m)	rusula (f)	[rúsula]

Morchel (f)	morele (f)	[morélɛ]
Fliegenpilz (m)	kësulkuqe (f)	[kəsulkúcɛ]
Grüner Knollenblätterpilz	kërpudha e vdekjes (f)	[kərpúða ɛ vdékjɛs]

230. Obst. Beeren

| Frucht (f) | frut (m) | [frut] |
| Früchte (pl) | fruta (pl) | [frúta] |

Apfel (m)	mollë (f)	[mółə]
Birne (f)	dardhë (f)	[dárðə]
Pflaume (f)	kumbull (f)	[kúmbuł]

Erdbeere (f)	luleshtrydhe (f)	[lulɛʃtrýðɛ]
Sauerkirsche (f)	qershi vishnje (f)	[cɛrʃí víʃɲɛ]
Süßkirsche (f)	qershi (f)	[cɛrʃí]
Weintrauben (pl)	rrush (m)	[ruʃ]

Himbeere (f)	mjedër (f)	[mjédər]
schwarze Johannisbeere (f)	kaliboba e zezë (f)	[kalibóba ɛ zézə]
rote Johannisbeere (f)	kaliboba e kuqe (f)	[kalibóba ɛ kúcɛ]
Stachelbeere (f)	kulumbri (f)	[kulumbrí]

Moosbeere (f)	boronica (f)	[boronítsa]
Apfelsine (f)	portokall (m)	[portokáł]
Mandarine (f)	mandarinë (f)	[mandarínə]
Ananas (f)	ananas (m)	[ananás]
Banane (f)	banane (f)	[banánɛ]
Dattel (f)	hurmë (f)	[húrmə]

Zitrone (f)	limon (m)	[limón]
Aprikose (f)	kajsi (f)	[kajsí]
Pfirsich (m)	pjeshkë (f)	[pjéʃkə]
Kiwi (m)	kivi (m)	[kívi]
Grapefruit (f)	grejpfrut (m)	[grɛjpfrút]

Beere (f)	manë (f)	[mánə]
Beeren (pl)	mana (f)	[mána]
Preiselbeere (f)	boronicë mirtile (f)	[boronítsə mirtílɛ]
Walderdbeere (f)	luleshtrydhe e egër (f)	[lulɛʃtrýðɛ ɛ égər]
Heidelbeere (f)	boronicë (f)	[boronítsə]

231. Blumen. Pflanzen

Blume (f)	lule (f)	[lúlɛ]
Blumenstrauß (m)	buqetë (f)	[bucétə]

Rose (f)	trëndafil (m)	[trəndafíl]
Tulpe (f)	tulipan (m)	[tulipán]
Nelke (f)	karafil (m)	[karafíl]
Gladiole (f)	gladiolë (f)	[gladiólə]

Kornblume (f)	lule misri (f)	[lúlɛ mísri]
Glockenblume (f)	lule këmborë (f)	[lúlɛ kəmbórə]
Löwenzahn (m)	luleradhiqe (f)	[lulɛraðícɛ]
Kamille (f)	kamomil (m)	[kamomíl]

Aloe (f)	aloe (f)	[alóɛ]
Kaktus (m)	kaktus (m)	[kaktús]
Gummibaum (m)	fikus (m)	[fíkus]

Lilie (f)	zambak (m)	[zambák]
Geranie (f)	barbarozë (f)	[barbarózə]
Hyazinthe (f)	zymbyl (m)	[zymbýl]

Mimose (f)	mimoza (f)	[mimóza]
Narzisse (f)	narcis (m)	[nartsís]
Kapuzinerkresse (f)	lule këmbore (f)	[lúlɛ kəmbórɛ]

Orchidee (f)	orkide (f)	[orkidé]
Pfingstrose (f)	bozhure (f)	[boʒúrɛ]
Veilchen (n)	vjollcë (f)	[vjółtsə]

Stiefmütterchen (n)	lule vjollca (f)	[lúlɛ vjółtsa]
Vergissmeinnicht (n)	mosmëharro (f)	[mosməharó]
Gänseblümchen (n)	margaritë (f)	[margarítə]
Mohn (m)	lulëkuqe (f)	[luləkúcɛ]

| Hanf (m) | kërp (m) | [kêrp] |
| Minze (f) | mendër (f) | [méndər] |

| Maiglöckchen (n) | zambak i fushës (m) | [zambák i fúʃəs] |
| Schneeglöckchen (n) | luleborë (f) | [lulɛbórə] |

Brennnessel (f)	hithra (f)	[híθra]
Sauerampfer (m)	lëpjeta (f)	[ləpjéta]
Seerose (f)	zambak uji (m)	[zambák új i]
Farn (m)	fier (m)	[fíɛr]
Flechte (f)	likene (f)	[likénɛ]

Gewächshaus (n)	serrë (f)	[sérə]
Rasen (m)	lëndinë (f)	[ləndínə]
Blumenbeet (n)	kënd lulishteje (m)	[kənd lulíʃtɛjɛ]

Pflanze (f)	bimë (f)	[bímə]
Gras (n)	bar (m)	[bar]
Grashalm (m)	fije bari (f)	[fíjɛ bári]

Blatt (n)	gjeth (m)	[ɟɛθ]
Blütenblatt (n)	petale (f)	[pɛtálɛ]
Stiel (m)	bisht (m)	[biʃt]
Knolle (f)	zhardhok (m)	[ʒarðók]

| Jungpflanze (f) | filiz (m) | [filíz] |
| Dorn (m) | gjemb (m) | [ɟémb] |

blühen (vi)	lulëzoj	[luləzój]
welken (vi)	vyshket	[výʃkɛt]
Geruch (m)	aromë (f)	[arómə]
abschneiden (vt)	pres lulet	[prɛs lúlɛt]
pflücken (vt)	mbledh lule	[mbléð lúlɛ]

232. Getreide, Körner

Getreide (n)	drithë (m)	[dríθə]
Getreidepflanzen (pl)	drithëra (pl)	[dríθəra]
Ähre (f)	kaush (m)	[kaúʃ]

Weizen (m)	grurë (f)	[grúrə]
Roggen (m)	thekër (f)	[θékər]
Hafer (m)	tërshërë (f)	[tərʃérə]
Hirse (f)	mel (m)	[mɛl]
Gerste (f)	elb (m)	[ɛlb]
Mais (m)	misër (m)	[mísər]
Reis (m)	oriz (m)	[oríz]
Buchweizen (m)	hikërr (m)	[híkər]

Erbse (f)	bizele (f)	[bizélɛ]
weiße Bohne (f)	groshë (f)	[gróʃə]
Sojabohne (f)	sojë (f)	[sójə]
Linse (f)	thjerrëz (f)	[θjérəz]
Bohnen (pl)	fasule (f)	[fasúlɛ]

233. Gemüse. Grünzeug

Gemüse (n)	perime (pl)	[pɛrímɛ]
grünes Gemüse (pl)	zarzavate (pl)	[zarzavátɛ]
Tomate (f)	domate (f)	[domátɛ]
Gurke (f)	kastravec (m)	[kastravéts]
Karotte (f)	karotë (f)	[karótə]
Kartoffel (f)	patate (f)	[patátɛ]
Zwiebel (f)	qepë (f)	[cépə]
Knoblauch (m)	hudhër (f)	[húðər]
Kohl (m)	lakër (f)	[lákər]
Blumenkohl (m)	lulelakër (f)	[lulɛlákər]
Rosenkohl (m)	lakër Brukseli (f)	[lákər brukséli]
Brokkoli (m)	brokoli (m)	[brókoli]
Rote Bete (f)	panxhar (m)	[pandʒár]
Aubergine (f)	patëllxhan (m)	[patəłdʒán]
Zucchini (f)	kungulleshë (m)	[kuŋułéʃə]
Kürbis (m)	kungull (m)	[kúŋuł]
Rübe (f)	rrepë (f)	[répə]
Petersilie (f)	majdanoz (m)	[majdanóz]
Dill (m)	kopër (f)	[kópər]
Kopf Salat (m)	sallatë jeshile (f)	[sałátə jɛʃílɛ]
Sellerie (m)	selino (f)	[sɛlíno]
Spargel (m)	asparagus (m)	[asparágus]
Spinat (m)	spinaq (m)	[spinác]
Erbse (f)	bizele (f)	[bizélɛ]
Bohnen (pl)	fasule (f)	[fasúlɛ]
Mais (m)	misër (m)	[mísər]
weiße Bohne (f)	groshë (f)	[gróʃə]
Pfeffer (m)	spec (m)	[spɛts]
Radieschen (n)	rrepkë (f)	[répkə]
Artischocke (f)	angjinare (f)	[aɲinárɛ]

REGIONALE GEOGRAPHIE

Länder. Nationalitäten

234. Westeuropa

Deutsch	Albanisch	Lautschrift
Europa (n)	Evropa (f)	[εvrópa]
Europäische Union (f)	Bashkimi Evropian (m)	[baʃkími εvropián]
Europäer (m)	Evropian (m)	[εvropián]
europäisch	evropian	[εvropián]
Österreich	Austri (f)	[austrí]
Österreicher (m)	Austriak (m)	[austriák]
Österreicherin (f)	Austriake (f)	[austriákε]
österreichisch	austriak	[austriák]
Großbritannien	Britani e Madhe (f)	[brítani ε máðε]
England	Angli (f)	[aŋlí]
Brite (m)	Britanik (m)	[britaník]
Britin (f)	Britanike (f)	[britaníkε]
englisch	anglez	[aŋléz]
Belgien	Belgjikë (f)	[bεlɟíkə]
Belgier (m)	Belg (m)	[bεlg]
Belgierin (f)	Belge (f)	[bélgε]
belgisch	belg	[bεlg]
Deutschland	Gjermani (f)	[ɟεrmaní]
Deutsche (m)	Gjerman (m)	[ɟεrmán]
Deutsche (f)	Gjermane (f)	[ɟεrmánε]
deutsch	gjerman	[ɟεrmán]
Niederlande (f)	Holandë (f)	[holándə]
Holland (n)	Holandë (f)	[holándə]
Holländer (m)	Holandez (m)	[holandéz]
Holländerin (f)	Holandeze (f)	[holandézε]
holländisch	holandez	[holandéz]
Griechenland	Greqi (f)	[grεcí]
Grieche (m)	Grek (m)	[grεk]
Griechin (f)	Greke (f)	[grékε]
griechisch	grek	[grεk]
Dänemark	Danimarkë (f)	[danimárkə]
Däne (m)	Danez (m)	[danéz]
Dänin (f)	Daneze (f)	[danézε]
dänisch	danez	[danéz]
Irland	Irlandë (f)	[irlándə]
Ire (m)	Irlandez (m)	[irlandéz]

207

Irin (f)	Irlandeze (f)	[irlandézɛ]
irisch	irlandez	[irlandéz]
Island	Islandë (f)	[islándə]
Isländer (m)	Islandez (m)	[islandéz]
Isländerin (f)	Islandeze (f)	[islandézɛ]
isländisch	islandez	[islandéz]
Spanien	Spanjë (f)	[spáɲə]
Spanier (m)	Spanjoll (m)	[spaɲóɫ]
Spanierin (f)	Spanjolle (f)	[spaɲóɫɛ]
spanisch	spanjoll	[spaɲóɫ]
Italien	Itali (f)	[italí]
Italiener (m)	Italian (m)	[italián]
Italienerin (f)	Italiane (f)	[italiánɛ]
italienisch	italian	[italián]
Zypern	Qipro (f)	[cípro]
Zypriot (m)	Qipriot (m)	[cipriót]
Zypriotin (f)	Qipriote (f)	[cipriótɛ]
zyprisch	qipriot	[cipriót]
Malta	Maltë (f)	[máltə]
Malteser (m)	Maltez (m)	[maltéz]
Malteserin (f)	Malteze (f)	[maltézɛ]
maltesisch	maltez	[maltéz]
Norwegen	Norvegji (f)	[norvɛɟí]
Norweger (m)	Norvegjez (m)	[norvɛɟéz]
Norwegerin (f)	Norvegjeze (f)	[norvɛɟézɛ]
norwegisch	norvegjez	[norvɛɟéz]
Portugal	Portugali (f)	[portugalí]
Portugiese (m)	Portugez (m)	[portugéz]
Portugiesin (f)	Portugeze (f)	[portugézɛ]
portugiesisch	portugez	[portugéz]
Finnland	Finlandë (f)	[finlándə]
Finne (m)	Finlandez (m)	[finlandéz]
Finnin (f)	Finlandeze (f)	[finlandézɛ]
finnisch	finlandez	[finlandéz]
Frankreich	Francë (f)	[frántsə]
Franzose (m)	Francez (m)	[frantséz]
Französin (f)	Franceze (f)	[frantsézɛ]
französisch	francez	[frantséz]
Schweden	Suedi (f)	[suɛdí]
Schwede (m)	Suedez (m)	[suɛdéz]
Schwedin (f)	Suedeze (f)	[suɛdézɛ]
schwedisch	suedez	[suɛdéz]
Schweiz (f)	Zvicër (f)	[zvítsər]
Schweizer (m)	Zviceran (m)	[zvitsɛrán]
Schweizerin (f)	Zvicerane (f)	[zvitsɛránɛ]

schweizerisch	zviceran	[zvitsɛrán]
Schottland	Skoci (f)	[skotsí]
Schotte (m)	Skocez (m)	[skotséz]
Schottin (f)	Skoceze (f)	[skotsézɛ]
schottisch	skocez	[skotséz]

Vatikan (m)	Vatikan (m)	[vatikán]
Liechtenstein	Lichtenstein (m)	[litshtɛnstéin]
Luxemburg	Luksemburg (m)	[luksɛmbúrg]
Monaco	Monako (f)	[monáko]

235. Mittel- und Osteuropa

Albanien	Shqipëri (f)	[ʃciperí]
Albaner (m)	Shqiptar (m)	[ʃciptár]
Albanerin (f)	Shqiptare (f)	[ʃciptárɛ]
albanisch	shqiptar	[ʃciptár]

Bulgarien	Bullgari (f)	[buɫgarí]
Bulgare (m)	Bullgar (m)	[buɫgár]
Bulgarin (f)	Bullgare (f)	[buɫgárɛ]
bulgarisch	bullgar	[buɫgár]

Ungarn	Hungari (f)	[huŋarí]
Ungar (m)	Hungarez (m)	[huŋaréz]
Ungarin (f)	Hungareze (f)	[huŋarézɛ]
ungarisch	hungarez	[huŋaréz]

Lettland	Letoni (f)	[lɛtoní]
Lette (m)	Letonez (m)	[lɛtonéz]
Lettin (f)	Letoneze (f)	[lɛtonézɛ]
lettisch	letonez	[lɛtonéz]

Litauen	Lituani (f)	[lituaní]
Litauer (m)	Lituanez (m)	[lituanéz]
Litauerin (f)	Lituaneze (f)	[lituanézɛ]
litauisch	lituanez	[lituanéz]

Polen	Poloni (f)	[poloní]
Pole (m)	Polak (m)	[polák]
Polin (f)	Polake (f)	[polákɛ]
polnisch	polak	[polák]

Rumänien	Rumani (f)	[rumaní]
Rumäne (m)	Rumun (m)	[rumún]
Rumänin (f)	Rumune (f)	[rumúnɛ]
rumänisch	rumun	[rumún]

Serbien	Serbi (f)	[sɛrbí]
Serbe (m)	Serb (m)	[sɛrb]
Serbin (f)	Serbe (f)	[sérbɛ]
serbisch	serb	[sɛrb]
Slowakei (f)	Sllovaki (f)	[sɫovakí]
Slowake (m)	Sllovak (m)	[sɫovák]

| Slowakin (f) | Sllovake (f) | [słováke] |
| slowakisch | sllovak | [słovák] |

Kroatien	Kroaci (f)	[kroatsí]
Kroate (m)	Kroat (m)	[kroát]
Kroatin (f)	Kroate (f)	[kroáte]
kroatisch	kroat	[kroát]

Tschechien	Republika Çeke (f)	[republíka tʃéke]
Tscheche (m)	Çek (m)	[tʃek]
Tschechin (f)	Çeke (f)	[tʃéke]
tschechisch	çek	[tʃek]

Estland	Estoni (f)	[estoní]
Este (m)	Estonez (m)	[estonéz]
Estin (f)	Estoneze (f)	[estonéze]
estnisch	estonez	[estonéz]

Bosnien und Herzegowina	Bosnje Herzegovina (f)	[bósɲe herzegovína]
Makedonien	Maqedonia (f)	[macedonía]
Slowenien	Sllovenia (f)	[słovenía]
Montenegro	Mali i Zi (m)	[máli i zí]

236. Frühere UdSSR Republiken

Aserbaidschan	Azerbajxhan (m)	[azerbajdʒán]
Aserbaidschaner (m)	Azerbajxhanas (m)	[azerbajdʒánas]
Aserbaidschanerin (f)	Azerbajxhanase (f)	[azerbajdʒánase]
aserbaidschanisch	azerbajxhanas	[azerbajdʒánas]

Armenien	Armeni (f)	[armení]
Armenier (m)	Armen (m)	[armén]
Armenierin (f)	Armene (f)	[arméne]
armenisch	armen	[armén]

Weißrussland	Bjellorusi (f)	[bjełorusí]
Weißrusse (m)	Bjellorus (m)	[bjełorús]
Weißrussin (f)	Bjelloruse (f)	[bjełorúse]
weißrussisch	bjellorus	[bjełorús]

Georgien	Gjeorgji (f)	[ɟeorɟí]
Georgier (m)	Gjeorgjian (m)	[ɟeorɟián]
Georgierin (f)	Gjeorgjiane (f)	[ɟeorɟiáne]
georgisch	gjeorgjian	[ɟeorɟián]

Kasachstan	Kazakistan (m)	[kazakistán]
Kasache (m)	Kazakistanez (m)	[kazakistanéz]
Kasachin (f)	Kazakistaneze (f)	[kazakistanéze]
kasachisch	kazakistanez	[kazakistanéz]

Kirgisien	Kirgistan (m)	[kirgistán]
Kirgise (m)	Kirgistanez (m)	[kirgistanéz]
Kirgisin (f)	Kirgistaneze (f)	[kirgistanéze]
kirgisisch	kirgistanez	[kirgistanéz]

Moldawien	Moldavi (f)	[moldaví]
Moldauer (m)	Moldav (m)	[moldáv]
Moldauerin (f)	Moldave (f)	[moldávɛ]
moldauisch	moldav	[moldáv]

Russland	Rusi (f)	[rusí]
Russe (m)	Rus (m)	[rus]
Russin (f)	Ruse (f)	[rúsɛ]
russisch	rus	[rus]

Tadschikistan	Taxhikistan (m)	[tadʒikistán]
Tadschike (m)	Taxhikistanez (m)	[tadʒikistanéz]
Tadschikin (f)	Taxhikistaneze (f)	[tadʒikistanézɛ]
tadschikisch	taxhikistanez	[tadʒikistanéz]

Turkmenistan	Turkmenistan (m)	[turkmɛnistán]
Turkmene (m)	Turkmen (m)	[turkmén]
Turkmenin (f)	Turkmene (f)	[turkménɛ]
turkmenisch	Turkmen	[turkmén]

Usbekistan	Uzbekistan (m)	[uzbɛkistán]
Usbeke (m)	Uzbek (m)	[uzbék]
Usbekin (f)	Uzbeke (f)	[uzbékɛ]
usbekisch	uzbek	[uzbék]

Ukraine (f)	Ukrainë (f)	[ukraínə]
Ukrainer (m)	Ukrainas (m)	[ukraínas]
Ukrainerin (f)	Ukrainase (f)	[ukraínasɛ]
ukrainisch	ukrainas	[ukraínas]

237. Asien

Asien	Azia (f)	[azía]
asiatisch	Aziatik	[aziatík]

Vietnam	Vietnam (m)	[viɛtnám]
Vietnamese (m)	Vietnamez (m)	[viɛtnaméz]
Vietnamesin (f)	Vietnameze (f)	[viɛtnamézɛ]
vietnamesisch	vietnamez	[viɛtnaméz]

Indien	Indi (f)	[indí]
Inder (m)	Indian (m)	[indián]
Inderin (f)	Indiane (f)	[indiánɛ]
indisch	indian	[indián]

Israel	Izrael (m)	[izraél]
Israeli (m)	Izaelit (m)	[izaɛlít]
Israeli (f)	Izraelite (f)	[izraɛlítɛ]
israelisch	izraelit	[izraɛlít]

Jude (m)	hebre (m)	[hɛbré]
Jüdin (f)	hebre (f)	[hɛbré]
jüdisch	hebraike	[hɛbraíkɛ]
China	Kinë (f)	[kínə]

Chinese (m)	Kinez (m)	[kinéz]
Chinesin (f)	Kineze (f)	[kinézɛ]
chinesisch	kinez	[kinéz]
Koreaner (m)	Korean (m)	[korɛán]
Koreanerin (f)	Koreane (f)	[korɛánɛ]
koreanisch	korean	[korɛán]
Libanon (m)	Liban (m)	[libán]
Libanese (m)	Libanez (m)	[libanéz]
Libanesin (f)	Libaneze (f)	[libanézɛ]
libanesisch	libanez	[libanéz]
Mongolei (f)	Mongoli (f)	[moŋolí]
Mongole (m)	Mongol (m)	[moŋól]
Mongolin (f)	Mongole (f)	[moŋólɛ]
mongolisch	mongol	[moŋól]
Malaysia	Malajzi (f)	[malajzí]
Malaie (m)	Malajzian (m)	[malajzián]
Malaiin (f)	Malajziane (f)	[malajziánɛ]
malaiisch	malajzian	[malajzián]
Pakistan	Pakistan (m)	[pakistán]
Pakistaner (m)	Pakistanez (m)	[pakistanéz]
Pakistanerin (f)	Pakistaneze (f)	[pakistanézɛ]
pakistanisch	pakistanez	[pakistanéz]
Saudi-Arabien	Arabia Saudite (f)	[arabía saudítɛ]
Araber (m)	Arab (m)	[aráb]
Araberin (f)	Arabe (f)	[arábɛ]
arabisch	arabik	[arabík]
Thailand	Tajlandë (f)	[tajlándə]
Thailänder (m)	Tajlandez (m)	[tajlandéz]
Thailänderin (f)	Tajlandeze (f)	[tajlandézɛ]
thailändisch	tajlandez	[tajlandéz]
Taiwan	Tajvan (m)	[tajván]
Taiwaner (m)	Tajvanez (m)	[tajvanéz]
Taiwanerin (f)	Tajvaneze (f)	[tajvanézɛ]
taiwanisch	tajvanez	[tajvanéz]
Türkei (f)	Turqi (f)	[turcí]
Türke (m)	Turk (m)	[turk]
Türkin (f)	Turke (f)	[túrkɛ]
türkisch	turk	[turk]
Japan	Japoni (f)	[japoní]
Japaner (m)	Japonez (m)	[japonéz]
Japanerin (f)	Japoneze (f)	[japonézɛ]
japanisch	japonez	[japonéz]
Afghanistan	Afganistan (m)	[afganistán]
Bangladesch	Bangladesh (m)	[baŋladéʃ]
Indonesien	Indonezi (f)	[indonɛzí]

Jordanien	Jordani (f)	[jordaní]
Irak	Irak (m)	[irak]
Iran	Iran (m)	[irán]
Kambodscha	Kamboxhia (f)	[kambódʒia]
Kuwait	Kuvajt (m)	[kuvájt]

Laos	Laos (m)	[láos]
Myanmar	Mianmar (m)	[mianmár]
Nepal	Nepal (m)	[nɛpál]
Vereinigten Arabischen Emirate	Emiratet e Bashkuara Arabe (pl)	[ɛmirátɛt ɛ baʃkúara arábɛ]

Syrien	Siri (f)	[sirí]
Palästina	Palestinë (f)	[palɛstínə]
Südkorea	Korea e Jugut (f)	[koréa ɛ júgut]
Nordkorea	Korea e Veriut (f)	[koréa ɛ vériut]

238. Nordamerika

Die Vereinigten Staaten	Shtetet e Bashkuara të Amerikës	[ʃtétɛt ɛ baʃkúara tə amɛríkəs]
Amerikaner (m)	Amerikan (m)	[amɛrikán]
Amerikanerin (f)	Amerikane (f)	[amɛrikánɛ]
amerikanisch	amerikan	[amɛrikán]

Kanada	Kanada (f)	[kanadá]
Kanadier (m)	Kanadez (m)	[kanadéz]
Kanadierin (f)	Kanadeze (f)	[kanadézɛ]
kanadisch	kanadez	[kanadéz]

Mexiko	Meksikë (f)	[mɛksíkə]
Mexikaner (m)	Meksikan (m)	[mɛksikán]
Mexikanerin (f)	Meksikane (f)	[mɛksikánɛ]
mexikanisch	meksikan	[mɛksikán]

239. Mittel- und Südamerika

Argentinien	Argjentinë (f)	[arɟɛntínə]
Argentinier (m)	Argjentinas (m)	[arɟɛntínas]
Argentinierin (f)	Argjentinase (f)	[arɟɛntínasɛ]
argentinisch	argjentinas	[arɟɛntínas]

Brasilien	Brazil (m)	[brazíl]
Brasilianer (m)	Brazilian (m)	[brazilián]
Brasilianerin (f)	Braziliane (f)	[braziliánɛ]
brasilianisch	brazilian	[brazilián]

Kolumbien	Kolumbi (f)	[kolumbí]
Kolumbianer (m)	Kolumbian (m)	[kolumbián]
Kolumbianerin (f)	Kolumbiane (f)	[kolumbiánɛ]
kolumbianisch	kolumbian	[kolumbián]
Kuba	Kuba (f)	[kúba]

Kubaner (m)	Kuban (m)	[kubán]
Kubanerin (f)	Kubane (f)	[kubánɛ]
kubanisch	kuban	[kubán]

Chile	Kili (m)	[kíli]
Chilene (m)	Kilian (m)	[kilián]
Chilenin (f)	Kiliane (f)	[kiliánɛ]
chilenisch	kilian	[kilián]

Bolivien	Bolivi (f)	[boliví]
Venezuela	Venezuelë (f)	[vɛnɛzuélǝ]
Paraguay	Paraguai (m)	[paraguái]
Peru	Peru (f)	[pɛrú]

Suriname	Surinam (m)	[surinám]
Uruguay	Uruguai (m)	[uruguái]
Ecuador	Ekuador (m)	[ɛkuadór]

Die Bahamas	Bahamas (m)	[bahámas]
Haiti	Haiti (m)	[haíti]
Dominikanische Republik	Republika Dominikane (f)	[rɛpublíka dominikánɛ]
Panama	Panama (f)	[panamá]
Jamaika	Xhamajka (f)	[dʒamájka]

240. Afrika

Ägypten	Egjipt (m)	[ɛɹípt]
Ägypter (m)	Egjiptian (m)	[ɛɹiptián]
Ägypterin (f)	Egjiptiane (f)	[ɛɹiptiánɛ]
ägyptisch	egjiptian	[ɛɹiptián]

Marokko	Marok (m)	[marók]
Marokkaner (m)	Maroken (m)	[marokén]
Marokkanerin (f)	Marokene (f)	[marokénɛ]
marokkanisch	maroken	[marokén]

Tunesien	Tunizi (f)	[tunizí]
Tunesier (m)	Tunizian (m)	[tunizián]
Tunesierin (f)	Tuniziane (f)	[tuniziánɛ]
tunesisch	tunizian	[tunizián]
Ghana	Gana (f)	[gána]
Sansibar	Zanzibar (m)	[zanzibár]
Kenia	Kenia (f)	[kénia]
Libyen	Libia (f)	[libía]
Madagaskar	Madagaskar (m)	[madagaskár]

Namibia	Namibia (f)	[namíbia]
Senegal	Senegal (m)	[sɛnɛgál]
Tansania	Tanzani (f)	[tanzaní]
Republik Südafrika	Afrika e Jugut (f)	[afríka ɛ júgut]

Afrikaner (m)	Afrikan (m)	[afrikán]
Afrikanerin (f)	Afrikane (f)	[afrikánɛ]
afrikanisch	Afrikan	[afrikán]

241. Australien. Ozeanien

Australien	Australia (f)	[australía]
Australier (m)	Australian (m)	[australián]
Australierin (f)	Australiane (f)	[australiánɛ]
australisch	australian	[australián]
Neuseeland	Zelandë e Re (f)	[zɛlándə ɛ ré]
Neuseeländer (m)	Zelandez (m)	[zɛlandéz]
Neuseeländerin (f)	Zelandeze (f)	[zɛlandézɛ]
neuseeländisch	zelandez	[zɛlandéz]
Tasmanien	Tasmani (f)	[tasmaní]
Französisch-Polynesien	Polinezia Franceze (f)	[polinɛzía frantsézɛ]

242. Städte

Amsterdam	Amsterdam (m)	[amstɛrdám]
Ankara	Ankara (f)	[ankará]
Athen	Athinë (f)	[aθínə]
Bagdad	Bagdad (m)	[bagdád]
Bangkok	Bangkok (m)	[baŋkók]
Barcelona	Barcelonë (f)	[bartsɛlónə]
Beirut	Bejrut (m)	[bɛjrút]
Berlin	Berlin (m)	[bɛrlín]
Bombay	Mumbai (m)	[mumbái]
Bonn	Bon (m)	[bon]
Bordeaux	Bordo (f)	[bordó]
Bratislava	Bratislavë (f)	[bratislávə]
Brüssel	Bruksel (m)	[bruksél]
Budapest	Budapest (m)	[budapést]
Bukarest	Bukuresht (m)	[bukuréʃt]
Chicago	Çikago (f)	[tʃikágo]
Daressalam	Dar es Salam (m)	[dar ɛs salám]
Delhi	Delhi (f)	[délhi]
Den Haag	Hagë (f)	[hágə]
Dubai	Dubai (m)	[dubái]
Dublin	Dublin (m)	[dúblin]
Düsseldorf	Dyseldorf (m)	[dysɛldórf]
Florenz	Firence (f)	[firéntsɛ]
Frankfurt	Frankfurt (m)	[frankfúrt]
Genf	Gjenevë (f)	[ɟɛnévə]
Hamburg	Hamburg (m)	[hambúrg]
Hanoi	Hanoi (m)	[hanói]
Havanna	Havana (f)	[havána]
Helsinki	Helsinki (m)	[hɛlsínki]
Hiroshima	Hiroshimë (f)	[hiroʃímə]
Hongkong	Hong Kong (m)	[hoŋ kóŋ]

Istanbul	Stamboll (m)	[stambóɫ]
Jerusalem	Jerusalem (m)	[jɛrusalém]

Kairo	Kajro (f)	[kájro]
Kalkutta	Kalkutë (f)	[kalkútə]
Kiew	Kiev (m)	[kíɛv]
Kopenhagen	Kopenhagen (m)	[kopɛnhágɛn]
Kuala Lumpur	Kuala Lumpur (m)	[kuála lumpúr]
Lissabon	Lisbonë (f)	[lisbónə]
London	Londër (f)	[lóndər]
Los Angeles	Los Anxhelos (m)	[lós andʒɛlós]
Lyon	Lion (m)	[lión]

Madrid	Madrid (m)	[madríd]
Marseille	Marsejë (f)	[marséjə]
Mexiko-Stadt	Meksiko Siti (m)	[méksiko síti]
Miami	Majami (m)	[majámi]
Montreal	Montreal (m)	[montrɛál]
Moskau	Moskë (f)	[móskə]
München	Munih (m)	[muníh]

Nairobi	Najrobi (m)	[najróbi]
Neapel	Napoli (m)	[nápoli]
New York	Nju Jork (m)	[ɲu jork]
Nizza	Nisë (m)	[nísə]
Oslo	oslo (f)	[óslo]
Ottawa	Otava (f)	[otáva]

Paris	Paris (m)	[parís]
Peking	Pekin (m)	[pɛkín]
Prag	Pragë (f)	[prágə]
Rio de Janeiro	Rio de Zhaneiro (m)	[río dɛ ʒanéiro]
Rom	Romë (f)	[rómə]

Sankt Petersburg	Shën Petersburg (m)	[ʃən pɛtɛrsbúrg]
Schanghai	Shangai (m)	[ʃaŋái]
Seoul	Seul (m)	[sɛúl]
Singapur	Singapor (m)	[siŋapór]
Stockholm	Stokholm (m)	[stokhólm]
Sydney	Sidney (m)	[sidnéy]

Taipeh	Taipei (m)	[taipéi]
Tokio	Tokio (f)	[tókio]
Toronto	Toronto (f)	[torónto]

Venedig	Venecia (f)	[vɛnétsia]
Warschau	Varshavë (f)	[varʃávə]
Washington	Uashington (m)	[vaʃiŋtón]
Wien	Vjenë (f)	[vjénə]

243. Politik. Regierung. Teil 1

Politik (f)	politikë (f)	[politíkə]
politisch	politike	[politíkɛ]

Politiker (m)	politikan (m)	[politikán]
Staat (m)	shtet (m)	[ʃtɛt]
Bürger (m)	nënshtetas (m)	[nənʃtétas]
Staatsbürgerschaft (f)	nënshtetësi (f)	[nənʃtɛtəsí]
Staatswappen (n)	simbol kombëtar (m)	[simból kombətár]
Nationalhymne (f)	himni kombëtar (m)	[hímni kombətár]
Regierung (f)	qeveri (f)	[cɛvɛrí]
Staatschef (m)	kreu i shtetit (m)	[kréu i ʃtétit]
Parlament (n)	parlament (m)	[parlamént]
Partei (f)	parti (f)	[partí]
Kapitalismus (m)	kapitalizëm (m)	[kapitalízəm]
kapitalistisch	kapitalist	[kapitalíst]
Sozialismus (m)	socializëm (m)	[sotsialízəm]
sozialistisch	socialist	[sotsialíst]
Kommunismus (m)	komunizëm (m)	[komunízəm]
kommunistisch	komunist	[komuníst]
Kommunist (m)	komunist (m)	[komuníst]
Demokratie (f)	demokraci (f)	[dɛmokratsí]
Demokrat (m)	demokrat (m)	[dɛmokrát]
demokratisch	demokratik	[dɛmokratík]
demokratische Partei (f)	parti demokratike (f)	[partí dɛmokratíkɛ]
Liberale (m)	liberal (m)	[libɛrál]
liberal	liberal	[libɛrál]
Konservative (m)	konservativ (m)	[konsɛrvatív]
konservativ	konservativ	[konsɛrvatív]
Republik (f)	republikë (f)	[rɛpublíkə]
Republikaner (m)	republikan (m)	[rɛpublikán]
Republikanische Partei (f)	parti republikane (f)	[partí rɛpublikánɛ]
Wahlen (pl)	zgjedhje (f)	[zɟéðjɛ]
wählen (vt)	zgjedh	[zɟɛð]
Wähler (m)	zgjedhës (m)	[zɟéðəs]
Wahlkampagne (f)	fushatë zgjedhore (f)	[fuʃátə zɟɛðórɛ]
Abstimmung (f)	votim (m)	[votím]
abstimmen (vi)	votoj	[votój]
Abstimmungsrecht (n)	e drejta e votës (f)	[ɛ dréjta ɛ vótəs]
Kandidat (m)	kandidat (m)	[kandidát]
kandidieren (vi)	jam kandidat	[jam kandidát]
Kampagne (f)	fushatë (f)	[fuʃátə]
Oppositions-	opozitar	[opozitár]
Opposition (f)	opozitë (f)	[opozítə]
Besuch (m)	vizitë (f)	[vizítə]
Staatsbesuch (m)	vizitë zyrtare (f)	[vizítə zyrtárɛ]

international	ndërkombëtar	[ndərkombətár]
Verhandlungen (pl)	negociata (f)	[nɛgotsiáta]
verhandeln (vi)	negocioj	[nɛgotsiój]

244. Politik. Regierung. Teil 2

Gesellschaft (f)	shoqëri (f)	[ʃocərí]
Verfassung (f)	kushtetutë (f)	[kuʃtɛtútə]
Macht (f)	pushtet (m)	[puʃtét]
Korruption (f)	korrupsion (m)	[korupsión]

Gesetz (n)	ligj (m)	[liɟ]
gesetzlich (Adj)	ligjor	[liɟór]

Gerechtigkeit (f)	drejtësi (f)	[drɛjtəsí]
gerecht	e drejtë	[ɛ dréjtə]

Komitee (n)	komitet (m)	[komitét]
Gesetzentwurf (m)	projektligj (m)	[projɛktlíɟ]
Budget (n)	buxhet (m)	[budʒét]
Politik (f)	politikë (f)	[politíkə]
Reform (f)	reformë (f)	[rɛfórmə]
radikal	radikal	[radikál]

Macht (f)	fuqi (f)	[fucí]
mächtig (Adj)	i fuqishëm	[i fucíʃəm]
Anhänger (m)	mbështetës (m)	[mbəʃtétəs]
Einfluss (m)	ndikim (m)	[ndikím]

Regime (n)	regjim (m)	[rɛɟím]
Konflikt (m)	konflikt (m)	[konflíkt]
Verschwörung (f)	komplot (m)	[komplót]
Provokation (f)	provokim (m)	[provokím]

stürzen (vt)	rrëzoj	[rəzój]
Sturz (m)	rrëzim (m)	[rəzím]
Revolution (f)	revolucion (m)	[rɛvolutsión]

Staatsstreich (m)	grusht shteti (m)	[grúʃt ʃtéti]
Militärputsch (m)	puç ushtarak (m)	[putʃ uʃtarák]

Krise (f)	krizë (f)	[krízə]
Rezession (f)	recesion ekonomik (m)	[rɛtsɛsión ɛkonomík]
Demonstrant (m)	protestues (m)	[protɛstúɛs]
Demonstration (f)	protestë (f)	[protéstə]
Ausnahmezustand (m)	ligj ushtarak (m)	[liɟ uʃtarák]
Militärbasis (f)	bazë ushtarake (f)	[bázə uʃtarákɛ]

Stabilität (f)	stabilitet (m)	[stabilitét]
stabil	stabil	[stabíl]

Ausbeutung (f)	shfrytëzim (m)	[ʃfrytəzím]
ausbeuten (vt)	shfrytëzoj	[ʃfrytəzój]
Rassismus (m)	racizëm (m)	[ratsízəm]

Rassist (m)	racist (m)	[ratsíst]
Faschismus (m)	fashizëm (m)	[faʃízəm]
Faschist (m)	fashist (m)	[faʃíst]

245. Länder. Verschiedenes

Ausländer (m)	i huaj (m)	[i húaj]
ausländisch	huaj	[húaj]
im Ausland	jashtë shteti	[jáʃtə ʃtéti]

Auswanderer (m)	emigrant (m)	[ɛmigránt]
Auswanderung (f)	emigracion (m)	[ɛmigratsión]
auswandern (vi)	emigroj	[ɛmigrój]

Westen (m)	Perëndimi (m)	[pɛrəndími]
Osten (m)	Lindja (f)	[líndja]
Ferner Osten (m)	Lindja e Largët (f)	[líndja ɛ lárgət]
Zivilisation (f)	civilizim (m)	[tsivilizím]
Menschheit (f)	njerëzia (f)	[ɲɛrəzía]
Welt (f)	bota (f)	[bóta]
Frieden (m)	paqe (f)	[pácɛ]
Welt-	botëror	[botərór]

Heimat (f)	atdhe (f)	[atðé]
Volk (n)	njerëz (m)	[ɲérəz]
Bevölkerung (f)	popullsi (f)	[popuɫsí]
Leute (pl)	njerëz (m)	[ɲérəz]
Nation (f)	komb (m)	[komb]
Generation (f)	brez (m)	[brɛz]
Territorium (n)	zonë (f)	[zónə]
Region (f)	rajon (m)	[rajón]
Staat (z.B. ~ Alaska)	shtet (m)	[ʃtɛt]

Tradition (f)	traditë (f)	[tradítə]
Brauch (m)	zakon (m)	[zakón]
Ökologie (f)	ekologjia (f)	[ɛkoloɟía]

Indianer (m)	Indian të Amerikës (m)	[indián tə amɛríkəs]
Zigeuner (m)	jevg (m)	[jɛvg]
Zigeunerin (f)	jevge (f)	[jévgɛ]
Zigeuner-	jevg	[jɛvg]

Reich (n)	perandori (f)	[pɛrandorí]
Kolonie (f)	koloni (f)	[koloní]
Sklaverei (f)	skllevëri (m)	[skɫɛvərí]
Einfall (m)	pushtim (m)	[puʃtím]
Hunger (m)	uria (f)	[uría]

246. Wichtige Religionsgruppen. Konfessionen

Religion (f)	religjion (m)	[rɛliɟión]
religiös	religjioz	[rɛliɟióz]

Glaube (m)	fe, besim (m)	[fé], [bɛsím]
glauben (vt)	besoj	[bɛsój]
Gläubige (m)	besimtar (m)	[bɛsimtár]

Atheismus (m)	ateizëm (m)	[atɛízəm]
Atheist (m)	ateist (m)	[atɛíst]

Christentum (n)	Krishterimi (m)	[kriʃtɛrími]
Christ (m)	i krishterë (m)	[i kriʃtérə]
christlich	krishterë	[kriʃtérə]

Katholizismus (m)	Katolicizëm (m)	[katolitsízəm]
Katholik (m)	Katolik (m)	[katolík]
katholisch	katolik	[katolík]

Protestantismus (m)	Protestantizëm (m)	[protɛstantízəm]
Protestantische Kirche (f)	Kishë Protestante (f)	[kíʃə protɛstántɛ]
Protestant (m)	Protestant (m)	[protɛstánt]

Orthodoxes Christentum (n)	Ortodoksia (f)	[ortodoksía]
Orthodoxe Kirche (f)	Kishë Ortodokse (f)	[kíʃə ortodóksɛ]
orthodoxer Christ (m)	Ortodoks (m)	[ortodóks]

Presbyterianismus (m)	Presbiterian (m)	[prɛsbitɛrián]
Presbyterianische Kirche (f)	Kishë Presbiteriane (f)	[kíʃə prɛsbitɛriánɛ]
Presbyterianer (m)	Presbiterian (m)	[prɛsbitɛrián]

Lutherische Kirche (f)	Luterianizëm (m)	[lutɛrianízəm]
Lutheraner (m)	Luterian (m)	[lutɛrián]

Baptismus (m)	Kishë Baptiste (f)	[kíʃə baptístɛ]
Baptist (m)	Baptist (m)	[baptíst]

Anglikanische Kirche (f)	Kishë Anglikane (f)	[kíʃə aŋlikánɛ]
Anglikaner (m)	Anglikan (m)	[aŋlikán]

Mormonismus (m)	Mormonizëm (m)	[mormonízəm]
Mormone (m)	Mormon (m)	[mormón]

Judentum (n)	Judaizëm (m)	[judaízəm]
Jude (m)	çifut (m)	[tʃifút]

Buddhismus (m)	Budizëm (m)	[budízəm]
Buddhist (m)	Budist (m)	[budíst]

Hinduismus (m)	Hinduizëm (m)	[hinduízəm]
Hindu (m)	Hindu (m)	[híndu]

Islam (m)	Islam (m)	[islám]
Moslem (m)	Mysliman (m)	[myslimán]
moslemisch	Mysliman	[myslimán]

Schiismus (m)	Islami Shia (m)	[islámi ʃía]
Schiit (m)	Shiitë (f)	[ʃíitə]
Sunnismus (m)	Islami Suni (m)	[islámi súni]
Sunnit (m)	Sunit (m)	[sunít]

247. Religionen. Priester

Priester (m)	prift (m)	[prift]
Papst (m)	Papa (f)	[pápa]
Mönch (m)	murg, frat (m)	[murg], [frat]
Nonne (f)	murgeshë (f)	[murgéʃə]
Pfarrer (m)	pastor (m)	[pastór]
Abt (m)	abat (m)	[abát]
Vikar (m)	famullitar (m)	[famuɫitár]
Bischof (m)	peshkop (m)	[pɛʃkóp]
Kardinal (m)	kardinal (m)	[kardinál]
Prediger (m)	predikues (m)	[prɛdikúɛs]
Predigt (f)	predikim (m)	[prɛdikím]
Gemeinde (f)	faullistë (f)	[fauɫístə]
Gläubige (m)	besimtar (m)	[bɛsimtár]
Atheist (m)	ateist (m)	[atɛíst]

248. Glauben. Christentum. Islam

Adam	Adam (m)	[adám]
Eva	eva (f)	[éva]
Gott (m)	Zot (m)	[zot]
Herr (m)	Zoti (m)	[zóti]
Der Allmächtige	i Plotfuqishmi (m)	[i plotfucíʃmi]
Sünde (f)	mëkat (m)	[məkát]
sündigen (vi)	mëkatoj	[məkatój]
Sünder (m)	mëkatar (m)	[məkatár]
Sünderin (f)	mëkatare (f)	[məkatárɛ]
Hölle (f)	ferr (m)	[fɛr]
Paradies (n)	parajsë (f)	[parájsə]
Jesus	Jezus (m)	[jézus]
Jesus Christus	Jezu Krishti (m)	[jézu kríʃti]
der Heiliger Geist	Shpirti i Shenjtë (m)	[ʃpírti i ʃéɲtə]
der Erlöser	Shpëtimtar (m)	[ʃpətimtár]
die Jungfrau Maria	e Virgjëra Meri (f)	[ɛ vírɟəra méri]
Teufel (m)	Djalli (m)	[djáɫi]
teuflisch	i djallit	[i djáɫit]
Satan (m)	Satani (m)	[satáni]
satanisch	satanik	[sataník]
Engel (m)	engjëll (m)	[éɲɟəɫ]
Schutzengel (m)	engjëlli mbrojtës (m)	[éɲɟəɫi mbrójtəs]
Engel(s)-	engjëllor	[ɛɲɟəɫór]

Apostel (m)	apostull (m)	[apóstuɫ]
Erzengel (m)	kryeengjëll (m)	[kryɛénɟəɫ]
Antichrist (m)	Antikrishti (m)	[antikríʃti]

Kirche (f)	Kishë (f)	[kíʃə]
Bibel (f)	Bibla (f)	[bíbla]
biblisch	biblik	[biblík]

Altes Testament (n)	Dhiata e Vjetër (f)	[ðiáta ɛ vjétər]
Neues Testament (n)	Dhiata e Re (f)	[ðiáta ɛ ré]
Evangelium (n)	ungjill (m)	[unɟíɫ]
Heilige Schrift (f)	Libri i Shenjtë (m)	[líbri i ʃéɲtə]
Himmelreich (n)	parajsa (f)	[parájsa]

Gebot (n)	urdhëresë (f)	[urðərésə]
Prophet (m)	profet (m)	[profét]
Prophezeiung (f)	profeci (f)	[profɛtsí]

Allah	Allah (m)	[aɫáh]
Mohammed	Muhamed (m)	[muhaméd]
Koran (m)	Kurani (m)	[kuráni]

Moschee (f)	xhami (f)	[dʒamí]
Mullah (m)	hoxhë (m)	[hódʒə]
Gebet (n)	lutje (f)	[lútjɛ]
beten (vi)	lutem	[lútɛm]

Wallfahrt (f)	pelegrinazh (m)	[pɛlɛgrináʒ]
Pilger (m)	pelegrin (m)	[pɛlɛgrín]
Mekka (n)	Mekë (f)	[mékə]

Kirche (f)	kishë (f)	[kíʃə]
Tempel (m)	tempull (m)	[témpuɫ]
Kathedrale (f)	katedrale (f)	[katɛdrálɛ]
gotisch	Gotik	[gotík]
Synagoge (f)	sinagogë (f)	[sinagógə]
Moschee (f)	xhami (f)	[dʒamí]

Kapelle (f)	kishëz (m)	[kíʃəz]
Abtei (f)	abaci (f)	[ábatsi]
Kloster (n), Konvent (m)	manastir (m)	[manastír]

Glocke (f)	kambanë (f)	[kambánə]
Glockenturm (m)	kulla e kambanës (f)	[kúɫa ɛ kambánəs]
läuten (Glocken)	bien	[bíɛn]

Kreuz (n)	kryq (m)	[kryc]
Kuppel (f)	kupola (f)	[kupóla]
Ikone (f)	ikona (f)	[ikóna]

Seele (f)	shpirt (m)	[ʃpirt]
Schicksal (n)	fat (m)	[fat]
das Böse	e keqe (f)	[ɛ kécɛ]
Gute (n)	e mirë (f)	[ɛ mírə]
Vampir (m)	vampir (m)	[vampír]
Hexe (f)	shtrigë (f)	[ʃtrígə]

Dämon (m)	djall (m)	[djáł]
Geist (m)	shpirt (m)	[ʃpirt]
Sühne (f)	shëlbim (m)	[ʃəlbím]
sühnen (vt)	shëlbej	[ʃəlbéj]
Gottesdienst (m)	meshë (f)	[méʃə]
die Messe lesen	lus meshë	[lús méʃə]
Beichte (f)	rrëfim (m)	[rəfím]
beichten (vi)	rrëfej	[rəféj]
Heilige (m)	shenjt (m)	[ʃɛɲt]
heilig	i shenjtë	[i ʃéɲtə]
Weihwasser (n)	ujë i bekuar (m)	[újə i bɛkúar]
Ritual (n)	ritual (m)	[rituál]
rituell	ritual	[rituál]
Opfer (n)	sakrificë (f)	[sakrifítsə]
Aberglaube (m)	besëtytni (f)	[bɛsətytní]
abergläubisch	supersticioz	[supɛrstitsióz]
Nachleben (n)	jeta e përtejme (f)	[jéta ɛ pərtéjmɛ]
ewiges Leben (n)	përjetësia (f)	[pərjɛtəsía]

VERSCHIEDENES

249. Verschiedene nützliche Wörter

Anfang (m)	fillim (m)	[fitím]
Anstrengung (f)	përpjekje (f)	[pərpjékjɛ]
Anteil (m)	pjesë (f)	[pjésə]
Art (Typ, Sorte)	lloj (m)	[ɫoj]
Auswahl (f)	zgjedhje (f)	[zɟéðjɛ]
Barriere (f)	pengesë (f)	[pɛŋésə]
Basis (f)	bazë (f)	[bázə]
Beispiel (n)	shembull (m)	[ʃémbuɫ]
bequem (gemütlich)	i rehatshëm	[i rɛhátʃəm]
Bilanz (f)	ekuilibër (m)	[ɛkuilíbər]
Ding (n)	gjë (f)	[ɟə]
dringend (Adj)	urgjent	[urɟént]
dringend (Adv)	urgjentisht	[urɟɛntíʃt]
Effekt (m)	efekt (m)	[ɛfékt]
Eigenschaft (Werkstoff~)	cilësi (f)	[tsiləsí]
Element (n)	element (m)	[ɛlɛmént]
Ende (n)	fund (m)	[fund]
Entwicklung (f)	zhvillim (m)	[ʒvitím]
Fachwort (n)	term (m)	[tɛrm]
Fehler (m)	gabim (m)	[gabím]
Form (z.B. Kugel-)	formë (f)	[fórmə]
Fortschritt (m)	ecje përpara (f)	[étsjɛ pərpára]
Gegenstand (m)	objekt (m)	[objékt]
Geheimnis (n)	sekret (m)	[sɛkrét]
Grad (Ausmaß)	nivel (m)	[nivél]
Halt (m), Pause (f)	pauzë (f)	[paúzə]
häufig (Adj)	i shpeshtë	[i ʃpéʃtə]
Hilfe (f)	ndihmë (f)	[ndíhmə]
Hindernis (n)	pengesë (f)	[pɛŋésə]
Hintergrund (m)	sfond (m)	[sfónd]
Ideal (n)	ideal (m)	[idɛál]
Kategorie (f)	kategori (f)	[katɛgorí]
Kompensation (f)	shpërblim (m)	[ʃpərblím]
Labyrinth (n)	labirint (m)	[labirínt]
Lösung (Problem usw.)	zgjidhje (f)	[zɟíðjɛ]
Moment (m)	moment (m)	[momént]
Nutzen (m)	vegël (f)	[végəl]
Original (Schriftstück)	origjinal (m)	[oriɟinál]
Pause (kleine ~)	pushim (m)	[puʃím]

Position (f)	pozicion (m)	[pozitsión]
Prinzip (n)	parim (m)	[parím]
Problem (n)	problem (m)	[problém]
Prozess (m)	proces (m)	[protsés]
Reaktion (f)	reagim (m)	[rɛagím]
Reihe (Sie sind an der ~)	kthesë (f)	[kθésə]
Risiko (n)	rrezik (m)	[rɛzík]
Serie (f)	seri (f)	[sɛrí]
Situation (f)	situatë (f)	[situátə]
Standard-	standard	[standárd]
Standard (m)	standard (m)	[standárd]
Stil (m)	stil (m)	[stil]
System (n)	sistem (m)	[sistém]
Tabelle (f)	tabelë (f)	[tabélə]
Tatsache (f)	fakt (m)	[fakt]
Teilchen (n)	grimcë (f)	[grímtsə]
Tempo (n)	ritëm (m)	[rítəm]
Typ (m)	tip (m)	[tip]
Unterschied (m)	ndryshim (m)	[ndryʃím]
Ursache (z.b. Todes-)	shkak (m)	[ʃkak]
Variante (f)	variant (m)	[variánt]
Vergleich (m)	krahasim (m)	[krahasím]
Wachstum (n)	rritje (f)	[rítjɛ]
Wahrheit (f)	e vërtetë (f)	[ɛ vərtétə]
Weise (Weg, Methode)	rrugëzgjidhje (f)	[rugəzɟíðjɛ]
Zone (f)	zonë (f)	[zónə]
Zufall (m)	rastësi (f)	[rastəsí]

250. Bestimmungswörter. Adjektive. Teil 1

abgemagert	i hollë	[i hółə]
ähnlich	i ngjashëm	[i ɲáʃəm]
alt (z.B. die -en Griechen)	i lashtë	[i láʃtə]
alt, betagt	i vjetër	[i vjétər]
andauernd	i zgjatur	[i zɟátur]
angenehm	i bukur	[i búkur]
arm	i varfër	[i várfər]
ausgezeichnet	i përsosur	[i pərsósur]
ausländisch, Fremd-	huaj	[húaj]
Außen-, äußer	i jashtëm	[i jáʃtəm]
bedeutend	i rëndësishëm	[i rəndəsíʃəm]
begrenzt	i kufizuar	[i kufizúar]
beständig	i përhershëm	[i pərhérʃəm]
billig	i lirë	[i lírə]
bitter	i hidhur	[i híður]
blind	i verbër	[i vérbər]

brauchbar	i përshtatshëm	[i pərʃtátʃəm]
breit (Straße usw.)	i gjerë	[i ɟérə]
bürgerlich	civil	[tsivíl]

dankbar	mirënjohës	[mirəɲóhəs]
das wichtigste	më i rëndësishmi	[mə i rəndəsíʃmi]
der letzte	i fundit	[i fúndit]
dicht (-er Nebel)	i dendur	[i déndur]
dick (-e Mauer usw.)	i trashë	[i tráʃə]

dick (-er Nebel)	i trashë	[i tráʃə]
dumm	budalla	[budałá]
dunkel (Raum usw.)	i errët	[i érət]
dunkelhäutig	zeshkan	[zɛʃkán]

durchsichtig	i tejdukshëm	[i tɛjdúkʃəm]
düster	i vrazhdë	[i vráʒdə]
einfach	i thjeshtë	[i θjéʃtə]
einfach (Problem usw.)	i lehtë	[i léhtə]

einzigartig (einmalig)	unik	[uník]
eng, schmal (Straße usw.)	i ngushtë	[i ŋúʃtə]
ergänzend	shtesë	[ʃtésə]
ermüdend (Arbeit usw.)	i mundimshëm	[i mundímʃəm]
feindlich	armiqësor	[armicəsór]

fern (weit entfernt)	larg	[larg]
fern (weit)	i largët	[i lárgət]
fett (-es Essen)	i yndyrshëm	[i yndýrʃəm]
feucht	i lagësht	[i lágəʃt]
flüssig	i lëngët	[i léŋət]

frei (-er Eintritt)	i lirë	[i lírə]
frisch (Brot usw.)	i freskët	[i fréskət]
froh	i gëzuar	[i gəzúar]
fruchtbar (-er Böden)	pjellore	[pjɛłórɛ]

früher (-e Besitzer)	i mëparshëm	[i məpárʃəm]
ganz (komplett)	i plotë	[i plótə]
gebraucht	i përdorur	[i pərdórur]
gebräunt (sonnen-)	i nxirë	[i ndzírə]
gedämpft, matt (Licht)	i zbehtë	[i zbéhtə]

gefährlich	i rrezikshëm	[i rɛzíkʃəm]
gegensätzlich	i kundërt	[i kúndərt]
gegenwärtig	i pranishëm	[i praníʃəm]
gemeinsam	i përbashkët	[i pərbáʃkət]
genau, pünktlich	i saktë	[i sáktə]

gerade, direkt	i drejtë	[i dréjtə]
geräumig (Raum)	i bollshëm	[i bółʃəm]
geschlossen	i mbyllur	[i mbýłur]
gesetzlich	ligjor	[liɟór]
gewöhnlich	i zakonshëm	[i zakónʃəm]
glatt (z.B. poliert)	i lëmuar	[i ləmúar]
glatt, eben	i barabartë	[i barabártə]

gleich (z.B. ~ groß)	i njëjtë	[i ɲéjtə]
glücklich	i lumtur	[i lúmtur]

groß	i madh	[i máð]
gut (das Buch ist ~)	i mirë	[i mírə]
gut (gütig)	i mirë	[i mírə]
hart (harter Stahl)	i fortë	[i fórtə]
Haupt-	kryesor	[kryɛsór]

hauptsächlich	kryesor	[kryɛsór]
Heimat-	autokton	[autoktón]
heiß	i nxehtë	[i ndzéhtə]
Hinter-	i pasmë	[i pásmə]
höchst	më i larti	[mə i lárti]

höflich	i sjellshëm	[i sjéɬʃəm]
hungrig	i uritur	[i urítur]
in Armut lebend	i mjerë	[i mjérə]
innen-	i brendshëm	[i bréndʃəm]

jung	i ri	[i rí]
kalt (Getränk usw.)	i ftohtë	[i ftóhtə]
Kinder-	i fëmijëve	[i fəmíjəvɛ]
klar (deutlich)	i qartë	[i cártə]
klein	i vogël	[i vógəl]

klug, clever	i zgjuar	[i ʒɟúar]
knapp (Kleider, zu eng)	ngushtë	[ŋúʃtə]
kompatibel	i përshtatshëm	[i pərʃtátʃəm]
kostenlos, gratis	falas	[fálas]
krank	i sëmurë	[i səmúrə]

kühl (-en morgen)	i ftohtë	[i ftóhtə]
künstlich	artificial	[artifitsiál]
kurz (räumlich)	i shkurtër	[i ʃkúrtər]
kurz (zeitlich)	jetëshkurtër	[jɛtəʃkúrtər]
kurzsichtig	miop	[mióp]

251. Bestimmungswörter. Adjektive. Teil 2

lang (langwierig)	i gjatë	[i ɟátə]
laut (-e Stimme)	i lartë	[i lártə]
lecker	i shijshëm	[i ʃíjʃəm]
leer (kein Inhalt)	zbrazët	[zbrázət]
leicht (wenig Gewicht)	i lehtë	[i léhtə]

leise (~ sprechen)	i ulët	[i úlət]
licht (Farbe)	i çelët	[i tʃélət]
link (-e Seite)	majtë	[májtə]
mager, dünn	i dobët	[i dóbət]

matt (Lack usw.)	mat	[mat]
möglich	i mundur	[i múndur]
müde (erschöpft)	i lodhur	[i lóður]

Nachbar-	fqinj	[fcíɲ]
nachlässig	i pakujdesshëm	[i pakujdésʃəm]
nächst	më i afërti	[mə i áfərti]
nächst (am -en Tag)	tjetër	[tjétər]
nah	i afërt	[i áfərt]
nass (-e Kleider)	i lagur	[i lágur]
negativ	negativ	[nɛgatív]
nervös	nervoz	[nɛrvóz]
nett (freundlich)	i mirë	[i mírə]
neu	i ri	[i rí]
nicht groß	jo i madh	[jo i máð]
nicht schwierig	jo i vështirë	[jo i vəʃtírə]
normal	normal	[normál]
nötig	i nevojshëm	[i nɛvójʃəm]
notwendig	i pazëvendësueshëm	[i pazəvɛndəsúɛʃəm]
obligatorisch, Pflicht-	i detyrueshëm	[i dɛtyrúɛʃəm]
offen	i hapur	[i hápur]
öffentlich	publik	[publík]
original (außergewöhnlich)	origjinal	[oriɟinál]
persönlich	personal	[pɛrsonál]
platt (flach)	i sheshtë	[i ʃéʃtə]
privat (in Privatbesitz)	privat	[prívat]
pünktlich (Ich bin gerne ~)	i përpiktë	[i pərpíktə]
rätselhaft	misterioz	[mistɛrióz]
recht (-e Hand)	djathtë	[djáθtə]
reif (Frucht usw.)	i pjekur	[i pjékur]
richtig	i saktë	[i sáktə]
riesig	i madh	[i máð]
riskant	i rrezikshëm	[i rɛzíkʃəm]
roh (nicht gekocht)	i gjallë	[i ɟáɫə]
ruhig	i qetë	[i cétə]
salzig	kripur	[krípur]
sauber (rein)	i pastër	[i pástər]
sauer	i hidhur	[i híður]
scharf (-e Messer usw.)	i mprehtë	[i mréhtə]
schlecht	i keq	[i kéc]
schmutzig	i pistë	[i pístə]
schnell	i shpejtë	[i ʃpéjtə]
schön (-es Mädchen)	i bukur	[i búkur]
schön (-es Schloß usw.)	i bukur	[i búkur]
schwer (~ an Gewicht)	i rëndë	[i réndə]
schwierig	i vështirë	[i vəʃtírə]
schwierig (-es Problem)	i vështirë	[i vəʃtírə]
seicht (nicht tief)	i cekët	[i tsékət]
selten	i rrallë	[i ráɫə]
sicher (nicht gefährlich)	i sigurt	[i sígurt]

sonnig	me diell	[mɛ díɛł]
sorgfältig	i hollësishëm	[i hołəsíʃəm]
sorgsam	i dashur	[i dáʃur]
speziell, Spezial-	i veçantë	[i vɛtʃántə]
stark (-e Konstruktion)	i ngjeshur	[i ɲjéʃur]
stark (kräftig)	i fortë	[i fórtə]
still, ruhig	i qetë	[i cétə]
süß	i ëmbël	[i ə́mbəl]
Süß- (Wasser)	i freskët	[i fréskət]
teuer	i shtrenjtë	[i ʃtréɲtə]
tiefgekühlt	i ngrirë	[i ŋrírə]
tot	i vdekur	[i vdékur]
traurig	i mërzitur	[i mərzítur]
traurig, unglücklich	i mërzitur	[i mərzítur]
trocken (Klima)	i thatë	[i θátə]
übermäßig	i tepërt	[i tépərt]
unbedeutend	i parëndësishëm	[i parəndəsíʃəm]
unbeweglich	i palëvizshëm	[i paləvízʃəm]
undeutlich	i paqartë	[i pacártə]
unerfahren	i papërvojë	[i papərvójə]
unmöglich	i pamundur	[i pamúndur]
Untergrund- (geheim)	klandestin	[klandɛstín]
unterschiedlich	i ndryshëm	[i ndrýʃəm]
ununterbrochen	i vazhdueshëm	[i vaʒdúɛʃəm]
unverständlich	i pakuptueshëm	[i pakuptúɛʃəm]
vergangen	kaluar	[kalúar]
verschieden	i ndryshëm	[i ndrýʃəm]
voll (gefüllt)	i mbushur	[i mbúʃur]
vorig (in der -en Woche)	i fundit	[i fúndit]
vorzüglich	i shkëlqyer	[i ʃkəlcýɛr]
wahrscheinlich	i mundshëm	[i múndʃəm]
warm (mäßig heiß)	ngrohtë	[ŋróhtə]
weich (-e Wolle)	i butë	[i bútə]
wichtig	i rëndësishëm	[i rəndəsíʃəm]
wolkenlos	pa re	[pa rɛ]
zärtlich	i ndjeshëm	[i ndjéʃəm]
zentral (in der Mitte)	qendror	[cɛndrór]
zerbrechlich (Porzellan usw.)	delikat	[dɛlikát]
zufrieden	i kënaqur	[i kənácur]
zufrieden (glücklich und ~)	i kënaqur	[i kənácur]

500 WICHTIGE VERBEN

252. Verben A-D

abbiegen (vi)	kthej	[kθɛj]
abhacken (vt)	këpus	[kəpús]
abhängen von ...	varem nga ...	[várɛm ŋa ...]
ablegen (Schiff)	hedh poshtë	[hɛð pójtə]
abnehmen (vt)	heq	[hɛc]
abreißen (vt)	gris	[gris]
absagen (vt)	refuzoj	[rɛfuzój]
abschicken (vt)	dërgoj	[dərgój]
abschneiden (vt)	pres	[prɛs]
adressieren (an ...)	i drejtohem	[i drɛjtóhɛm]
ähnlich sein	ngjasoj	[ɲasój]
amputieren (vt)	amputoj	[amputój]
amüsieren (vt)	argëtoj	[argətój]
anbinden (vt)	lidh ...	[lið ...]
ändern (vt)	ndryshoj	[ndryʃój]
andeuten (vt)	nënkuptoj	[nənkuptój]
anerkennen (vt)	njoh	[ɲóh]
anflehen (vt)	përgjërohem	[pərɟəróhɛm]
Angst haben (vor ...)	kam frikë	[kam fríkə]
anklagen (vt)	akuzoj	[akuzój]
anklopfen (vi)	trokas	[trokás]
ankommen (der Zug)	arrij	[aríj]
anlegen (Schiff)	ankoroj	[ankorój]
anstecken (~ mit ...)	ndot	[ndot]
anstreben (vt)	synoj ...	[synój ...]
antworten (vi)	përgjigjem	[pərɟíɟɛm]
anzünden (vt)	ndez	[ndɛz]
applaudieren (vi)	duartrokas	[duartrokás]
arbeiten (vi)	punoj	[punój]
ärgern (vt)	zemëroj	[zɛmərój]
assistieren (vi)	ndihmoj	[ndihmój]
atmen (vi)	marr frymë	[mar frýmə]
attackieren (vt)	sulmoj	[sulmój]
auf ... zählen	mbështetem ...	[mbəʃtétɛm ...]
auf jmdn böse sein	revoltohem	[rɛvoltóhɛm]
aufbringen (vt)	acaroj	[atsarój]
aufräumen (vt)	rregulloj	[rɛguɫój]
aufschreiben (vt)	mbaj shënim	[mbáj ʃəním]

aufseufzen (vi)	psherëtij	[pʃɛrətíj]
aufstehen (vi)	ngrihem	[ŋríhɛm]
auftauchen (U-Boot)	dal në sipërfaqe	[dál nə sipərfácɛ]

ausdrücken (vt)	shpreh	[ʃprɛh]
ausgehen (vi)	dal	[dal]
aushalten (vt)	duroj	[durój]
ausradieren (vt)	fshij	[fʃíj]

ausreichen (vi)	mjafton	[mjaftón]
ausschalten (vt)	fik	[fik]
ausschließen (vt)	përjashtohem	[pərjaʃtóhɛm]
aussprechen (vt)	shqiptoj	[ʃciptój]

austeilen (vt)	shpërndaj	[ʃpərndáj]
auswählen (vt)	zgjedh	[zɟɛð]
auszeichnen (mit Orden)	dekoroj	[dɛkorój]
baden (vt)	lahem	[láhɛm]
bedauern (vt)	pendohem	[pɛndóhɛm]

bedeuten (bezeichnen)	nënkuptoj	[nənkuptój]
bedienen (vt)	shërbej	[ʃərbéj]
beeinflussen (vt)	ndikoj	[ndikój]
beenden (vt)	përfundoj	[pərfundój]
befehlen (vt)	urdhëroj	[urðərój]

befestigen (vt)	përforcoj	[pərfortsój]
befreien (vt)	çliroj	[tʃlirój]
befriedigen (vt)	kënaq	[kənác]
begießen (vt)	ujis	[ujís]

beginnen (vt)	filloj	[fiɫój]
begleiten (vt)	shoqëroj	[ʃocərój]
begrenzen (vt)	kufizoj	[kufizój]
begrüßen (vt)	përshëndes	[pərʃəndés]

behalten (alte Briefe)	mbaj	[mbáj]
behandeln (vt)	kuroj	[kurój]
behaupten (vt)	pohoj	[pohój]
bekannt machen	prezantoj	[prɛzantój]
belauschen (Gespräch)	dëgjoj fshehurazi	[dəɟój fʃéhurazi]

beleidigen (vt)	ofendoj	[ofɛndój]
beleuchten (vt)	ndriçoj	[ndritʃój]
bemerken (vt)	vërej	[vəréj]
beneiden (vt)	xhelozoj	[dʒɛlozój]

benennen (vt)	emërtoj	[ɛmərtój]
benutzen (vt)	përdor	[pərdór]
beobachten (vt)	vëzhgoj	[vəʒgój]
berichten (vt)	raportoj	[raportój]

bersten (vi)	plasarit	[plasarít]
beruhen auf ...	bazuar	[bazúar]
beruhigen (vt)	qetësoj	[cɛtəsój]
berühren (vt)	prek	[prɛk]

beseitigen (vt)	largoj	[largój]
besitzen (vt)	zotëroj	[zotərój]
besprechen (vt)	diskutoj	[diskutój]
bestehen auf	këmbëngul	[kəmbəŋúl]
bestellen (im Restaurant)	porosis	[porosís]

bestrafen (vt)	ndëshkoj	[ndəʃkój]
beten (vi)	lutem	[lútɛm]
beunruhigen (vt)	preokupoj	[prɛokupój]
bewachen (vt)	mbroj	[mbrój]

bewahren (vt)	ruaj	[rúaj]
beweisen (vt)	dëshmoj	[dəʃmój]
bewundern (vt)	admiroj	[admirój]
bezeichnen (bedeuten)	nënkuptoj	[nənkuptój]
bilden (vt)	formoj	[formój]

binden (vt)	prangos	[praŋós]
bitten (jmdn um etwas ~)	pyes	[pýɛs]
blenden (vt)	zë rrugën	[zə rúgən]
brechen (vt)	thyej	[θýɛj]
bügeln (vt)	hekuros	[hɛkurós]

253. Verben E-H

danken (vi)	falënderoj	[faləndɛrój]
denken (vi, vt)	mendoj	[mɛndój]
denunzieren (vt)	denoncoj	[dɛnontsój]
dividieren (vt)	pjesëtoj	[pjɛsətój]

dressieren (vt)	stërvit	[stərvít]
drohen (vi)	kërcënoj	[kərtsənój]
eindringen (vi)	depërtoj	[dɛpərtój]
einen Fehler machen	gaboj	[gabój]
einen Schluss ziehen	nxjerr konkluzion	[ndzjér konkluzión]

einladen (zum Essen ~)	ftoj	[ftoj]
einpacken (vt)	mbështjell	[mbəʃtjéł]
einrichten (vt)	pajis	[pajís]
einschalten (vt)	ndez	[ndɛz]

einschreiben (vt)	përfshij	[pərfʃij]
einsetzen (vt)	fus	[fus]
einstellen (Personal ~)	punësoj	[punəsój]
einstellen (vt)	ndaloj	[ndalój]

einwenden (vt)	kundërshtoj	[kundərʃtój]
empfehlen (vt)	rekomandoj	[rɛkomandój]
entdecken (Land usw.)	zbuloj	[zbulój]
entfernen (Flecken ~)	heq	[hɛc]

entscheiden (vt)	vendos	[vɛndós]
entschuldigen (vt)	fal	[fal]
entzücken (vt)	tërheq	[tərhéc]

erben (vt)	trashëgoj	[traʃəgój]
erblicken (vt)	hedh një sy	[hɛð ɲə sý]
erfinden (das Rad neu ~)	shpik	[ʃpik]
erinnern (vt)	më kujton …	[mə kujtón …]
erklären (vt)	shpjegoj	[ʃpjɛgój]

erlauben (jemandem etwas)	lejoj	[lɛjój]
erlauben, gestatten (vt)	lejoj	[lɛjój]
erleichtern (vt)	lehtësoj	[lɛhtəsój]
ermorden (vt)	vras	[vras]

ermüden (vt)	lodh	[loð]
ermutigen (vt)	frymëzoj	[fryməzój]
ernennen (vt)	caktoj	[tsaktój]
erörtern (vt)	ekzaminoj	[ɛkzaminój]

erraten (vt)	hamendësoj	[hamɛndəsój]
erreichen (Nordpol usw.)	arrij	[aríj]
erröten (vi)	skuqem	[skúcɛm]
erscheinen (am Horizont ~)	shfaq	[ʃfac]

erscheinen (Buch usw.)	del	[dɛl]
erschweren (vt)	komplikoj	[komplikój]
erstaunen (vt)	befasoj	[bɛfasój]
erstellen (einer Liste ~)	përgatis	[pərgatís]
ertrinken (vi)	mbytem	[mbýtɛm]

erwähnen (vt)	përmend	[pərménd]
erwarten (vt)	pres	[prɛs]
erzählen (vt)	tregoj	[trɛgój]
erzielen (Ergebnis usw.)	arrij	[aríj]

essen (vi, vt)	ha	[ha]
existieren (vi)	ekzistoj	[ɛkzistój]
fahren (mit 90 km/h ~)	shkoj	[ʃkoj]
fallen lassen	lëshoj	[ləʃój]

fangen (vt)	kap	[kap]
finden (vt)	gjej	[ɟéj]
fischen (vt)	peshkoj	[pɛʃkój]
fliegen (vi)	fluturoj	[fluturój]
folgen (vi)	ndjek …	[ndjék …]

fortbringen (vt)	heq	[hɛc]
fortsetzen (vt)	vazhdoj	[vaʒdój]
fotografieren (vt)	bëj foto	[bəj fóto]
frühstücken (vi)	ha mëngjes	[ha məɲés]
fühlen (vt)	parandiej	[parandíɛj]

führen (vt)	drejtoj	[drɛjtój]
füllen (mit Wasse usw.)	mbush	[mbúʃ]
füttern (vt)	ushqej	[uʃcéj]
garantieren (vt)	garantoj	[garantój]

geben (sein Bestes ~)	jap	[jap]
gebrauchen (vt)	përdor	[pərdór]

gefallen (vi) | pëlqej | [pəlcéj]
gehen (zu Fuß gehen) | ec në këmbë | [ɛts nə kə́mbə]

gehorchen (vi) | bindem | [bíndɛm]
gehören (vi) | përkas ... | [pərkás ...]
gelegen sein | shtrihem | [ʃtríhɛm]
genesen (vi) | shërohem | [ʃərɛ́hɛm]

gereizt sein | acarohem | [atsarɛ́hɛm]
gernhaben (vt) | më pëlqen | [mə pəlcén]
gestehen (Verbrecher) | rrëfehem | [rəféhɛm]
gießen (Wasser ~) | derdh | [dérð]

glänzen (vi) | shkëlqej | [ʃkəlcéj]
glauben (Er glaubt, dass ...) | besoj | [bɛsój]
graben (vt) | gërmoj | [gərmój]
gratulieren (vi) | përgëzoj | [pərgəzój]

gucken (spionieren) | spiunoj | [spiunój]
haben (vt) | kam | [kam]
handeln (in Aktion treten) | veproj | [vɛprój]
hängen (an der Wand usw.) | var | [var]

heiraten (vi) | martohem | [martɛ́hɛm]
helfen (vi) | ndihmoj | [ndihmój]
herabsteigen (vi) | zbres | [zbrɛs]
hereinkommen (vi) | hyj | [hyj]
herunterlassen (vt) | ul | [ul]

hinzufügen (vt) | shtoj | [ʃtoj]
hoffen (vi) | shpresoj | [ʃprɛsój]
hören (Geräusch ~) | dëgjoj | [dəɟój]
hören (jmdm zuhören) | dëgjoj | [dəɟój]

254. Verben I-R

imitieren (vt) | imitoj | [imitój]
impfen (vt) | vaksinoj | [vaksinój]
importieren (vt) | importoj | [importój]
in Gedanken versinken | humbas në mendime | [humbás nə mɛndímɛ]

in Ordnung bringen | rregulloj | [rɛguɬój]
informieren (vt) | informoj | [informój]
instruieren (vt) | udhëzoj | [uðəzój]
interessieren (vt) | interesohem | [intɛrɛsɛ́hɛm]

isolieren (vt) | izoloj | [izolój]
jagen (vi) | dal për gjah | [dál pər ɟáh]
kämpfen (~ gegen) | luftoj | [luftój]
kämpfen (sich schlagen) | luftoj | [luftój]
kaufen (vt) | blej | [blɛj]

kennen (vt) | njoh | [ɲóh]
kennenlernen (vt) | njihem me | [ɲíhɛm mɛ]

| klagen (vi) | ankohem | [ankóhɛm] |
| kompensieren (vt) | kompensoj | [kompɛnsój] |

komponieren (vt)	kompozoj	[kompozój]
kompromittieren (vt)	komprometoj	[kompromɛtój]
konkurrieren (vi)	konkurroj	[konkurój]
können (v mod)	mund	[mund]

kontrollieren (vt)	kontrolloj	[kontroɫój]
koordinieren (vt)	koordinoj	[koordinój]
korrigieren (vt)	korrigjoj	[koriɟój]
kosten (vt)	kushton	[kuʃtón]

kränken (vt)	fyej	[fýɛj]
kratzen (vt)	gërvisht	[gərvíʃt]
Krieg führen	në luftë	[nə lúftə]
lächeln (vi)	buzëqesh	[buzəcéʃ]

lachen (vi)	qesh	[cɛʃ]
laden (Ein Gewehr ~)	mbush	[mbúʃ]
laden (LKW usw.)	ngarkoj	[ŋarkój]
lancieren (starten)	nis	[nis]

laufen (vi)	vrapoj	[vrapój]
leben (vi)	jetoj	[jɛtój]
lehren (vt)	mësoj	[məsój]
leiden (vi)	vuaj	[vúaj]

leihen (Geld ~)	marr borxh	[mar bórdʒ]
leiten (Betrieb usw.)	drejtoj	[drɛjtój]
lenken (ein Auto ~)	ngas makinën	[ŋas makínən]
lernen (vt)	studioj	[studiój]
lesen (vi, vt)	lexoj	[lɛdzój]

lieben (vt)	dashuroj	[daʃurój]
liegen (im Bett usw.)	shtrihem	[ʃtríhɛm]
losbinden (vt)	zgjidh	[zɟið]
löschen (Feuer)	shuaj	[ʃúaj]

lösen (Aufgabe usw.)	zgjidh	[zɟið]
loswerden (jmdm. od etwas)	heq qafe ...	[hɛc cáfɛ ...]
lügen (vi)	gënjej	[gəɲéj]
machen (vt)	bëj	[bəj]
markieren (vt)	shënjoj	[ʃəɲój]

meinen (glauben)	besoj	[bɛsój]
memorieren (vt)	mbaj mend	[mbáj ménd]
mieten (ein Boot ~)	marr me qira	[mar mɛ cirá]
mieten (Haus usw.)	marr me qira	[mar mɛ cirá]

mischen (vt)	përziej	[pərzíɛj]
mitbringen (vt)	sjell	[sjɛɫ]
mitteilen (vt)	njoftoj	[ɲoftój]
müde werden	lodhem	[lóðɛm]
multiplizieren (vt)	shumëzoj	[ʃuməzój]
müssen (v mod)	duhet	[dúhɛt]

235

nachgeben (vi)	**tërhiqem**	[tərhícɛm]
nehmen (jmdm. etwas ~)	**heq**	[hɛc]

nehmen (vt)	**marr**	[mar]
noch einmal sagen	**përsëris**	[pərsərís]
nochmals tun (vt)	**ribëj**	[ribéj]
notieren (vt)	**shënoj**	[ʃənój]

nötig sein	**nevojitet**	[nɛvojítɛt]
notwendig sein	**kërkohet**	[kərkóhɛt]
öffnen (vt)	**hap**	[hap]
passen (Schuhe, Kleid)	**më rri mirë**	[mə ri mírə]
pflücken (Blumen)	**këpus**	[kəpús]

planen (vt)	**planifikoj**	[planifikój]
prahlen (vi)	**mburrem**	[mbúrɛm]
projektieren (vt)	**projektoj**	[projɛktój]
protestieren (vi)	**protestoj**	[protɛstój]

provozieren (vt)	**provokoj**	[provokój]
putzen (vt)	**pastroj**	[pastrój]
raten (zu etwas ~)	**këshilloj**	[kəʃiɫój]
rechnen (vt)	**numëroj**	[numərój]

regeln (vt)	**zgjidh**	[zɟið]
reinigen (vt)	**pastroj**	[pastrój]
reparieren (vt)	**riparoj**	[riparój]
reservieren (vt)	**rezervoj**	[rɛzɛrvój]

retten (vt)	**shpëtoj**	[ʃpətój]
richten (den Weg zeigen)	**drejtoj**	[drɛjtój]
riechen (an etwas ~)	**nuhas**	[nuhás]
riechen (gut ~)	**mban erë**	[mbán érə]

ringen (Sport)	**ndeshem**	[ndéʃɛm]
riskieren (vt)	**rrezikoj**	[rɛzikój]
rufen (seinen Hund ~)	**thërras**	[θərás]
rufen (um Hilfe ~)	**thërras**	[θərás]

255. Verben S-U

säen (vt)	**mbjell**	[mbjéɫ]
sagen (vt)	**them**	[θɛm]
schaffen (Etwas Neues zu ~)	**krijoj**	[krijój]
schelten (vt)	**qortoj**	[cortój]

schieben (drängen)	**shtyj**	[ʃtyj]
schießen (vi)	**qëlloj**	[cəɫój]
schlafen gehen	**shtrihem**	[ʃtríhɛm]
schlagen (mit ...)	**luftoj**	[luftój]

schlagen (vt)	**rrah**	[rah]
schließen (vt)	**mbyll**	[mbyɫ]
schmeicheln (vi)	**lajkatoj**	[lajkatój]

| schmücken (vt) | zbukuroj | [zbukurój] |
| schreiben (vi, vt) | shkruaj | [ʃkrúaj] |

schreien (vi)	bërtas	[bərtás]
schütteln (vt)	tund	[tund]
schweigen (vi)	hesht	[hɛʃt]
schwimmen (vi)	notoj	[notój]

| schwimmen gehen | notoj | [notój] |
| sehen (vt) | shikoj | [ʃikój] |

sein (vi)	jam	[jam]
sich abwenden	largohem	[largóhɛm]
sich amüsieren	kënaqem	[kənácɛm]
sich anschließen	i bashkohem	[i baʃkóhɛm]

sich anstecken	infektohem ...	[infɛktóhɛm ...]
sich aufregen	shqetësohem	[ʃcɛtəsóhɛm]
sich ausruhen	pushoj	[puʃój]
sich beeilen	nxitoj	[ndzitój]

sich benehmen	sillem	[síɫɛm]
sich beschmutzen	bëhem pis	[béhɛm pis]
sich datieren	daton ...	[datón ...]
sich einmischen	ndërhyj	[ndərhýj]
sich empören	zemërohem	[zɛməróhɛm]

sich entschuldigen	kërkoj falje	[kərkój fáljɛ]
sich erhalten	ruhem	[rúhɛm]
sich erinnern	kujtoj	[kujtój]
sich interessieren	interesohem ...	[intɛrɛsóhɛm ...]
sich kämmen	kreh flokët	[kréh flókət]

sich konsultieren mit ...	konsultohem	[konsultóhɛm]
sich konzentrieren	përqendrohem	[pərcɛndróhɛm]
sich langweilen	mërzitem	[mərzítɛm]
sich nach ... erkundigen	pyes për	[pýɛs pər]

sich nähern	afrohem	[afróhɛm]
sich rächen	hakmerrem	[hakmérɛm]
sich rasieren	rruhem	[rúhɛm]
sich setzen	ulem	[úlɛm]

sich Sorgen machen	shqetësohem	[ʃcɛtəsóhɛm]
sich überzeugen	bindem	[bíndɛm]
sich unterscheiden	ndryshoj	[ndryʃój]
sich vergrößern	shtoj	[ʃtoj]
sich verlieben	bie në dashuri	[bíɛ nə daʃurí]

sich verteidigen	mbrohem	[mbróhɛm]
sich vorstellen	imagjinoj	[imaɟinój]
sich waschen	lahem	[láhɛm]
sitzen (vi)	ulem	[úlɛm]

| spielen (Ball ~) | luaj | [lúaj] |
| spielen (eine Rolle ~) | luaj | [lúaj] |

spotten (vi)	tallem	[tátɛm]
sprechen mit ...	bisedoj ...	[bisɛdój ...]
spucken (vi)	pështyj	[pəʃtýj]
starten (Flugzeug)	nisem	[nísɛm]
stehlen (vt)	vjedh	[vjɛð]
stellen (ins Regal ~)	vendos	[vɛndós]
stimmen (vi)	votoj	[votój]
stoppen (haltmachen)	ndaloj	[ndalój]
stören (nicht ~!)	shqetësoj	[ʃcɛtəsój]
streicheln (vt)	përkëdhel	[pərkəðél]
suchen (vt)	kërkoj ...	[kərkój ...]
sündigen (vi)	mëkatoj	[məkatój]
tauchen (vi)	zhytem	[ʒýtɛm]
tauschen (vt)	shkëmbej	[ʃkəmbéj]
täuschen (vt)	mashtroj	[maʃtrój]
teilnehmen (vi)	marr pjesë	[mar pjésə]
trainieren (vi)	stërvitem	[stərvítɛm]
trainieren (vt)	stërvit	[stərvít]
transformieren (vt)	shndërrohem	[ʃndəróhɛm]
träumen (im Schlaf)	ëndërroj	[əndərój]
träumen (wünschen)	ëndërroj	[əndərój]
trinken (vt)	pi	[pi]
trocknen (vt)	thaj	[θaj]
überragen (Schloss, Berg)	ngrihem mbi	[ŋríhɛm mbi]
überrascht sein	çuditem	[tʃudítɛm]
überschätzen (vt)	mbivlerësoj	[mbivlɛrəsój]
übersetzen (Buch usw.)	përkthej	[pərkθéj]
überwiegen (vi)	mbizotëroj	[mbizotərój]
überzeugen (vt)	bind	[bínd]
umarmen (vt)	përqafoj	[pərcafój]
umdrehen (vt)	kthej	[kθɛj]
unternehmen (vt)	ndërmarr	[ndərmár]
unterschätzen (vt)	nënvlerësoj	[nənvlɛrəsój]
unterschreiben (vt)	nënshkruaj	[nənʃkrúaj]
unterstreichen (vt)	nënvijëzoj	[nənvijəzój]
unterstützen (vt)	mbështes	[mbəʃtés]

256. Verben V-Z

verachten (vt)	përbuz	[pərbúz]
veranstalten (vt)	organizoj	[organizój]
verbieten (vt)	ndaloj	[ndalój]
verblüfft sein	jam në mëdyshje	[jam nə mədýʃɛ]
verbreiten (Broschüren usw.)	shpërndaj	[ʃpərndáj]
verbreiten (Geruch)	emetoj	[ɛmɛtój]

| verbrennen (vt) | djeg | [djég] |
| verdächtigen (vt) | dyshoj | [dyʃój] |

verdienen (Lob ~)	meritoj	[mɛritój]
verdoppeln (vt)	dyfishoj	[dyfiʃój]
vereinfachen (vt)	thjeshtoj	[θjɛʃtój]
vereinigen (vt)	bashkoj	[baʃkój]

vergessen (vt)	harroj	[harój]
vergießen (vt)	derdh	[dérð]
vergleichen (vt)	krahasoj	[krahasój]
vergrößern (vt)	rritem	[rítɛm]
verhandeln (vi)	negocioj	[nɛgotsiój]

verjagen (vt)	largoj	[largój]
verkaufen (vt)	shes	[ʃɛs]
verlangen (vt)	kërkoj	[kərkój]
verlassen (vt)	harroj	[harój]

verlassen (vt)	lë	[lə]
verlieren (Regenschirm usw.)	humb	[húmb]
vermeiden (vt)	shmang	[ʃmaŋ]
vermuten (vt)	supozoj	[supozój]
verneinen (vt)	mohoj	[mohój]

vernichten (Dokumente usw.)	shkatërroj	[ʃkatərój]
verringern (vt)	ul	[ul]
versäumen (vt)	humbas	[humbás]
verschieben (Möbel usw.)	lëviz	[ləvíz]

verschütten (vt)	derdh	[dérð]
verschwinden (vi)	zhduk	[ʒduk]
versprechen (vt)	premtoj	[prɛmtój]
verstecken (vt)	fsheh	[fʃéh]

verstehen (vt)	kuptoj	[kuptój]
verstummen (vi)	ndaloj së foluri	[ndalój sə fóluri]
versuchen (vt)	përpiqem	[pərpícɛm]

verteidigen (vt)	mbroj	[mbrój]
vertrauen (vt)	besoj	[bɛsój]
verursachen (vt)	shkaktoj ...	[ʃkaktój ...]
verurteilen (vt)	dënoj	[dənój]
vervielfältigen (vt)	shumëfishoj	[ʃuməfiʃój]

verwechseln (vt)	ngatërroj	[ŋatərój]
verwirklichen (vt)	përmbush	[pərmbúʃ]
verzeihen (vt)	fal	[fal]
vorankommen	ec përpara	[ɛts pərpára]

voraussehen (vt)	parashikoj	[paraʃikój]
vorbeifahren (vi)	kaloj	[kalój]
vorbereiten (vt)	përgatis	[pərgatís]
vorschlagen (vt)	propozoj	[propozój]
vorstellen (vt)	prezantoj	[prɛzantój]
vorwerfen (vt)	qortoj	[cortój]

vorziehen (vt)	preferoj	[prɛfɛrój]
wagen (vt)	guxoj	[gudzój]
wählen (vt)	zgjedh	[zɟɛð]
wärmen (vt)	ngroh	[ŋróh]
warnen (vt)	paralajmëroj	[paralajmərój]
warten (vi)	pres	[prɛs]
waschen (das Auto ~)	laj	[laj]
waschen (Wäsche ~)	laj rroba	[laj róba]
wechseln (vt)	shkëmbej	[ʃkəmbéj]
wecken (vt)	zgjoj	[zɟoj]
wegfahren (vi)	largohem	[largóhɛm]
weglassen (Wörter usw.)	heq	[hɛc]
weglegen (vt)	largoj	[largój]
wehen (vi)	fryn	[fryn]
weinen (vi)	qaj	[caj]
werben (Reklame machen)	reklamoj	[rɛklamój]
werden (vi)	bëhem	[béhɛm]
werfen (vt)	hedh	[hɛð]
widmen (vt)	dedikoj	[dɛdikój]
wiegen (vi)	peshoj	[pɛʃój]
winken (mit der Hand)	bëj me dorë	[bəj mɛ dórə]
wissen (vt)	di	[di]
Witz machen	bëj shaka	[bəj ʃaká]
wohnen (vi)	jetoj	[jɛtój]
wollen (vt)	dëshiroj	[dəʃirój]
wünschen (vt)	dëshiroj	[dəʃirój]
zahlen (vt)	paguaj	[pagúaj]
zeigen (den Weg ~)	tregoj	[trɛgój]
zeigen (jemandem etwas ~)	tregoj	[trɛgój]
zerreißen (vi)	këpus	[kəpús]
zertreten (vt)	shtyp	[ʃtyp]
ziehen (Seil usw.)	tërheq	[tərhéc]
zielen auf ...	vë në shënjestër	[və nə ʃəɲéstər]
zitieren (vt)	citoj	[tsitój]
zittern (vi)	dridhem	[dríðɛm]
zu Abend essen	ha darkë	[ha dárkə]
zu Mittag essen	ha drekë	[ha drékə]
zubereiten (vt)	përgatis	[pərgatís]
züchten (Pflanzen)	rris	[ris]
zugeben (eingestehen)	pranoj	[pranój]
zur Eile antreiben	nxitoj	[ndzitój]
zurückdenken (vi)	kujtohem	[kujtóhɛm]
zurückhalten (vt)	ruhem	[rúhɛm]
zurückkehren (vi)	kthehem	[kθéhɛm]
zurückschicken (vt)	kthej mbrapsht	[kθɛj mbrápʃt]

| zurückziehen (vt) | anuloj | [anulój] |
| zusammenarbeiten (vi) | bashkëpunoj | [baʃkəpunój] |

zusammenzucken (vi)	rrëqethem	[rəcéθɛm]
zustimmen (vi)	bie dakord	[bíɛ dakórd]
zweifeln (vi)	dyshoj	[dyʃój]
zwingen (vt)	detyroj	[dɛtyrój]